Helmut F. Kaplan

Tierrechte

Wider den Speziesismus

Helmut F. Kaplan

Tierrechte

Wider den Speziesismus

Copyright © 2016 Helmut F. Kaplan

(aktualisierte und wesentlich erweiterte Neuauflage; die erste Auflage erschien 2000 unter dem Titel „Tierrechte: Die Philosophie einer Befreiungsbewegung")

ISBN 978-3-7412-2225-2

Herstellung und Verlag: BoD - Books on Demand, Norderstedt
Umschlaggestaltung: Kevin T. Fischer, Werkgemeinschaft Buchbande
Satz und Layout: Kevin T. Fischer, Werkgemeinschaft Buchbande
Bildnachweis Umschlag: © Jo Frederiks

Bibliografische Information der Deutschen Nationalbibliothek:
Die Deutsche Nationalbibliothek verzeichnet diese Publikation in der Deutschen Nationalbiografie; detaillierte bibliographische Daten sind im Internet über http://dnb.dd-nb.de abrufbar

Inhalt

Vorwort	11
Einleitung	13
1. Faktische Voraussetzungen	17
1.1 Objektive Ähnlichkeit zwischen Menschen und Tieren	17
1.1.1 Bewußtsein	17
1.1.2 Schmerz	19
1.1.3 Leiden	21
1.1.4 Intelligenz	24
1.1.5 Sozialleben	36
1.1.6 Moral	48
1.1.7 Selbstbewußtsein	59
1.2 Subjektive Ähnlichkeit zwischen Menschen und Tieren	63
1.2.1 Analogie	63
1.2.2 Ethologie	67
1.2.3 Kognitive Ethologie	70
1.2.4 Theorie des Geistes	72
1.2.5 Empathie	75
1.2.6 Sprache	84
2. Ethische Forderungen	87
2.1 Beachtung des Gleichheitsgrundsatzes	87
2.2 Verwirklichung und Fortführung des Great-Ape-Projekts	91

3. Globale Konzepte — 97
3.1 Vorbemerkung zum Tierrechtsbegriff — 97
3.2 Peter Singer — 99
3.2.1 Darstellung — 99
3.2.1.1 Gleichheitsprinzip — 99
3.2.1.2 Leidensfähigkeit — 103
3.2.1.3 Rassismus, Sexismus, Speziesismus — 106
3.2.2 Kritik — 109
3.2.2.1 Notwendige Präzisierungen — 109
3.2.2.1.1 Unterschiedliche Anwendungsbedingungen — 109
3.2.2.1.2 Quantitative Interpretation — 112
3.2.2.2 Utilitarismus — 114
3.3 Tom Regan — 123
3.3.1 Darstellung — 123
3.3.1.1 Psychische Komplexität — 123
3.3.1.2 Wohlergehen — 125
3.3.1.3 Tod — 129
3.3.1.4 Indirekte Pflichten — 132
3.3.1.5 Direkte Pflichten — 139
3.3.1.6 Inhärenter Wert und Rechte — 144
3.3.1.7 Lösung von Konflikten — 148
3.3.1.8 Vegetarismus — 150
3.3.2 Kritik — 153
3.4 Gary L. Francione — 158
3.4.1 Darstellung — 158
3.4.2 Kritik — 160
3.5 Sue Donaldson und Will Kymlicka — 163
3.5.1 Darstellung — 163

3.5.2 Kritik 167
3.6 Ziel und Strukturmerkmale von Tier- 169
   rechtskonzepten
3.7 Optimierter einfacher Tierrechtsbegriff: 173
   Recht auf gleiche Interessenberücksichtigung
3.8 Bemerkungen zu einem Tierrechtsbegriff 179
   auf kantischer Grundlage

4. Exkurs 183
4.1 Stellenwert des Leidens 183
4.2 Die Rolle von Fakten beim ethischen Werten 186
4.2.1 Was folgt moralisch aus der „Natürlichkeit" ... 187
   einer Sache?
4.2.2 Welche Bedeutung haben Fakten für die 193
   moralische Bewertung von Tieren?

5. Speziesistische Schande 201
5.1 Begriffliche Bestimmung 201
5.2 Speziesistisches Dilemma („marginal cases") 204
5.3 Historische Einordnung 209
5.4 Notwendige Überwindung 212
5.5 Fundamentale Illustration 218
5.6 Speziesistische Wahrnehmungsstörungen 223
5.7 Speziesistische Denkstörungen 232

Literatur 253
Über den Autor 283

Vorwort

Nach langer Selbstzerfleischung befindet sich die Tierrechtsbewegung in einer schweren Krise. Aber kaum jemand bemerkt es. Die versprengten Einzelkämpfer nicht, die sich im Besitz der alleinseligmachenden Wahrheit wähnen. Und die Öffentlichkeit nicht, weil sie durch die medialen Vegan- und Bio-Märchen ruhiggestellt ist.

Während das Foltern und Morden in Versuchslabors, Tierfabriken und Schlachthäusern unvermindert weitergeht. (Würde ich anstatt „Foltern" und „Morden" „Quälen" und „Töten" schreiben, würde die moralische Gleichsetzung von Rassismus, Sexismus und Speziesismus, für die argumentiert wird, durch sprachliche Differenzierung konterkariert.)

Die Tierrechtsphilosophie floriert hingegen, noch nie gab es so viele so ausgefeilte Tierrechtskonzepte. Die philosophischen Grundlagen für eine politische Befreiung der Tiere nach dem Vorbild antirassistischer und antisexistischer Bewegungen existieren also. Aber die atomisierte Tierrechtsbewegung müßte endlich ihre Kräfte konzentrieren, bündeln statt ausgrenzen!

Salzburg, im Februar 2016

Helmut F. Kaplan

Einleitung

Wenn von Tierrechten die Rede ist und nicht gerade auf ein bestimmtes theoretisches Konzept Bezug genommen wird, so sind damit wie bei Rechten von Menschen einfach gewisse Ansprüche gemeint: Ansprüche auf eine bestimmte Behandlung. Dabei richten sich diese Rechte im einzelnen nach den Interessen und Bedürfnissen der Betroffenen. Was für die einen extrem wichtig ist, kann für andere völlig belanglos sein.

So haben und brauchen etwa Kinder aus naheliegenden Gründen keinen Anspruch auf einen Platz im Altenheim. Und Männer benötigen im Unterschied zu Frauen kein Recht auf Schwangerschaftsurlaub, weil sie nicht schwanger werden können. Ebensowenig brauchen Hunde im Unterschied zu Menschen ein Recht auf Religionsfreiheit, weil sie keine Religion kennen. Der Zweck von Rechten ist stets der gleiche: den Rechtsträgern ein soweit als möglich angemessenes, das heißt ihren Interessen und Bedürfnissen entsprechendes Leben zu gewährleisten.

Im deutschsprachigen Raum hat sich als Bezeichnung für die Bewegung, die auch Tieren solche Rechte zugestehen will, der Name „Tierrechtsbewegung" durchgesetzt. Deshalb werden auch wir im folgenden von der Philosophie der Tierrechtsbewegung sprechen. Durchaus geläufig ist aber auch die Bezeichnung „Tierbefreiungsbewegung".

Damit wird Bezug genommen auf vorangegangene Befreiungsbewegungen, wie etwa die Befreiung der Sklaven oder die Emanzipation der Frauen. Die Tierbefreiungsbewegung ist in der Tat die logische Fortsetzung dieser Befreiungsbewegungen: So wie wir erkannt haben, daß die Hautfarbe für die Gewährung grundlegender Rechte belanglos ist und daß die Geschlechtszugehörigkeit dafür belanglos ist, so erkennen immer mehr Menschen, daß auch die Spezieszugehörigkeit diesbezüglich belanglos ist: Warum soll man jemanden ausbeuten und quälen dürfen, weil er zu einer anderen Spezies gehört? Rassismus, Sexismus und Speziesismus befinden sich logisch und ethisch auf der gleichen Ebene. Speziesismus steht für das ganze menschliche Unrecht gegenüber Tieren. Und der historisch-politische Stellenwert, das revolutionäre Potential von Tierrechten liegt darin, daß sie *der* mögliche Katalysator für die Überwindung des Speziesismus sind.

Während sich der traditionelle Tierschutz mit der *„Reformierung"* oder *„Humanisierung"* der Ausbeutung von Tieren begnügt, fordert die Tierrechtsbewegung bzw. die Tierbefreiungsbewegung die *Beendigung* der Ausbeutung. Eine „Humanisierung" etwa der Schlachtung ist schließlich bei Lichte besehen, ein ebensolches Unding wie eine „Humanisierung" von Sklaverei oder Folter oder die Zulassung von „sanfter Vergewaltigung". Verbrechen kann man nicht „humanisieren", man muß sie verbieten.

Tierrechte und Tierbefreiung sind zwei Seiten einer Medaille: Tiere müssen von der menschlichen Tyrannei befreit werden und jene Rechte erlangen, die ihnen ein tiergerechtes, ein tierwürdiges Leben ermöglichen. Wir werden im folgenden aber, wie gesagt, beim Terminus „Tierrechtsbewegung" bleiben.

Den Beginn dieser Bewegung kann man im Grunde genau angeben: Es ist das Jahr 1975. Damals erschien das Buch „Animal Liberation" von Peter Singer (deutsch zuerst 1982: „Befreiung der Tiere"). Wenngleich es natürlich auch hier wie bei allen historischen Bewegungen Vorläufer gab, so kann man dieses Buch aufgrund seiner immensen praktischen wie theoretischen Wirkung dennoch als Beginn, als lnitialzündung der Tierrechtsbewegung ansehen.

Das Neue an der Tierrechtsbewegung ist vor allem ihr rationaler Charakter. Alle vorangegangenen Initiativen zur Verbesserung des Loses der Tiere – der gesamte traditionelle Tierschutz – hatten stets, zumindest auch, religiöse, ideologische oder esoterische Wurzeln. Das hatte einen wichtigen Nebeneffekt mit verheerenden Folgen: Alle Thesen, Diskussionen und Forderungen wiesen einen erheblichen Glaubensanteil auf und waren daher entsprechend angreifbar. Vor allem aber:

Lehren und Einstellungen, die mit einem bestimmten Glauben verknüpft sind, sind in ihrer Wirksamkeit auf diejenigen beschränkt, die diesen Glauben teilen. Wer etwa, um ein Beispiel zu nennen, den Vegetarismus mit dem Glauben an die Seelenwanderung begründet, kann nur diejenigen überzeugen, die an die Seelenwanderung glauben.

Der Beginn der Tierrechtsbewegung markiert eine historische Wende: Seitdem gibt es eine ausdrücklich rationale Auseinandersetzung mit dem moralischen Status von Tieren. Damit werden Widersprüche zwischen verschiedenen Positionen rational diskutierbar und rational lösbar.

Damit ist es vorbei mit der bisherigen Zwei-Klassen-Ethik: Vor der Tierrechtsbewegung war es keine Frage, daß der Mensch und *nur* der Mensch Gegenstand der Ethik ist. Daneben gab es bestenfalls so etwas wie eine Neben- oder Unterethik, die sich auch mit Tieren befaßte. Dank der Tierrechtsbewegung gibt es immer mehr ethische Ansätze, die sich mit dem richtigen Umgang mit Menschen *und* Tieren befassen.

Tierrechte sind heute Gegenstand philosophischer Vorlesungen und Seminare auf Universitäten in der ganzen Welt. Wichtigste Funktion der Philosophie der Tierrechtsbewegung ist aber nicht, neue Theorien zu schaffen, sondern vielmehr, den Blick für das Offensichtliche zu schärfen: für das, was wir sehen würden, wenn wir nicht durch vorangegangene Philosophien, Theorien und Religionen heillos verwirrt und verdorben worden wären. Ziel der Tierrechtsphilosophie ist nicht, Neues zu schaffen, sondern Naheliegendes wieder erkennbar und fühlbar zu machen: die Ähnlichkeit, Einheit und Verbundenheit von Menschen und Tieren.

Das heißt andererseits nicht, daß wir schwierigen philosophischen Fragen aus dem Weg gehen wollen. Und solchen werden wir begegnen. Denn die Tierethik ist ein Teil der Gesamtethik, und in der Ethik geht es nun einmal um zum Teil schwierige Fragen und die Versuche, sie zu lösen.

1. Faktische Voraussetzungen

1.1 Objektive Ähnlichkeit zwischen Menschen und Tieren

1.1.1 Bewußtsein

Wenn man Hunde oder Katzen aus dem Fenster wirft oder mit Hammer und Messer traktiert, so gleichen sie in ihren Reaktionen eher Menschen als Steinen oder Fernsehgeräten: Es macht ihnen etwas aus, sie spüren etwas, sie leiden. Vor die Wahl gestellt, würden sie sich mit Sicherheit dafür entscheiden, *nicht* aus dem Fenster geworfen oder mit Hammer und Messer traktiert zu werden. Denn Tiere sind im Gegensatz zu Steinen und Fernsehgeräten fühlende, wollende Wesen mit *bewußten* Erlebnissen.

Freilich käme es keinem normalen Menschen je in den Sinn, dies ernsthaft zu bezweifeln. Erstaunlicherweise gibt es aber noch immer einige Wissenschaftler und Philosophen, die glauben, ihre Seriosität und Objektivität damit beweisen zu müssen, daß sie orakeln: Strenggenommen, mit letzter Sicherheit können wir nicht wissen, ob und was Tiere erleben. Über diese zurückhaltenden Zeitgenossen hatte Konrad Lorenz (1980, S. 251, 254) eine ausgeprägte Meinung:

„Die Tatsache, daß unsere Mitmenschen so etwas Ähnliches sind, und Ähnliches empfinden, wie wir selbst, ist *evident* in genau dem gleichen Sinne, wie mathematische Axiome es sind. Wir sind *nicht* imstande, *nicht* an sie zu glauben. Karl Bühler, der meines Wissens als erster auf diesen Tatbestand hingewiesen hat, sprach von ‚Du-Evidenz'.

Mit derselben axiomatischen Sicherheit, mit der wir in unseren Mitmenschen das Vorhandensein einer Seele, das heißt der Fähigkeit zum subjektiven Erleben, voraussetzen, tun wir das auch bei höheren Tieren. Ein Mensch, der ein höheres Säugetier, etwa einen Hund oder einen Affen, wirklich genau kennt und *nicht* davon überzeugt wird, daß dieses Wesen ähnliches erlebt wie er selbst, ist psychisch abnorm und gehört in die psychiatrische Klinik, da eine Schwäche der Du-Evidenz ihn zu einem gemeingefährlichen Monstrum macht."

Ähnlich, wenn auch weniger drastisch äußern sich viele Autoren über die Selbstverständlichkeit tierlichen Bewußtseins, unter anderem David Hume (siehe Griffin, 1985, S. 11), Robert Spaemann (1984, S. 71), Adolf Portmann (1987, S. 112, 116), Phil Maggitti (1990, S. 24 ff.), Bernard Rollin (1989), Volker Arzt und lmmanuel Birmelin (1993) sowie Daisie und Michael Radner (1989).

Auch Charles Darwin (1966, S. 84) zeigt wenig Verständnis für Zögerer und Zauderer in bezug auf das Vorhandensein tierlichen Bewußtseins: „Die Tatsache, daß die Tiere durch dieselben Gemütsbewegungen erregt werden wie wir, ist so sicher, daß es überflüssig ist, den Leser durch zu viele Einzelheiten zu ermüden."

1.1.2 Schmerz

Schmerzen sind wohl jene bewußten Erlebnisse, von denen es am offenkundigsten ist, daß sie auch Tiere haben. Und zwar aus mindestens zwei Gründen: Erstens läßt das Verhalten von Tieren in Situationen, die uns Schmerzen verursachen, keinen vernünftigen Zweifel darüber zu, daß auch sie Schmerz empfinden. Zweitens ist Schmerz eine biologische Notwendigkeit: „Kein höheres Lebewesen ohne Schmerz – aber ohne Schmerz auch kein höheres Leben: Der Schmerz ist es, der als ‚Warner' uns schützt vor Gefahren für Leib und Leben" (Frey, 1978, S. 7; Vgl. Serjeant, 1970, S. 56–62).

Dabei ist wichtig festzustellen, daß Tiere Schmerz auch keineswegs prinzipiell *schwächer* empfinden als Menschen. Eher das Gegenteil ist der Fall: Aufgrund ihrer zum Teil viel empfindlicheren Sinnesorgane leiden Tiere unter entsprechenden Beeinträchtigungen oft sogar *stärker* als Menschen. Hier seien etwa Schweine erwähnt: Diese völlig zu Unrecht als schmutzig verschrieenen Tiere sind von Haus aus sehr sauber und haben auch einen entsprechend feinen Geruchssinn, der dem eines Jagdhundes gleichzusetzen ist. Deshalb leiden diese Tiere schrecklich unter dem fürchterlichen Gestank, dem sie in Tierfabriken lebenslang hilflos ausgeliefert sind. Außerdem sind Schweine extrem intelligent und haben ein reiches Gefühlsleben. (Vgl. Zahlen und Fakten ..., 1993, S. 109, Kremsmayer, 1990, S. 118, Bittermann / Plank, 1990, S. 100-102, Comstock, 1992, S. 122 f., Schweine!, 1996, S. 14 ff., Zu schlau für die Wurst, 2012.)

Um sich einen Begriff von den „Supersinnen der Tiere" zu machen, empfiehlt sich das gleichnamige Buch von John Downer (1990). Es vermittelt beeindruckende Einblicke in die phantastische Wahrnehmungswelt der Tiere, deren Sinnesleistungen das menschliche Wahrnehmungsvermögen geradezu armselig erscheinen lassen. Vor diesem Hintergrund wird deutlich, wie absurd die Annahme, daß Tiere Schmerzen prinzipiell schwächer empfänden, ist. (Vgl. Serjeant, 1970, S. 99 f.)

An dieser Stelle muß auch mit dem Vorurteil aufgeräumt werden, daß Fische nicht leidensfähig seien. (Vgl. Apel, 1990, S. 27) Immer mehr Forscher betonen die Leidensfähigkeit von Fischen. So etwa Culum Brown, Professor an der Macquarie University (Australien), der auch darauf verweist, daß Fische ähnliche geistige Fähigkeiten („mental complexity") wie die meisten anderen Wirbeltiere haben. (Fish have feelings too ..., 2014). Donald Broom, Professor in Cambridge (England), hält es sogar für möglich, daß Fische aufgrund ihrer weniger komplexen Gehirne *mehr* leiden, weil sie nicht so effektiv mit Schmerz umgehen können wie Tiere mit komplexeren Gehirnen (Bekoff, 2008, S. 43). Die Gedankenlosigkeit und Brutalität, mit der wir diese Tiere täglich millionenfach quälen und töten, gehört zum Grauenhaftesten überhaupt. (Siehe auch Jackson, 1993, S. 4 ff., Dunayer, 1992, S. 12 ff., Arras, 1991, 1996, S. 10 f.)

Das gilt übrigens auch für Hummer (sowie für andere Krebstiere, mit denen ähnlich rücksichtslos verfahren wird). Die Tierrechtsorganisation „People for the Ethical

Treatment of Animals" (PETA) verweist gleich auf eine ganze Reihe von wissenschaftlichen Studien, die die Leidensfähigkeit von Hummern belegen (PETA, 2013). Diese hochempfindlichen Wesen werden monatelang (bis zu zwei Jahre lang!) lebendig „zwischengelagert", wobei sie die ganze Zeit bewegungsunfähig und mit zusammengebundenen Scheren verbringen müssen. Schließlich werden sie lebendig in kochendes Wasser geworfen. Nur so kommt es zur schönen roten Färbung, die sich am Buffet so gut macht. Der Todeskampf im kochenden Wasser dauert nicht Sekunden, sondern Minuten. Und um sich das lästige Deckelzuhalten zu ersparen – der Hummer versucht in panischer Angst und äußerstem Schmerz mit allen Mitteln, dem Kochtopf zu entkommen –, hat man sich einen praktischen Trick einfallen lassen: die Tiere werden an einem Brett festgebunden. (Initiative gegen Tierversuche …, 1989, S. 16, Hummer – der Renner …, 1995, S. 14 f., Delikatessen zum Vergessen, 1995, S. 17, Die Hummer-Industrie, 1995, S. 4, Jagd auf Leben …, 1996, S. 17, Berger, 1996, S. 7, Beidl, 1996/1997, S. 19)

1.1.3 Leiden

Tiere erleben nicht nur physischen Schmerz, sondern auch psychisches Leiden: Angst, Trauer, Verzweiflung, Trennungsschmerz, Kummer, Hoffnungslosigkeit, Furcht, Zorn usw. (Vgl. Bilz, 1974, V, 28, Serjeant, 1970, S. 100, Cena, 1978, Rachels, 1991, S. 133) Wenn man bedenkt, daß die evolutionäre Kontinuität (dazu gleich mehr) naheliegenderweise nicht nur eine physische, sondern auch eine psychische Seite hat, ist dies auch nicht weiter verwunderlich. (Vgl. Wolf, 1992, S. 11, Ryder, 1989, S. 330 f., 1992b, S. 171 f.)

Wie beim Schmerz muß auch hier darauf hingewiesen werden, daß Tiere unter vergleichbaren Situationen unter Umständen sogar *mehr* leiden als Menschen. Dies vor allem aufgrund ihrer geringeren Informations-, Kommunikations- und Reflexionsmöglichkeiten. (Vgl. Masson / McCarthy, 1996, S. 312 f., 318 f.) Zwei Beispiele:

Ein Mensch, der im Krankenhaus operiert werden soll, weiß, zumindest grundsätzlich und ungefähr, warum und wie dies geschehen soll. Vor allem weiß er, daß es zu seinem Vorteil geschieht, daß jetzige vorübergehende Unannehmlichkeiten notwendig sind, damit es ihm später wieder besser geht. Einem Tier, das gefangen wird, um einer Heilbehandlung zugeführt zu werden (zugegebenermaßen ein seltener Fall: Meist werden Tiere für ganz andere Zwecke eingefangen!), kann man diese Zusammenhänge nicht erklären. Es erlebt die gleichen Todesängste wie ein Tier, das gefangen wird, um getötet zu werden. (Vgl. Singer, 1994, S. 88 f., Höffe, 1984, S. 85 f., zit. n. Teutsch, 1987, S. 264)

Zweites Beispiel: Ein eingesperrter Mensch kann die Zeit, wo er wieder frei sein wird, vorwegnehmen und daraus Trost schöpfen. Bei einem eingesperrten Tier ist hingegen sein gesamter geistiger Horizont vom gegenwärtigen Gefangensein ausgefüllt. (Vgl. Rollin, 1981, S. 33)

Den Zusammenhang zwischen verminderter Denkkapazität und erhöhter Leidensintensität kennt im übrigen jeder aus eigener Erfahrung: In „schlaflosen Nächten" wälzen wir oft „unlösbare Probleme", die wir später im Wachzustand und Vollbesitz unserer geistigen Kräfte mühelos bewältigen können. Hier besteht eine interessante Parallele zur psychoanalytischen Neurosentheorie: Konflikte, die wir als Kinder wegen Unbewältigbarkeit verdrängen mußten, können wir als Erwachsene aufgrund unseres höheren Informationsstandes und erweiterten Denkvermögens zulassen und lösen.

Nicht vergessen darf man in diesem Zusammenhang auch die menschliche Fähigkeit, Leiden durch Sinngebung erträglicher zu machen. Auf diesen Umstand weist insbesondere Robert Spaemann hin: „Gerade, weil Tiere ihr Leiden nicht in die höhere Identität eines bewußten Lebenszusammenhangs integrieren (...) können, sind sie dem Leiden ausgeliefert. Sie sind sozusagen im Schmerz nur Schmerz." (1984, S. 78) „Auf dem Weg in die Gaskammern Psalmen singen – das kann kein Tier. Es ist der dumpfen Angst sprachlos ausgeliefert, und seine Angst ist fast immer Todesangst." (1979, zit. n. Teutsch, 1987, S. 264)

Nun, wie angekündigt, ein paar Bemerkungen zur evolutionären Kontinuität – die für *alle* Darstellungen und Erwägungen im Hinblick auf Ähnlichkeiten zwischen Menschen und Tieren von großer Bedeutung ist. Evolutionäre Kontinuität besagt, daß die Unterschiede zwischen Spezies eher gradueller denn grundsätzlicher Natur sind. (Bekoff, 2008, S. 14) Diese Kontinuität bezieht sich nicht nur auf die anatomischen Strukturen (von Herzen, Nieren,

Zähnen usw.), sondern auch auf geistige und emotionale Fähigkeiten. Mit anderen Worten: Die Wurzeln unserer eigenen Intelligenz und Emotionen finden wir in anderen Tieren. „Die Ähnlichkeiten und Kontraste verschiedener Arten sind Nuancen oder Schattierungen von Grau, keine Schwarz-Weiß-Unterschiede." (Ebenda, S. 55; vgl. Wild, 2013, S. 33 ff., 54) Marc Bekoff (2001, S. 54) veranschaulicht die evolutionäre Kontinuität mit folgendem Vergleich: Auch die Unterschiede zwischen einem Rolls Royce und einem Ford sind gradueller, nicht prinzipieller Natur, denn beide sind Autos.

1.1.4 Intelligenz

Es ist nicht ganz einfach, kurz und plausibel darzulegen, daß Tiere über eine so komplexe Eigenschaft wie Intelligenz verfügen. Praktische Beispiele eignen sich hierzu meines Erachtens besser als theoretische Ausführungen. Daher möchte ich gleich mit der Schilderung einiger einschlägiger „Fälle" beginnen. Der erste mag als Beleg für tierliche Intelligenz verzichtbar erscheinen. Ich bringe es aber dennoch nicht übers Herz, ihn den Leserinnen und Lesern vorzuenthalten. Erstens wird er von niemand geringerem als Charles Darwin (1966, S. 84) berichtet, zweitens finde ich ihn einfach köstlich:

„Am Kap der Guten Hoffnung hatte ein Offizier einen Pavian häufig geneckt. Als das Tier ihn nun eines Sonntags zur

Parade ankommen sah, goß es Wasser in eine Vertiefung im Boden, bereitete schnell einen schmutzigen Schlamm und warf ihn zum Ergötzen vieler Zuschauer geschickt auf den vorübergehenden Offizier. Noch lange Zeit danach freute sich der Affe mit höhnischem Grinsen, wenn ihm sein Opfer wieder zu Gesicht kam."

Vitus Dröscher (1987a, S. 99 f.) berichtet folgendes:

„Einen richtigen Lausejungenstreich leistete sich ein kanadisches Biberkind. Allmorgendlich zur gleichen Zeit wurde es mitsamt seinen Eltern, Anverwandten und älteren Geschwistern von einer Farmersfrau gefüttert. Da der vierbeinige Lümmel den anderen immer die besten Leckerbissen wegschnappen wollte, erschien er stets als erster an der Futterstelle.

Eines Tages aber hatte er die Zeit verbummelt, und als er aus dem Wasser sprang, drängten sich schon alle erwachsenen und größeren Biber um den Trog. Da lief der Kleine zum Fluß zurück und klatschte mit dem breiten Ruderschwanz dreimal hastig auf das Wasser. Das ist in der Bibersprache das Alarmsignal für höchste Gefahr. Wie der Blitz waren alle anderen Biber von der Bildfläche verschwunden, und der Frechdachs hatte das Futter für sich allein. (…)

Überlegen wir einmal, was zu dieser ‚Leistung' des kleinen Bibers alles gehört: Einmal mußte er das Alarm- und Schrecksignal geben, ohne tatsächlich einen Schreck vor einem Raubtier bekommen zu haben. Er mußte sich also aus den Fesseln reinen lnstinktverhaltens befreien und sein Handeln mit einer Absicht verbinden. Das gelang nur durch einen Akt der Selbstbetrachtung, der Reflexion: Er mußte wissen, wie seine Taten auf andere wirken, um sie hinters Licht zu führen."

Über einen Rhesusaffen im New Yorker Bronx Zoo berichtet Dröscher (ebenda, S. 100 f.):

„Eines Tages war der gewitzte Kerl vom großen Affenfelsen verschwunden, und es dauerte einige Tage, bis man ihn in einem Park gefunden und wieder eingefangen hatte. Die Umzäunung, der Wassergraben und überhaupt alles wurde überprüft. Nirgends war eine Fluchtmöglichkeit zu entdecken. Aber am nächsten Morgen war der Ausreißer wieder weg.

Erneut übte sich ein Polizeiaufgebot im Tierfang. Und dann legte sich ein Wärter auf die Lauer, um dem Affen auf die Schliche zu kommen. In früher Morgendämmerung sah er endlich, wie das Tier aus einem Versteck eine Banane holte. Diese milde Besuchergabe hatte er extra für seinen Ausbruchplan zurückbehalten. Er lief damit zu dem breiten Wassergraben, der an das Elchgehege grenzt, und schwenkte die Banane gut sichtbar hin und her – genauso wie ein Wissenschaftler, der mit einer hinterlistigen Futterbelohnung ein Versuchstier zu irgendeiner Tätigkeit bewegen will.

Tatsächlich schwamm einer der großen Elche zu dem Rhesusaffen heran. Schnell steckte ihm der ebenso schlaue wie wasserscheue Kerl die Banane ins Maul, als Fahrkarte sozusagen, sprang auf den breiten Rücken und ließ sich mit diesem ‚Fährschiff' ins Nachbargehege übersetzen. Von hier aus war die Flucht dann nur noch ein Affenkinderspiel."

Schließlich noch eine Geschichte von Pavianen (ebenda, S. 101 f.):

„Im Freigehege eines Zoos schwang sich das stärkste Männchen zum Sultan auf und verbot allen anderen Männchen intimen Umgang mit seinen ‚Damen'. Ja, er duldete nicht einmal den kleinsten Flirt. Doch konnte der Gefürchtete nicht immer und überall aufpassen. Hielt er einmal irgendwo im Schatten eines Felsens ein Schläfchen, konnte es schon geschehen, daß die Damen fremdgingen, ja sie legten es geradezu darauf an. Eine Haremsdame, die von ihrem Sultan längere Zeit vernachlässigt worden war, fing bei solch günstiger Gelegenheit unter Zurschaustellen all ihrer Reize ganz unverhohlen an, einen Junggesellen kirre zu machen.

In just diesem Augenblick erschien der Sultan wieder, und nun geschah das Unglaubliche: Als sei sie von einem Mörder bedroht, schrie die Seitenspringerin auf, riß sich los, gab dem eben noch Umworbenen eine Ohrfeige, floh laut jammernd in die Arme des verblüfften Sultans und ‚beschwerte' sich bei ihm, indem sie mit wütenden Gurgellauten böse zu dem von ihr Verführten hinüberschaute und mit den Armen auf die Erde trommelte. Und sie erreichte ihr Ziel: Der Sultan, der bei unerlaubten Intimitäten für gewöhnlich nur das Weib bestrafte, glaubte diese abgefeimte Lüge. Erst vermöbelte er den schuldlosen Junggesellen ganz gehörig, und dann überhäufte er die ‚Leidgeprüfte' mit Zärtlichkeiten."

Vorangehende Beispiele von Vitus Dröscher habe ich auch in meinem Buch „Leichenschmaus" (Kaplan, 1993a) als Belege für tierliche Intelligenz angeführt. Dies wurde (von Rippe, 1994, S. 137) mit „Verwunderung" registriert, handle es sich doch bei Dröscher um einen so „menschelnden Popularautor". Das ist eine vornehme Umschreibung für den Totschlagvorwurf Anthropomorphismus, also Vermenschlichung: Von ganzen Forschergenerationen wurde tierliches Bewußtsein und tierliche Intelligenz mit dem gebetsmühlenartig wiederholten Hinweis vom Tisch gefegt, hier handle es sich um eine unzulässige Vermenschlichung der Tiere, in Wirklichkeit beruhe tierliches Verhalten, das wir naiverweise als bewußt oder intelligent betrachten, auf bloßem Instinkt, stupidem Lernen oder reinem Zufall.

Dazu zweierlei: Erstens gibt es etwas ungleich Schlimmeres als Vermenschlichung, nämlich das Gegenteil: Verdinglichung. Solange leidensfähige Wesen in Tierfabriken und Versuchslabors wie gefühllose Roboter behandelt werden, ist es eine unerträgliche Unverschämtheit und Frivolität, das Wort „Anthropomorphismus" auch nur in den Mund zu nehmen!

Zweitens können jene wackeren Forscher und Philosophen, denen die Sorge um wissenschaftliche Objektivität schlaflose Nächte bereitet, von ihren Seelenqualen erlöst werden: Die Feststellung, daß Tiere über Bewußtsein und Intelligenz verfügen, entspringt nicht dem naiven Wunschdenken sentimentaler Tierfreunde, sondern ist inzwischen eindeutiges Ergebnis nüchterner Forschung.

So hat etwa die bekannte Zoologin und Dozentin für Verhaltensbiologie an der Universität Oxford Marian Stamp Dawkins (1994) mit ihrer Studie „Die Entdeckung des tierischen Bewußtseins" eine Arbeit vorgelegt, die an Logik und Stringenz nichts zu wünschen übrig läßt. Zunächst fahndet die Autorin gewissenhaft nach allen möglichen Voreiligkeiten, Nachlässigkeiten und anderen Fehlern, die beim Schließen auf tierliches Bewußtsein und tierliche Intelligenz passieren können. Dabei wendet sie stets das methodische Prinzip des Ockhamschen Messers an, wonach wir stets die einfachste, plausibelste Erklärung annehmen sollen.

Ein Beispiel soll diesen Grundsatz verdeutlichen: Wenn ich am Morgen im Postkasten einen Brief vorfinde, ist es sinnvoll anzunehmen, daß ihn der Briefträger hineingelegt hat. Theoretisch sind natürlich auch andere Erklärungen möglich. Etwa diese: In der Nacht ist ein UFO vor dem Haus gelandet, dem ist ein grünes Marsmännchen entstiegen, das den Postkasten mittels mentaler Kräfte geöffnet und dann den Brief hineingelegt hat.

Solange es die einfachere, plausiblere Erklärung mit dem Briefträger gibt, sollten wir entsprechend dem Ockhamschen Messer auch bei dieser bleiben, anstatt die zwar logisch mögliche, aber doch ziemlich unwahrscheinliche Marsmännchen-Version in Erwägung zu ziehen. Aufgrund des systematischen und konsequenten Aussonderns unwahrscheinlicher Erklärungen gelangt Dawkins schließlich zu tierlichen Verhaltensphänomenen, bei denen Bewußtsein und Intelligenz die einfachste Erklärung darstellen.

Erfreulicherweise können wir diese Methode anhand eines Beispieles veranschaulichen, das dem letzten – mit Anthropomorphismus-Verdacht versehenen – Dröscher-Beispiel nicht unähnlich ist:

„Hans Kummer, der viele Jahre lang Paviane erforschte, beschrieb einen Fall, bei dem sich alle Mitglieder des Trupps, den er gerade beobachtete, ausruhten. Dann verlagerte eines der Weibchen innerhalb von 20 Minuten nach und nach seine Position über zwei Meter hinweg, so daß es schließlich hinter einen Felsen gelangte, wo es begann, einem halberwachsenen Männchen das Fell zu pflegen. Hätte das dominante Männchen der Gruppe das gesehen, hätte es die beiden angegriffen, doch von der Stelle, an der es saß, konnte es nur den Schwanz, den Rücken und den oberen Teil des Kopfes des Weibchens sehen. Seine Vorderseite und seine Hände waren für das dominante Männchen unsichtbar, ebenso das junge Männchen, das sich hinter den Felsen gekauert hatte. Mit anderen Worten, das erwachsene Männchen sah zwar, wo das Weibchen war, aber nicht, was es tat." (Dawkins, 1994, S. 178 f.)

Natürlich könnte das Verhalten des Pavianweibchens auch als das Ergebnis eines reinen Lernvorgangs ohne jegliche Einsicht oder Intelligenz gedeutet werden: Es hat im Laufe der Zeit gelernt, daß man nur dann etwas in Ruhe machen kann, wenn man sich hinter einen Felsen zurückzieht. Dies hat das Tier vielleicht irgendwann zufällig entdeckt. Jetzt wendet es diese „Taktik" eben immer wieder an. Mit Planung oder der Absicht, das „betrogene" Tier zu täuschen, hat dies alles nichts zu tun. (Ebenda, S. 179)

Zwei Dinge sprechen aber klar gegen diese Interpretation: Erstens passierten solche Täuschungsmanöver nicht ständig, sondern waren seltene Ereignisse – eingestreut zwischen „normalem", „echtem" Verhalten ohne Täuschung. Hätte das Pavianweibchen einfach ohne jegliche Einsicht einen „Trick" gelernt, würden wir annehmen, daß es diesen dauernd anwendet und nicht nur ab und zu. (Ebenda, S. 179 f.)

Zweitens und vor allem ist da die extrem langsame Bewegung zum Felsen hin. Hätte das Pavianweibchen einfach stur gelernt, daß die einfachste Methode, um nicht vom dominanten Männchen verjagt zu werden, darin besteht, sich hinter einem Felsen zu verstecken, dann würden wir doch annehmen, daß es sich direkt dorthin begibt und sich nicht während einer Dauer von zwanzig Minuten buchstäblich zentimeterweise hinschmuggelt! (Ebenda, S. 180)

Letzteres verwundert hingegen überhaupt nicht, wenn wir annehmen, daß das Weibchen *erkannt* hat, daß es vom Männchen beobachtet wird, und nun *absichtlich* versucht, dieses zu täuschen. Dafür spricht auch die Position des Weibchens hinter dem Felsen: der Hinterkopf war für das Männchen sichtbar, nicht aber Gesicht und Hände. So wußte das Männchen, daß das Weibchen in der Nähe war, sah aber nicht, was es „Verbotenes" tat. (Ebenda)

„Dies ließe sich zwar als komplizierter Lernprozeß erklären (das Weibchen hatte sich gemerkt, daß es gejagt wird, wenn es nicht eine bestimmte Position zum Felsen einnimmt). Die einfachste Erklärung lautet jetzt aber: Das Weibchen wußte, was das Männchen reizt, und täuschte es daher absichtlich, indem es versuchte, seine Bewegungen auf den Felsen zu so unauffällig wie möglich zu machen. Als es dann hinter dem Felsen angelangt war, versuchte es, sein Tun vor dem Blick des Männchens zu verbergen. (...) Ockhams Messer favorisiert in diesem Fall wirkliche Einsicht, beziehungsweise Intelligenz." (Ebenda, S. 180 f.)

Zum gleichen Ergebnis kämen wir übrigens bei Anwendung von „Morgans Kanon", einem anderen methodischen Prinzip. Es richtet sich gegen naiv anthropomorphisierende, also vermenschlichende Deutungen tierlichen Verhaltens. C. Lloyd-Morgan, ein britischer Psychologe und Verhaltensforscher, stellte 1894 folgende Forderung auf: Wir sollten eine Handlung nicht als Ergebnis eines höheren geistigen Vermögens interpretieren, wenn sie auch als Ergebnis eines „geistig niederstufigeren" Vermögens interpretiert werden kann. (Perler / Wild, 2005, S. 16 f., Wild, 2013, S. 74–79) Ein mögliches Ergebnis der Anwendung dieser Methode ist freilich auch, daß, wie beim listigen Pavianweibchen, eine Handlung vernünftigerweise *nur* durch ein „geistig höherstufiges" Vermögen erklärt werden kann.

Berichte über Täuschungsmanöver bei Affen sind Legion. (Z. B. Blick zurück, 1988, S. 210 f., Gnadenlose Geduld, 1994, S. 215, Barth, 1992, S. 266 ff). Aber auch von anderen Tieren werden erstaunliche Intelligenzleistungen berichtet. Etwa von Schweinen (Comstock, 1992, S. 122 f., Schweine!, 1996, S. 14 ff.), Delphinen (Scheub, 1989, S. 30 f.), Tintenfischen („Sehr alt, sehr klug", 1997, S. 150 ff.), Vögeln im allgemeinen (Clifton, 1990, S. 19–24) und Hühnern im besonderen (Robbins, 1989, S. 12 ff.) sowie von Würmern (Rachels, 1991, S. 134 f.). Für einen Überblick über die Intelligenzforschung in bezug auf Tiere siehe Linden, 1994, S. 22 ff.

In bezug auf die Manifestationen tierlicher Intelligenz sind vor allem die Bereiche Kommunikation und Werkzeuggebrauch bedeutsam. Über „Unerhörte Töne aus der Welt der Tiere" berichtet Sy Montgomery (1992, S. 34 ff). Damit meint er zweierlei: die geradezu unglaublichen Kommunikationsleistungen, die Tiere vollbringen, und die Wahrnehmungskanäle, innerhalb derer diese Kommunikationen stattfinden. Ein Großteil der Verständigung unter Tieren erfolgt nämlich auf Wahrnehmungsebenen, die dem Menschen unzugänglich sind, so etwa im Infraschallbereich. Zur Kommunikation unter Tieren siehe vor allem auch das bereits erwähnte Buch „Die Supersinne der Tiere" von John Downer (1990) sowie den Bericht „Ein Mensch kann sie um diese Vielfalt nur beneiden" von Christian Quatmann (1990/91, S. 22–24).

Neben der Kommunikation ist, wie gesagt, auch der Werkzeuggebrauch ein wichtiger Beleg für tierliche Intelligenz. Auch hierzu exisiert eine Fülle von Berichten, zum Beispiel „Frühform des Heimwerkers", 1997, S. 196, „Spinne am Haken", 1996, S. 162 f., „Siegeszug aus der Sackgasse" (II), 1995, S. 140, 145, und Goodall, 1994, S. 23.

Der Werkzeuggebrauch bei Tieren ist im übrigen noch aus einem anderen Grund ein interessantes Thema: Anhand dieses Merkmals lassen sich wie kaum irgendwo sonst die ebenso verzweifelten wie vergeblichen Versuche, die Sonderstellung des Menschen zu verteidigen, veranschaulichen. Volker Arzt und Immanuel Birmelin (1993, S. 290 f.) rekonstruieren die Demontage einer Illusion:

Lange Zeit galt der Gebrauch von Werkzeugen als exklusiv menschliches Merkmal. Doch dann entdeckte man, daß Galapagos-Finken mit kleinen Ästen nach Insekten stochern und Laubenpieper mit Rindenpinsel und Beerenfarbe ihre Laube ausmalen. Umgehend wurde umdefiniert: Nicht der *Gebrauch* von Werkzeug unterscheidet den Menschen von allen anderen Wesen auf Erden, sondern die *Herstellung* von Werkzeug.

Das war ja gerade noch einmal gutgegangen – bis man entdeckte, daß Brillenbären Stöcke zurechtbrechen, um damit Früchte vom Baum zu holen, und Schimpansen Zweige exakt so stutzen und zerfasern, daß sie eine optimale Termitenangel abgeben. Also wieder nichts mit der feinsäuberlichen Trennung der „Krone der Schöpfung" vom Rest der Welt!

Eine weitere Kriteriumsverschärfung mußte her: *Werkzeuggebrauch zur Werkzeugherstellung* hieß die neue Zauberformel, um die Exklusivität des Clubs Homo sapiens zu retten. Doch der Zwergschimpanse Kanzi machte auch einen Strich durch diese Rechnung:

Er beobachtete, wie seine Lieblingsspeise in eine Schachtel gegeben und diese versperrt wurde. Weiter sah er, daß der Schlüssel in einer zweiten Schachtel deponiert und diese mit reißfestem Band verschnürt wurde. Kanzi erinnerte sich an einige Flintsteine, die er einmal während eines Ausflugs gefunden und mitgenommen hatte. Diese zertrümmerte er nun auf hartem Zementfußboden und wählte aus den so entstehenden Stücken einen besonders handgerechten und scharfen Splitter aus. Mit diesem „Messer" durchschnitt er nun die Verschnürung der Schlüsselbox und öffnete mit dem sich darin befindenden Schlüssel die Leckerbox. „Kanzi hatte mit Bedacht Steine und Zementuntergrund eingesetzt, um sich ein Werkzeug herzustellen, mit dem er sich ein anderes Werkzeug verschaffen konnte, um es gezielt einzusetzen" (S. 291).

Nachdem sich somit auch das Kriterium Werkzeuggebrauch zur Werkzeugherstellung als untaugliches Mittel zur Abgrenzung des Menschen von allen anderen Wesen erwiesen hatte, wurde der Versuch, die menschliche Einzigartigkeit über den Umgang mit Werkzeug zu definieren, schließlich aufgegeben. (Ebenda)

Als nächstes mußte, wie Frans de Waal (2013, S. 247) die Fortsetzung der unendlichen Ab- bzw. Ausgrenzungsgeschichte humorvoll-resignativ erzählt, die Sprache herhalten – zunächst als symbolische Kommunikation definiert. Als man erkennen mußte, daß Menschenaffen Zeichensprachen erlernen können, ließ man die Sache mit den Symbolen fallen und setzte auf die Syntax. De Waal ebenso treffend wie anschaulich: „Des Menschen besondere Stellung im Universum beruht auf widerrufenen Behauptungen und ständig versetzten Torpfosten." Die aktuellen Einzigartigkeitshoffnungen ruhen übrigens auf der sogenannten „Theorie des Geistes". (Ebenda; dazu später mehr.)

Ein so komplexes Phänomen wie Intelligenz läßt sich nur schwer isoliert darstellen. Insbesondere ist Intelligenzverhalten untrennbar verknüpft mit Sozialverhalten (was vor allem im Bereich Kommunikation deutlich wird). Dieser engen Verbindung zwischen Intelligenz und Sozialleben werden wir im nächsten Abschnitt noch Rechnung tragen.

1.1.5 Sozialleben

Wie bei der Intelligenz, so gibt es auch im Sozialleben der Tiere Phänomene, bei denen es abwegig wäre anzunehmen, daß sie nicht mit Bewußtsein, also mit subjektivem Erleben verbunden sind. Grundlage des Soziallebens ist bei Tieren wie bei Menschen die Fähigkeit, Liebe zu geben, das Bedürfnis, Liebe zu empfangen, und das Leiden, das die Verhinderung oder Zerstörung von Liebesbeziehungen verursacht. (Vgl. Robbins, 1987, S. 37–39)

Die eindrucksvollsten Belege für tierliches Sozialleben sind wohl die emotionalen Beziehungen zwischen Müttern und Kindern. Die Verhinderung oder Zerstörung dieser Beziehungen führt wie bei Menschen zu schwersten und unter Umständen lebenslangen psychischen Schäden – bis hin zum buchstäblichen Wahnsinn. Die grauenerregenden Versuche an Affen, die der amerikanische Psychologe Harry Harlow durchgeführt hat, veranschaulichen dies auf erschütternde Weise: Harlow und sein Kollege Stephen Suomi beschreiben,

„wie sie die ‚faszinierende Idee' hatten, Depressionen zu erzeugen, indem sie ‚Affenbabies gestatteten, sich an Surrogatmütter aus Stoff zu binden, die sich in Ungeheuer verwandeln konnten':

‚Das erste dieser Ungeheuer war eine Affenmutter aus Stoff, die nach einem Stundenplan oder auf Verlangen mit Hochdruck komprimierte Luft ausstieß. Dem Tier wurde praktisch die Haut vom Körper geblasen. Und was tat das Affenbaby? Es klammerte sich immer inniger an die Mutter, weil ein erschrockenes Baby sich um jeden Preis an seine Mutter klammert. Wir erreichten keinerlei Psychopathologie. Wir gaben jedoch nicht auf. Wir bauten eine andere Ersatzmutter, ein Ungeheuer, das so heftig schaukelte, daß Kopf und Zähne des Babys klapperten. Alles, was das Baby tat, war ein immer festeres Anklammern an die Ersatzmutter. Das dritte Ungeheuer, das wir bauten, hatte einen eingebauten Drahtrahmen im Körper, der heraussprang und den Säugling von der Bauchoberfläche der Ersatzmutter herunterwarf. Das Baby stand vom Boden auf, wartete, bis der Drahtrahmen wieder in dem Stoffkörper verschwunden war, und hängte sich dann wieder an die Ersatzmutter. Schließlich bauten wir unsere Stachelschwein-Mutter. Auf Kommando traten ihr aus der Bauchoberfläche scharfe Messingstacheln. Obwohl die Babies unter dieser stacheligen Zurückweisung litten, warteten sie einfach, bis die Stacheln wieder verschwanden, und kamen dann zurück und klammerten sich an die Mutter.'

Diese Ergebnisse, so bemerken die Experimentatoren, sind nicht überraschend gewesen, da die einzige Zuflucht eines verletzten Kindes darin besteht, sich an seine Mutter zu klammern.

Schließlich gaben Harlow und Suomi die künstlichen Ungeheuer-Mütter auf, weil sie etwas Besseres fanden: eine echte Affenmutter, die ein Ungeheuer war. Um solche Mütter zu produzieren, zogen sie weibliche Affen isoliert auf und versuchten dann, sie zu schwängern. Leider hatten die Weibchen keine normalen sexuellen Beziehungen zu männlichen Affen und mußten daher mittels einer Technik geschwängert werden, die Harlow und Suomi als ‚Vergewaltigungsbank' bezeichneten. Als die Babies geboren waren, beobachteten die Forscher die Affen. Sie stellten fest, daß einige die Säuglinge einfach ignorierten und die schreienden Babies nicht an die Brust nahmen, wie es normale Äffinnen tun, wenn sie ihr Baby schreien hören. Das andere Verhaltensmuster war unterschiedlich:

‚Die anderen Äffinnen waren brutal oder mörderisch. Einer ihrer Lieblingstricks bestand darin, den Schädel ihres Säuglings mit den Zähnen zu zerbeißen. Das Verhaltensmuster aber, das wirklich Übelkeit erzeugte, bestand darin, den Säugling mit dem Gesicht auf den Boden zu schmettern und ihn dann hin und her zu reiben.'" (Singer, 1982, S. 59 f.)

Das also sind die Folgen verhinderten tierlichen Soziallebens. Einen drastischeren Beleg für die Bedeutung des Soziallebens für Tiere kann man sich wohl kaum vorstellen.

Es gibt viele eindrucksvolle Beschreibungen des reichen, ausgeprägten und differenzierten Soziallebens von Tieren. Verwiesen sei etwa auf das Sozialleben von Schweinen (Comstock, 1992, S. 122 f.), Elefanten (Die grauen Riesen ..., 1989, S. 6), Gorillas (Fossey, 1989) und Schimpansen (Goodall, 1991). Besondere Erwähnung verdient in diesem Zusammenhang ein Buch mit dem bezeichnenden Titel „Wilde Diplomaten", verfaßt vom renommierten Ethologen Frans de Waal (1991). Hier wird das frappierend komplexe, differenzierte und flexible Instrumentarium von Primaten zu Versöhnung, Friedensstiften und Konfliktlösen anschaulich und umfassend dargestellt.

Wie jeder aus eigener Erfahrung weiß, ist das Sozialleben eng mit dem Gefühlsleben verbunden. Bei sozialen Kontakten spielen Gefühle eine wichtige Rolle. Auf das reiche und vielschichtige Gefühlsleben der Tiere hingewiesen zu haben, ist u. a. das Verdienst von Jeffrey M. Masson und Susan McCarthy (1996). In ihrem Buch „Wenn Tiere weinen" haben sie diesen lange Zeit vernachlässigten Aspekt tierlichen Seelenlebens ausführlich behandelt. Allerdings ist der Titel der deutschen Ausgabe irreführend bzw. wenig aussagekräftig. Der Untertitel der englischen Originalausgabe, „The Emotional Lives of Animals", trifft den Inhalt unvergleichlich besser.

Einen aufschlußreichen Beitrag zur Erhellung tierlichen Gefühlslebens hat auch Marian Stamp Dawkins (1994, S. 189–219) geleistet. Interessant sind hier vor allem die experimentellen Ansätze, um das Gefühlsleben der Tiere methodisch sauber zu erfassen. Schließlich sei noch auf den Beitrag „Schimpansen – Die Überbrückung einer Kluft" von Jane Goodall (1994, v. a. bis S. 25) verwiesen, in dem es der weltbekannten Forscherin eindrucksvoll gelingt, sowohl das differenzierte Sozialleben als auch das reiche Gefühlsleben der Schimpanen anschaulich darzustellen.

Besonders intensiv mit dem tierlichen Gefühlsleben auseinandergesetzt hat sich Marc Bekoff, z. B. in seinem Buch „Das Gefühlsleben der Tiere" (2008). Bekoff weist (S. 13–15, 25) darauf hin, daß sich die wissenschaftliche Sicht auf tierliche Emotionen in den letzten Jahrzehnten radikal geändert hat, und zwar dergestalt, daß die Beweislast immer mehr denen zufällt, die noch immer behaupten, Tiere hätten *keine* Gefühle. Die Kombination von gesundem Menschenverstand und wissenschaftlichen Daten (von Bekoff als „wissenschaftlicher Verstand" bezeichnet) liefert starke Argumente für die Existenz tierlicher Emotionen. Gefühle dienen bei Menschen und Tieren als sozialer Kitt, der Individuen miteinander verbindet, und sie beeinflussen und regulieren eine Vielzahl sozialer Begegnungen zwischen Freunden, Liebenden und Konkurrenten. „Gegen die Existenz tierischer Emotionen zu argumentieren, ist schlechte Biologie" (ebenda, S. 14).

Verhaltens- und neurobiologische Studien zeigen, daß Tiere mit uns die (instinktiven) Primäremotionen Angst, Ärger, Überraschung, Traurigkeit, Ekel und Freude teilen. Menschen und Tiere weisen ähnliche neurobiologische und chemische Systeme auf. Wenn etwa Mäuse schikaniert oder permanent von anderen Mäusen dominiert werden, ziehen sie sich zurück. Und diese Tiere sprechen dann auf Medikamente für Menschen so wie Menschen an. Wenn Tiere und Menschen auf Medikamente ähnlich reagieren, ist es sehr wahrscheinlich, daß eine ähnlich neurale Basis besteht und auch ähnliche Gefühle im Spiele sind. (Ebenda, S. 30 f.)

Tiere teilen mit uns auch viele Sekundäremotionen. Das sind komplexere Emotionen, die höhere Hirnzentren miteinbeziehen. Dabei handelt es sich nicht (wie bei den Primäremotionen) um automatische Reaktionen, sondern um solche, über die das Individuum nachdenkt und dann entscheidet, wie es mit ihnen umgehen soll. Das verleiht Flexibilität im Verhalten. Bei Sekundäremotionen kann es sich um die Kernemotionen Angst, Ärger, Überraschung, Traurigkeit, Ekel und Freude handeln oder aber um nuanciertere Emotionen wie Reue, Verlangen oder Eifersucht. Tiere, inklusive Mäuse, zeigen auch die Sekundäremotion Mitgefühl, was insofern bedeutsam ist, als es auf selbstlose Fürsorge hinweist. So gibt es z.B. ein klassisches Experiment, bei dem ein hungriger Rhesusaffe kein Futter nimmt, wenn dies dazu führt, daß einem anderen Affen ein Stromstoß versetzt wird. (Siehe dazu das Experiment, das James Rachels unten, in 1.1.6, beschreibt!) (Ebenda, S. 26, 28–33)

Am Ende des vorangegangenen Abschnitts (1.1.4) haben wir auf die enge Verknüpfung von Sozialleben und Intelligenz hingewiesen. Darauf wollen wir jetzt zurückkommen. Zuvor sei allerdings noch auf einen Gesichtspunkt verwiesen, den es zu beachten gilt, wenn uns an einer *Gesamtsicht* gelegen ist: Wir dürfen das Merkmal Intelligenz nicht über- und das Merkmal Gefühlsleben nicht unterbewerten. Denn während wir Menschen im Hinblick auf Intelligenz im Vergleich zu Tieren quasi immer „Weltmeister" sein werden (jedenfalls in bezug auf Intelligenz, wie wir sie definieren), ist das in bezug auf das Gefühlsleben keineswegs so sicher. Vielmehr ist es ohne weiteres möglich, daß die vielleicht kleinere „Gefühlspalette" der Tiere durch größere Gefühlsintensität kompensiert wird. (Vgl. Sapontzis, 1994, S. 415 f.)

Abschließend wollen wir dem Umstand Rechnung tragen, daß eine isolierte Betrachtung tierlicher Eigenschaften und Fähigkeiten stets problematisch ist und daher eine erweiterte Perspektive der Realität besser gerecht wird. Insbesondere Intelligenz und Sozialleben lassen sich, wie gesagt, nicht säuberlich voneinander trennen, ohne der psychischen Gesamtwirklichkeit Gewalt anzutun.

Zunächst eine allgemeine Charakterisierung des Gorillaweibchens Koko durch Wendy Gordon und Francine Patterson (1994, S. 94 f.): Koko verständigt sich in einer Zeichensprache (die ihr gelehrt wurde), von der sie mehr als tausend Wörter beherrscht. Sie versteht gesprochenes Englisch und kann auf englisch gestellte Fragen in der Zeichensprache antworten. Außerdem kann sie gedruckte Wörter, darunter den eigenen Namen, lesen.

Kokos Selbstbewußtsein kommt unter anderem darin zum Ausdruck, daß sie vor dem Spiegel auf sich bezogene Handlungen vollzieht, etwa Grimassen schneidet oder ihre Zähne untersucht. Sie lügt, um unangenehme Folgen eigenen Fehlverhaltens zu vermeiden, erfindet Spiele, die sie alleine oder mit anderen spielt, und malt und zeichnet. Koko spricht über vergangene Ereignisse und versteht und verwendet Wörter wie „vorher", „nachher", „später" und „gestern".

Koko lacht über Scherze und macht auch selber welche. Sie weint, wenn sie verletzt ist oder alleine gelassen wird, und schreit, wenn sie sich fürchtet oder ärgert. Koko spricht über ihre Gefühle und benutzt dabei Wörter wie „glücklich", „traurig", „furchtsam", „freuen", „begierig", „enttäuschen", „böse" und vor allem „Liebe". Koko trauert um diejenigen, die gestorben sind oder die sie verlassen haben. Sie spricht darüber, was passiert, wenn jemand stirbt, wird aber nervös, wenn sie über ihren eigenen Tod oder über den ihrer Freunde sprechen soll.

Eine „Kollegin" (oder wohl besser: Leidensgefährtin!) von Koko ist die Schimpansin Washoe. (Fouts / Fouts, 1994, Fouts / Mills, 1998) Washoe wurde 1965 in West-Afrika geboren und für Versuche der Air Force „eingefangen", sprich: entführt. (Brensing, 2013, S. 136) Später wurde sie von den amerikanischen Wissenschaftlern Allen und Beatrice Gardner aufgezogen (Singer, 1994, S. 148) und wie ein menschliches Kind ohne Stimmbänder behandelt. (Vorangegangene Versuche, Schimpansen das Sprechen beizubringen, waren an deren fehlenden stimmlichen Voraussetzungen zum Sprechen gescheitert).

Die Gardners brachten Washoe die amerikanische Zeichensprache für Taubstumme bei. Damit war sie die erste

Schimpansin, die je mittels einer menschlichen Sprache mit Menschen kommunizierte. Im Alter von fünf Jahren wurde Washoe von ihren menschlichen Zieheltern getrennt (Fouts / Fouts, 1994, S. 49 f.), um an anderen wissenschaftlichen Projekten teilzunehmen. (Ein Verbrechen, das deutlich und scharf genug gar nicht verurteilt werden kann. Entsprechende Kritik ob dieser Barbarei vermißt man selbst in der Tierrechtsliteratur.)

Die Gardners besuchten Washoe erst nach vielen Jahren wieder. Washoe wurde vom bevorstehenden Besuch ihrer „Eltern" nichts gesagt. Es sollte eine Überraschung werden. Washoe lebte jetzt gemeinsam mit anderen Schimpansen, die die Gardners ebenfalls von früher her kannten, bei Roger und Deborah Fouts. Diese anderen Schimpansen hatten die Gardners allerdings erst vor relativ kurzer Zeit gesehen. (Ebenda, S. 56 f., 64) Roger und Deborah Fouts beschreiben das Wiedersehen von Washoe mit ihren menschlichen „Eltern" (ebenda, S. 64 f.):

„Als die Gardners ins Haus kamen, taten die (...) Schimpansen (...) etwas für sie völlig Ungewöhnliches. Wenn Fremde uns besuchen, zeigen die Schimpansen normalerweise ein drohendes Verhalten, um die Fremden einzuschüchtern und zu vertreiben. Wenn wir als ihre vertrauten Freunde zu ihnen kommen, begrüßen sie uns gewöhnlich mit keuchenden Lauten, und Washoe und die anderen zeigen uns ‚komm / umarmen' oder wollen uns berühren. Doch als die Schimpansen die Gardners sahen, verhielten sie sich (...) völlig anders; sie setzten sich auf den Boden und starrten ihre Gäste an, als seien sie sprachlos. (...)

Die nächste Überraschung war, daß Washoe, als sie die Gardners anschaute, in der Zeichensprache ihre Namen nannte. Sie hatte sie zum letztenmal vor elf Jahren gesehen, als sie sieben Jahre alt war, und sie erinnerte sich noch jetzt an sie und die Zeichen für ihre Namen. Dann wendete sich Washoe an Beatrice Gardner und machte die Zeichen ‚komm, Mrs. G.'. Damit führte sie Mrs. Gardner in ein benachbartes Zimmer und fing an, mit ihr ein Spiel zu spielen, das sie zum letztenmal als Fünfjährige (...) gepielt hatte."

Die Sprachforschung mit Affen hat sich zu so etwas wie einem wissenschaftlichen Hauptschlachtfeld für Fragen des Mensch-Tier-Vergleichs und dessen angemessenen ethischen Konsequenzen entwickelt. Da hier häufig mit geschlossenem Visier, sprich: mit verdeckten Motiven (z. B. Tieren genuin geistiges Leben abzusprechen und die Einzigartigkeit des Menschen zu beweisen) gekämpft wird, empfiehlt sich ein Blick hinter die Kulissen. John Duprés „Reflexionen über die wissenschaftliche Erforschung der Sprache" (Dupré, 2005) liefern hier hilfreiche (Hintergrund-)Informationen:

Generell erscheint zweifelhaft, daß diese Sprachversuche mit Affen tatsächlich die (angeblich) erhofften tiefen Einblicke ins Erleben und Verhalten von Affen ermöglichen können. Schließlich handelt es sich bei den betroffenen Tieren (siehe etwa Washoe!) um hochgradig domestizierte Tiere mit langen und intensiven Beziehungen zu Menschen. Von solchen Tieren gültige Erkenntnisse über ihre freilebenden Verwandten gewinnen zu wollen, erscheint problematisch. Wer über Affen Grundlegendes und Repräsentatives erfahren will, sollte sie eher in ihrer natürlichen Umgebung beobachten. (Ebenda, S. 315 f.) Dafür plädiert u. a. auch Karsten Brensing (2013, S. 138). Eine gute Möglichkeit, die kommunikativen Fähigkeiten untrainierter Tiere zu erforschen, bietet auch die täuschende Kommunikation (siehe die Beispiele im vorhergehenden Kapitel!) Es wäre seltsam, wenn dermaßen intelligente Tiere nicht auch über raffinierte Kommunikationsmittel verfügten. Aber es ist unwahrscheinlich, daß ausgerechnet die sprachlichen Leistungen „künstlich" hochtrainierter Tiere viel zur Erhellung dieser Kommunikation beitragen können. (Dupré, 2005, S. 316)

Hinter der Sprachforschung mit Affen lauern tiefergehende (philosophische) Interessen bzw. Motive, vor allem in bezug auf die Grundsatzfrage, ob Tiere ein Innenleben haben – oder eben nicht. Eine zentrale Rolle spielt hier die cartesianische These, daß Sprache der einzige zuverlässige Beleg für genuin geistiges Geschehen sei sowie die Nebenthese, daß „Verhalten im Allgemeinen in einem nur kontingenten Verhältnis zu den grundlegenden geistigen Prozessen stehe, von denen man eigentlich annehmen könnte, es reflektiere sie" (ebenda, S. 317).

Obwohl sich viele Forscher, die die kognitiven Fähigkeiten von Tieren erforschen, ausdrücklich von der cartesianischen Konzeption von Tieren als „mechanische Lebewesen" distanzieren, akzeptieren sie erstaunlicherweise den

Großteil der übrigen cartesianischen Sichtweise auf Tiere. Auch Forscher, die die kognitiven Leistungen von Tieren eifrig verteidigen, teilen häufig die cartesianische Annahme, daß es prinzipiell unmöglich sei, tierliches Bewußtsein oder Denken zu beweisen, weil dies vom tierlichen Verhalten unabhängig sei. Diese unhaltbaren cartesianischen Voraussetzungen erforderten wohl eher einen philosophischen Exorzismus als empirische Forschung, resümiert Dupré entnervt. (Ebenda, S. 318).

Hier zwei Ungereimtheiten im „cartesianischen Glauben": Donald Davidson behauptet, Sprache sei eine notwendige Bedingung für Denken. Aber es ist doch ziemlich unwahrscheinlich, daß nur sprachtrainierte Affen über rudimentäres Denken verfügen, ihre freilebenden Verwandten aber nicht. Viel plausibler ist, daß einfach ersteren – quasi zusätzlich – eine rudimentäre Form menschlicher Sprache beigebracht worden ist. (Ebenda, S. 319)

Zweitens: Eine wichtige Frage im Zusammenhang mit diesen Sprachforschungen ist, ob es zwischen Menschen und Tieren ein kontinuierliches oder ein diskontinuierliches Verhältnis gebe. Für diejenigen, die die Diskontinuität verteidigen, ist die Sprache *die* verbleibende Verteidigungsbastion, und zwar vor allem Noam Chomskys Sprachauffassung, wonach Sprache ein exklusiv menschliches kognitives Organ darstellt. (Ebenda, S. 321)

Aber selbst wenn sich diese Auffassung als richtig erweisen sollte, wäre sie für die Kontinuitätsfrage wohl irrelevant, da es ja wohl darum geht, was Menschen *können*, nicht darum, *welche Organe* sie dafür verwenden. Die einzigartigen menschlichen Fähigkeiten, die aus dem Sprachorgan resultieren könnten, sind wohl Kommunikation und Denken. „Aber es gibt viele Arten nicht-sprachlichen Verhaltens, die Kommunikation ermöglichen, und viele nicht-sprachliche Manifestationen von Denken" (ebenda). Wenn man sagt, die Existenz eines exklusiv menschlichen Sprachorgans zeige, daß nur Menschen denken oder kommunizieren können, so ist dies, wie wenn man behauptete, daß nur Fische schwimmen könnten, weil nur sie Schwimmblasen haben. Duprés Fazit: Die Sprachforschung mit Affen kann uns weder über uns noch über Affen viel sagen, was wir nicht ebenso gut auf vielen anderen Wegen lernen könnten. (Ebenda)

1.1.6 Moral

Sind Tiere auch moralische Wesen? Können auch Tiere moralisch handeln? Bevor wir uns dieser Frage zuwenden, wollen wir noch kurz auf eine andere eingehen: Welche Beziehung besteht zwischen Moral einerseits und Intelligenz bzw. Rationalität andererseits? Die Rolle, die der Rationalität im Zusammenhang mit Moral traditionell zugeschrieben wird, erscheint bei näherer Betrachtung korrekturbedürftig (vgl. Sapontzis, 1987a, S. 216–218):

Erstens führt die höhere Rationalität des Menschen meist gerade nicht zu *moralischem*, sondern zu *Macht*verhalten: Unsere „Vernunftbegabtheit" nutzen wir in aller Regel nicht dazu, moralische Erwägungen anzustellen, sondern dazu, andere zu beherrschen und auszubeuten. Das läuft auf das „Recht des Stärkeren" hinaus, das seinerseits keine moralische Legitimation für sich in Anspruch nehmen kann.

Zweitens wird auch die Bedeutung der Rationalität bei moralischem Handeln überschätzt. Viel wichtiger als moralische *Erwägungen* sind nämlich moralische *Neigungen*. Das geläufige Moralkonzept der Pflichterfüllung nach vorgeschalteter rationaler Erwägung ist einseitig und unrealistisch. Moralische Neigungen, Gefühle und „Instinkte" spielen eine viel wichtigere Rolle, als gemeinhin wahrgenommen wird. Denken wir nur an gute Eltern: *Liebende* Eltern sind mindestens so wertvoll wie *pflichterfüllende* Eltern! Worauf es bei guten Eltern ankommt, ist nicht so sehr ihre Fähigkeit, komplexe moralische Überlegungen anzustellen, als vielmehr, daß sie gezielt und zuverlässig das für ihr Kind Beste tun. Deshalb ist es auch unsinnig, aufopfernden Tiereltern wegen ihrer geringeren Rationalität gleich auch ihre Moralität abzusprechen.

Bevor wir uns nun mit tierlichem Moralverhalten auseinandersetzen, wollen wir uns einige konkrete Beispiele ansehen, damit wir auch wirklich wissen, wovon die Rede ist:

„Im Seengebiet der Kleinen Antillen hatte sich ein Delphin-Jüngling weit außerhalb der Sichtweite von seinem Trupp entfernt, als er plötzlich von drei Haien angegriffen wurde. Sofort stieß er eine Serie schriller Pfiffe aus: SOS-Signale in der Delphin-Sprache. Die kurzen Doppeltöne klingen wie eine überdrehte Alarmsirene: Der erste Teil steigt in der Tonhöhe scharf an, der zweite fällt ebenso schroff wieder ab.

Die Wirkung war verblüffend. Der etwa zwanzigköpfige Delphintrupp, der mit Pfeif-, Quietsch-, Grunz-, Gurgel-, Brumm- und Piepslauten ein lebhaftes Palaver führte, stellte seine ‚Unterhaltung' sofort ein. Wie bei Notrufen im Schiffsverkehr herrschte absolute ‚Funkstille'. Dann schossen die Tiere mit ihrer Höchstgeschwindigkeit von 60 km/st zum Ort des Überfalls. Die Delphin-Männer rammten mit unvermindertem Tempo die Haie. Immer wieder fuhren sie krachend in ihre Seiten, bis die Haie zerquetscht und mit gebrochenem Knorpelskelett tot in die Tiefe der Karibischen See sanken.

Während des Kampfes bemühten sich die Weibchen um den schwerverletzten Jung-Delphin, der nicht mehr aus eigener Kraft auftauchen konnte. Zwei nahmen ihn in die Mitte, schoben sich unter seine Seitenflossen und hielten ihn so hoch, daß das Blasloch am Kopf aus dem Wasser ragte und der Verletzte wieder atmen konnte. Unter wechselseitigen Pfeifsignalen wurde das Hilfsmanöver exakt durchgeführt. Von Zeit zu Zeit lösten sich die Krankenträger ab. Einmal wurde beobachtet, wie diese Hilfeleistungen zwei volle Wochen lang Tag und Nacht unermüdlich fortgesetzt wurden, bis der Verletzte wieder gesund und bei eigenen Kräften war." (Dröscher, 1987b, S. 95 f.)

„Von einem Schießtouristen wurde ein Schimpanse schwer verwundet und stürzte zu Boden. Als er daraufhin einen schrillen Hilferuf ausstieß, umringten ihn die anderen Truppmitglieder, richteten ihn auf, stützten ihn mit ‚unglaublich menschlichen Gebärden' und forderten ihn mit sanften Lauten zum Gehen auf. Währenddessen hatte sich ein starker Affe laut kreischend zwischen den Krankentransport und die Jäger geworfen. Erst als er durch wiederholte Rufe seiner Gefährten hörte, daß sie im dichten Gehölz Schutz gefunden hatten, brachte er sich selber in Sicherheit." (Ebenda, S. 96)

„Besonders erstaunlich ist, daß Schimpansen ihre Hilfsbereitschaft nicht nur ihresgleichen beweisen. Als der holländische Forscher in dem Urwaldpfad ein Hühnerküken anleinte, befreiten die robusten Schimpansen auch dieses piepsende, zierliche Etwas von der Fessel, und zwar ohne das zarte Beinchen des kleinen Federflauschs zu verletzen." (Ebenda, S. 97)

James Rachels (1976, S. 215 ff.) berichtet von einem teuflischen Experiment, das in den USA mit Rhesusaffen durchgeführt wurde. Auf Einzelheiten der Versuchsanordnung brauchen wir hier nicht einzugehen. Es genügt, Grundkonzeption und Ergebnis des Experiments kurz darzustellen:

Jeweils zwei Tiere wurden in eine Vorrichtung gegeben, die in der Mitte durch eine Glaswand abgetrennt war. Auf der einen Seite hatte das sich dort befindliche Tier die Möglichkeit, durch Betätigung eines Hebels Nahrung zu erhalten. Der Boden des Abteils auf der anderen Seite, wo sich das zweite Tier befand, konnte unter Strom gesetzt werden.

Nun wurde die Versuchsanlage so eingestellt, daß jedesmal, wenn das erste Tier den futterspendenden Hebel drückte, dem zweiten ein starker, sehr schmerzhafter Elektroschock versetzt wurde. Auf diese Weise konnte festgestellt werden, ob und in welchem Maße das erste Tier auf Nahrung verzichten würde, um dem zweiten den Elektroschock zu ersparen.

Es zeigte sich, daß eine deutliche Mehrheit der Versuchstiere, die in das Abteil mit dem futterspendenden Hebel gegeben wurden, es vorzog, tagelang zu hungern, anstatt dem anderen Tier einen Elektroschock zu versetzen.

E. Gavin Reeve (1978, S. 562) berichtet von einem Mischlingshund namens Blackie, der vergeblich versucht hatte, den vier Monate alten Säugling Ian vor dem Feuertod zu bewahren. Beide kamen in den Flammen um.

Zwar hatte niemand den tapferen Rettungsversuch des Hundes direkt beobachtet, aber dieser hatte eindeutige Spuren hinterlassen: leichte Abdrücke seiner Zähne an den Schultern des Babys, die vom Versuch, es vom Feuer wegzuziehen, zeugten.

Dieses war in der Küche ausgebrochen. Während die Mutter zu ihren beiden anderen Kindern eilte, rannte Blackie in Ians Schlafzimmer. Die Mutter hörte einen Bums: wahrscheinlich der Aufprall des Kindes am Boden, nachdem der Hund es aus seinem Bett gezogen hatte.

Der tote Ian wurde nur wenige Zentimeter von Blackies ausgestreckten Pfoten entfernt gefunden.

Der Hund war der Familie ein Jahr zuvor zugelaufen und seit Ians Geburt meist an dessen Bett gesessen.

Zahllose weitere Beispiele für selbstloses, moralisches Verhalten bei Tieren finden sich bei John Robbins (1987,

S. 20 ff.) und Joan Dunayer (1990, S. 27 ff.). Marc Bekoff (2008, S. 37) berichtet von drei Löwen, die ein zwölfjähriges Mädchen, das von einer Bande entführt worden war, retteten, sowie von vielen Fällen, in denen Delfine Menschen in Seenot halfen.

Was ist dazu zu sagen, wie sind diese Berichte über moralisches Verhalten bei Tieren zu bewerten? Zunächst und vor allem: Es gibt keinen vernünftigen Grund für die Annahme, daß es zwischen Menschen und Tieren im Hinblick auf moralisches Verhalten eine scharfe Trennungslinie gibt. Zwar fehlt es nicht an Erklärungsversuchen dafür, daß selbstloses tierisches Verhalten „letztlich" doch egoistisch (oder „rein instinktiv") sei – etwa weil es (wenn es Verwandte betrifft) der Erhaltung der eigenen Gene diene oder die Chance, daß einem selbst einmal geholfen wird, erhöhe. Nur: All diese Diskreditierungsversuche tierlicher Moral können *mit gleicher Berechtigung* auch auf die menschliche Moral angewandt werden! Auch unsere Gene „profitieren", wenn wir Verwandten das Leben retten, und auch wir helfen eher Bekannten, bei denen die Chance, daß sie sich einmal dafür „revanchieren", größer ist als bei Fremden. (Ebenda)

Wie künstlich und an den Haaren herbeigezogen die starre Grenzziehung: Moral bei Menschen – Instinkt bei Tieren ist, veranschaulichen eindrucksvoll die zahllosen und gut belegten Fälle von tierlichem Rettungsverhalten: Kein Hund rennt „instinktiv" in ein brennendes Haus, um einen Menschen vor dem Flammentod zu retten! (Ebenda, S. 47) Außerdem – ein interessanter Punkt, auf den Stephen Jay Gould (zit. n. de Waal, 2013, S. 233) hinweist: Warum sollte unsere Bösartigkeit ein tierliches Erbe sein („bestialisch", „wie ein Tier" usw.), unsere Gutartigkeit aber etwas exklusiv Menschliches?

Der Umstand, daß es zwischen der Moral bei Tieren und der Moral bei Menschen wohl einen graduellen, aber keinen grundsätzlichen Unterschied gibt, ist in der unleugbaren Tatsache evolutionärer Kontinuität begründet. So dokumentiert etwa Frans de Waal (1997) in seinem aufschlußreichen Buch „Der gute Affe - Der Ursprung von Recht und Unrecht bei Menschen und anderen Tieren", daß sich die Voraussetzungen für Moral, etwa die Neigung, soziale Normen zu entwickeln und einzuhalten, Empathie- und Sympathiefähigkeit sowie gegenseitige Hilfe, lange vor dem Menschen entwickelt haben. Wer diese gemeinsame Grundlage tierlichen und menschlichen Moralverhaltens abwerte, ähnle, so de Waal treffend, demjenigen, der, an der Spitze eines Turmes angelangt, den restlichen Teil des Gebäudes für unwichtig erklärt und den Begriff „Turm" nur für den obersten Abschnitt gelten lassen möchte. (S. 258 f.; vgl. de Waal, 2011, S. 41, 200, de Waal, 2013, S. 289, 294, Schuld und Sühne, 1996, S. 248 f.)

Marc Bekoff (2008, S. 110–116, 128 f.) begründet und beschreibt die Kontinuität tierlicher und menschlicher Moral wie folgt: Basales moralisches Verhalten kann man als prosoziales Verhalten charakterisieren, Moral ist quasi ein Gurtband, das ein kompliziertes Gewebe sozialer Beziehungen zusammenhält. Die entwicklungsgeschichtlichen Wurzeln menschlicher Moral lassen sich bei Tieren aufdecken. So wie Gefühle ein Geschenk unserer Vorfahren sind, so sind es auch die grundlegenden Bestandteile der Moral: Kooperation, Gegenseitigkeit, Empathie, Hilfe, Fairness, Gerechtigkeit, Reputation, Bestrafung, Vergebung, Vertrauen. „Wenn einer ein guter Darwinist ist und an die evolutionäre Kontinuität glaubt, ist es unreif zu behaupten, dass *nur* Menschen empathische und moralische Wesen sein können" (ebenda, S. 129). Tiere betreiben zwar nicht Ethik, aber sie haben einen Moralkodex mit entsprechenden Verhaltensweisen.

Wir sagten, daß sich Menschen und Tiere in bezug auf die Moral nur in gradueller Hinsicht unterscheiden. Diese Feststellung kann ergänzt und differenziert werden: Es könnte natürlich jemand einwenden: Zeig mir doch mal das Tier, das ethische Abhandlungen verfassen kann! Der Einwand ist insofern berechtigt, als Tiere das tatsächlich nicht können. Nur (de Waal, 1997, S. 256): Wie viele *Menschen* können das? Auch die meisten Menschen sind keine Moralphilosophen! Wir neigen in fataler Weise dazu, Tiere an *menschlichen Höchstleistungen* zu messen. Aber nicht nur Tiere, sondern auch die meisten Menschen können weder Sinfonien komponieren noch die Relativitätstheorie verstehen – geschweige denn entwickeln. Dennoch käme niemand auf die Idee, seine Mitmenschen ob dieser „Mängel" moralisch abzuwerten. In bezug auf die Ethik noch einmal auf den Punkt gebracht: Tiere haben (wie Menschen) eine *Moral*, also Verhaltensrichtlinien, aber sie betreiben (wie die meisten Menschen) keine *Moralphilosophie*, setzen sich also nicht kritisch, wissenschaftlich mit ihrer Moral auseinander.

Eine andere Ursache für die vielen Verwirrungen und Mißverständnisse, die die Frage nach der Moralfähigkeit von Menschen und Tieren immer wieder mit sich bringt, liegt in einem Umstand begründet, der meines Wissens noch nirgendwo auf den Punkt gebracht worden ist: Zwar gibt es, wie gesagt, in bezug auf die Moralentwicklung *zwischen Tieren und Menschen* eine Kontinuität. Aber *innerhalb des Tierreichs* gibt es diesbezüglich sehr wohl eine Diskontinuität, einen Bruch: Irgendwo muß es eine „Schnittstelle" geben zwischen biologisch bestimmtem Instinktverhalten einerseits und der Möglichkeit, „autonom" Entscheidungen zu treffen, andererseits.

Das liegt daran, daß das Merkmal Entscheidungsfähigkeit (wir wollen diesen Ausdruck hier ganz pragmatisch verwenden im Sinne von „nicht biologisch bestimmt" bzw. „nicht völlig biologisch bestimmt", ohne uns über weitere Erklärungen oder Präzisierungen oder gar das Problem der Willensfreiheit den Kopf zu zerbrechen; auch sind wir uns der hier involvierten generellen Übersimplifizierung wohl bewußt) im Unterschied zu anderen Merkmalen, wie etwa Empfindung oder Bewußtsein, im Laufe der Evolution nicht nur eine quantitative, sondern auch eine qualitative Veränderung erfährt: Während Empfindungsfähigkeit und Bewußtsein quasi immer nur zunehmen, „größer werden", gibt es in bezug auf das Merkmal Entscheidungsfähigkeit irgendwo einen Punkt, an dem die biologische Bestimmtheit des Verhaltens aufhört und „umschlägt" in eine (wie auch immer ausgeprägte) Selbstbestimmtheit des Verhaltens. Mit anderen Worten: Im Unterschied etwa zu Empfindungsfähigkeit oder Bewußtsein sind beim Merkmal Entscheidungsfähigkeit im Laufe der Evolution *gegensätzliche* Merkmalsausprägungen involviert.

Hat man sich diese Zusammenhänge einmal vergegenwärtigt, lassen sich auch zunächst scheinbar unlösbare Probleme relativ einfach klären. Zum Beispiel: Fleischesser rechtfertigen ihre Eßgewohnheiten oft mit dem Hinweis, daß sich Tiere ja auch gegenseitig auffressen. Deshalb dürften wir auch Tiere essen.

Die erste, einfache und auch zutreffende Antwort auf diesen Versuch, das menschliche Fleischessen moralisch zu rechtfertigen, lautet: Tiere (genauer gesagt: die *fleischfressenden* Tiere; wir könnten uns ja auch an vegetarisch lebenden Tieren ein „Vorbild" nehmen!) *müssen* Fleisch essen, Menschen nicht. Wir haben eine Entscheidungsmöglichkeit, Tiere nicht. (Dieser beliebte Rechtfertigungsversuch von Fleischessern ist auch deshalb wenig überzeugend, weil viele der Tiere, die wir zu essen pflegen, selbst Vegetarier sind, also genau jenes Verhalten, das wir ihnen „vorwerfen", *nicht* an den Tag legen).

Dem könnte entgegnet werden: Wenn auch (fleischfressende) Tiere moralfähige Wesen sind, dann *müssen* sie eben *nicht* Fleisch fressen, sondern *könnten* sich auch anders entscheiden! Aufgrund unserer vorangegangenen Überlegungen stehen wir diesem Paradox nun nicht hilflos gegenüber, sondern können mit angemessener Differenziertheit feststellen:

Es kommt eben darauf an, *welche* Tiere *in welcher Hinsicht* und *in welchem Maße* moralfähig sind. Jedenfalls ist es höchstwahrscheinlich nicht so, daß ein (fleischfressendes) Tier, etwa eine Katze, vor der Frage steht: Soll ich nun diese Maus fangen und fressen oder mich doch besser nach einer vegetarischen Alternative umsehen? Das schließt andererseits aber in keiner Weise aus, daß dieses oder ein anderes Tier in anderen Bereichen sehr wohl entscheidungs- bzw. moralfähig ist.

Schließlich sei noch auf einen Aspekt verwiesen (vgl. Sapontzis, 1987a, S. 218), dem im Zusammenhang mit dem Vergleich von Menschen und Tieren als moralische Wesen große Bedeutung zukommt, der aber dennoch kaum je gewürdigt wird: Es kommt nicht nur darauf an, welche moralischen Handlungen ein Wesen *tatsächlich* setzt, sondern auch darauf, welche es setzen *könnte*. Anders ausgedrückt: Entscheidend ist nicht nur das *realisierte* moralische Handeln, sondern auch das *mögliche* moralische Handeln, die „Moralkapazität", das Potential, moralisch zu sein.

Zum Tragen kommt dieser Aspekt vor allem im Zusammenhang mit der weit verbreiteten Auffassung, daß der Mensch schon allein kraft seiner *Moralfähigkeit* auch *moralisch wertvoll* sei. Diese Position ist höchst relativierungsbedürftig. Das zeigt sich, wenn man folgendes bedenkt:

Es macht durchaus Sinn, ein Wesen aufgrund einer „objektiv kleinen" moralischen Tat moralisch höher zu bewerten als ein anderes, das eine „objektiv größere" moralische Tat gesetzt hat. Dann nämlich, wenn das erste Wesen mit seiner „objektiv bescheidenen" Tat sein moralisches Potential zu einem größeren Teil realisiert hat als das zweite. Ein Bettler, der zehn Euro spendet, ist moralisch wahrscheinlich höherwertig als ein Millionär, der tausend Euro spendet.

Vor diesem Hintergrund erweist sich das übliche pathetische Gerede von der Großartigkeit und Einmaligkeit menschlicher Moral vollends als dummes Geschwätz: Auch wenn Tiere ein geringeres „Moralpotential" haben sollten (und wohl auch haben), so sagt dies alleine noch sehr wenig über deren „moralischen Wert" aus – weil es eben durchaus möglich ist, daß Tiere ihre geringeren moralischen Möglichkeiten „besser nutzen". Angesichts unserer unleugbaren ausbeuterischen Eigenschaften und blutigen Geschichte erweist sich die Frage, ob der Mensch tatsächlich das moralisch höherwertige Wesen ist, bestenfalls als offene Frage.

1.1.7 Selbstbewußtsein

Nachdem wir nun gesehen haben, daß Tiere bewußte, intelligente, soziale und moralfähige Wesen sind, hat sich die Frage, ob sie auch selbstbewußt sind, im Grunde schon von selbst beantwortet: Natürlich sind sie es! Es wäre ja völlig absurd anzunehmen, daß Wesen mit so hochentwickelten und differenzierten Fähigkeiten sich *nicht* ihrer selbst bewußt wären.

Wir brauchen nur an obige (1.1.5) Beschreibungen von Koko und Washoe zu denken, um sofort zu erkennen, daß es sich hier um selbstbewußte Wesen handelt. Oder erinnern wir uns (1.1.4) an den Rhesusaffen, der sich durch „Bestechung" die Freiheit erkaufte, an den Biber, der sich durch raffinierte Täuschung seiner Verwandten Futter verschaffte, oder an die beiden ebenso untreuen wie listigen Pavianweibchen!

Gerade tierliche Täuschungsmanöver sind untrügliche Belege für tierliches Selbstbewußtsein. Denn um andere täuschen zu können, muß man die Wirkung, die von einem selbst ausgeht, genau kennen und gezielt einsetzen. Das Wissen um die *Wirkung* seiner selbst impliziert aber das Wissen um das *Vorhandensein* seiner selbst, das Bewußtein, selbst zu sein.

In der Fachliteratur wird häufig strikt unterschieden zwischen Bewußtsein einerseits und Selbstbewußtsein andererseits. Bei fleischessenden Autoren hat diese strenge Trennung naheliegende Gründe: Lebewesen, die nur (punktuelles) Bewußtsein, aber kein Bewußtsein ihrer selbst als in der Zeit identische Wesen haben, haben auch kein Überlebensinteresse und dürfen daher, so die willkommene Schlußfolgerung, (leidensfrei) getötet und gegessen werden.

In Wirklichkeit ist diese strikte Unterscheidung von Bewußtsein und Selbstbewußtsein künstlich und unsinnig: Wie in der gesamten Natur, so gibt es auch hier eine evolutionäre Kontinuität. Den fließenden Übergang von Bewußtsein zu Selbstbewußtsein dokumentieren unter anderem Rosemary Rodd (1990, S. 131) und Frans de Waal (1997, S. 88 f.). Dale Jamieson (1983, S. 146) betont die Fragwürdigkeit der Unterscheidung von „einfachem" und „reflexivem" Bewußtsein. Für Gary Francione (2014, S. 170) ist sich jedes empfindungsfähige Wesen notwendigerweise seiner selbst bewußt. Jean-Claude Wolf (1992, S.

11) bringt es auf den Punkt: „Wo evolutionäre Kontinuität ist, besteht auch Kontinuität des Bewußtseins." Fast wortgleich Marc Bekoff (2001, S. 54).

Jean-Claude Wolf (1994a, S. 8, 1993a, S. 75-77) ist es auch, der aufgrund sorgfältiger Analysen zeigt, daß es ein rein punktuelles Bewußtsein gar nicht geben *kann* – und daher auch die scharfe Unterscheidung von Bewußtsein und Selbsbewußtsein einen Unfug darstellt: Bereits *empfindungsfähige* Wesen haben einen kontinuierlichen *Bewußtseinsstrom*, in dem Gefühle wie Schmerz oder Lust „ausklingen". Sobald ein Wesen, zum Beispiel, nach Schmerzlinderung strebt, hat es auch schon ein elementares Zeitbewußtsein: es antizipiert einen schmerzfreien Zustand. Die Schmerzempfindung bzw. die damit einhergehende Bestrebung nach Schmerzlinderung oder -beendigung impliziert eine zumindest minimale Zukunftsorientierung. „So gesehen ist die Konstruktion eines bloß bewußten, aber völlig punktuellen Bewußtseins inkohärent. [Im Original hervorgehoben, H. F. K.] (…) Der Mythos vom Tier, das zwar Lust und Schmerz empfindet, aber im Augenblick aufgeht, ist weder phänomenologisch noch empirisch korrekt." (Wolf, 1993a, S. 76 f.; vgl. 1995, S. 227)

Schließlich wollen wir noch auf das weit verbreitete Vorurteil eingehen, daß Bewußtsein (bzw. Selbstbewußtsein) an das Vorhandensein von Sprache gebunden sei. Volker Arzt und Immanuel Birmelin (1993) bringen den Unsinn dieser Annahme auf den Punkt:

„Die Tatsache, daß wir Menschen in Worten ausdrücken können, was wir bewußt erleben, sollte uns nicht zu dem Umkehrschluß verleiten, daß ohne Sprache kein Bewußtsein möglich sei" (S. 7). Wir neigen dazu, psychische Fähigkeiten von Tieren geringzuschätzen oder gar zu ignorieren, solange sie nicht sprachlich ausgedrückt werden, und unterliegen dabei einem verhängnisvollen Fehlschluß: „Tatsächlich wirkt ein Vogel, der uns ‚fünf' zuruft, überzeugender als einer, der fünfmal pickt – obwohl der dahinterstehende geistige Vorgang, nämlich ein Anzahlkonzept zu beherrschen, ein und derselbe ist. (...) Ebenso sind kausales Denken und logisches Schließen nicht an verbale Argumentation gebunden." (S. 293 f.)

Auf den Unfug, das Haben bewußter Erlebnisse von deren sprachlicher Formulierung abhängig zu machen, verweist auch Steve F. Sapontzis (1987a, S. 128): Wenn ich mit dem Schienbein am Kaffeetisch anstoße, bin ich mir des Schmerzes sehr wohl bewußt, *ohne* Gedanken wie „Jetzt habe ich Schmerzen" zu formulieren!

Um komplexe Überlegungen für unsere Zwecke hier einfach und zusammenfassend auf den Punkt zu bringen: Viele Tiere haben Bewußtsein, wollen Dinge, glauben Dinge und haben Gedanken. Nun gibt es, zum Beispiel, in der Tat Wollensprozesse (samt den entsprechenden Gedanken), die Sprache voraussetzen und die es bei Tieren daher nicht gibt. Aber das heißt nicht, daß es bei Tieren *keine* Wollensprozesse (mit entsprechenden Gedanken) gibt. So kann etwa mein Hund wollen, hinausgeführt zu werden, aber er kann nicht wollen, daß ich meine Steuererklärung rechtzeitg abgebe (weil er das Konzept Steuern nicht kennt). Es gibt viele Wünsche, Überzeugungen und

Gedanken, die Tiere haben bzw. haben können, die keiner Sprache bedürfen. (Searle, 2005, S. 132, 137–142) Noch allgemeiner: Sprache ist keine notwendige Bedingung für „geistige Merkmale". (Wild, 2013, S. 33 f.)

1.2 Subjektive Ähnlichkeit zwischen Menschen und Tieren

1.2.1 Analogie

Zwischen Menschen und Tieren gibt es, wie wir in 1.1 gesehen haben, eine Fülle von objektiven Ähnlichkeiten. Vor allem haben Tiere wie Menschen bewußte Erlebnisse: sie empfinden physische Schmerzen und seelisches Leiden und sind intelligente, soziale sowie moralfähige Wesen. Dieser objektiven Ähnlichkeit zwischen Menschen und Tieren entspricht auch eine subjektive Ähnlichkeit, das heißt eine erlebte, auf alle Fälle *erlebbare* Ähnlichkeit: Wir können die Erlebnisse der Tiere erkennen, wir haben Zugang zu ihrem Bewußtsein, wir können wissen, was in ihnen vorgeht.

Zum Teil haben wir die Frage, ob und wie wir tierliches Erleben erkennen können, schon behandelt. Das war auch gar nicht anders möglich, weil die Frage, ob Tiere bewußte Erlebnisse *haben*, praktisch untrennbar verknüpft ist mit der Frage, wie wir diese *erkennen* können.

Bereits in 1.1.1 hatten wir festgestellt, daß es ohnehin keinem normalen Menschen je in den Sinn käme, ernsthaft zu bezweifeln, *daß* Tiere fühlende, wollende und bewußte

Wesen sind. Einigen abwegig veranlagten Wissenschaftlern und Philosophen bleibt es vorbehalten, weiter vor sich hinzuorakeln: *Strenggenommen, letztlich* können wir nicht wissen, was in Tieren vorgeht. (Zur teilweisen Ehrenrettung dieser notorischen Zweifler sei angemerkt, daß sich viele in ihrem Privatleben überhaupt nicht entsprechend ihrer eigenen Skepsis verhalten. Den eigenen Hund behandeln sie sehr wohl wie ein fühlendes, wollendes und bewußtes Wesen.)

Was der Mathematiker und Physiker Volker Arzt und der Biologe und Chemiker Immanuel Birmelin (1993, S. 8 f.) in ihrem Buch „Haben Tiere ein Bewußtsein?" sarkastisch bemerken, scheint in der Tat zuzutreffen: „Die Frage ist weniger, ob Tiere denken können, als vielmehr, was die Tiere tun müßten, um die Wissenschafter davon zu überzeugen, daß das, was sie tun, tatsächlich Denken ist."

Im folgenden wollen wir uns aber dennoch, sozusagen sicherheitshalber, um auch die letzten Bedenken zu zerstreuen, konkret mit der *Behauptung* auseinandersetzen, daß das Vorhandensein tierlichen Bewußtseins wissenschaftlich nicht beweisbar sei, daß tierliche Erlebnisse uns prinzipiell nicht zugänglich seien.

Donald R. Griffin (1985) hat sich in seinem bahnbrechenden Buch „Wie Tiere denken – Ein Vorstoß ins Bewußtsein der Tiere" ausführlich mit dieser Frage befaßt und die philosophischen Fallstricke, die hier gerne und mit kindischer Freude ausgelegt werden, identifiziert. Ich fasse seine Forschungsergebnisse (siehe S. 38 f.; ergänzt durch die Ausführungen von Teutsch, 1987, S. 14, Sambraus,

1982, S. 24–27, und Lorenz, 1980, S. 251) zusammen:

Entscheidend ist zunächst einmal zu erkennen, daß der Vorwurf der Nichtbeweisbarkeit fremden psychischen Erlebens auch auf das Erleben *unserer Mitmenschen* zutrifft. Auch deren subjektives Erleben ist strenggenommen wissenschaftlich nicht beweisbar oder objektivierbar, weil unser Wissen über das Erleben anderer notwendig auf *Analogieschlüssen* (die zwar zu sehr wahrscheinlichen, aber nie zu absolut sicheren Ergebnissen führen) beruht: Weil unsere Mitmenschen uns ähnlich sind, schließen wir, durchaus vernünftig, daß sie (in vergleichbaren Situationen) auch Ähnliches *erleben*.

Strenggenommen sind aber in der Tat alle subjektiven Erlebnisse an das jeweilige Subjekt gebunden, und wir haben keine Möglichkeit des direkten Zugangs zu diesen Erlebnissen. Logisch betrachtet könnte es sich bei allen Mitmenschen um Roboter handeln, die (etwa dank eines ausgefeilten Computerprogramms und einer komplizierten Mechanik) uns nur den Anschein vermitteln, wie wir Menschen mit bewußten psychischen Erlebnissen zu sein: „Rein logisch läßt sich der Solipsismus – die Ansicht, ich sei die einzige, bewußt denkende Kreatur im All – nicht widerlegen" (Griffin, 1985, S. 39).

Letzte Sicherheit haben wir weder in bezug auf tierliches noch in bezug auf fremdes menschliches Erleben. In beiden Fällen sind wir auf Analogieschlüsse und Wahrscheinlichkeiten angewiesen. Das heißt aber auch: Konsequenterweise müssen wir in beiden Bereichen die gleichen methodischen und logischen Standards gelten lassen und dürfen nicht in bezug auf das Erfassen tierlichen Erlebens eine Strenge und Sicherheit fordern, die in bezug auf das Erfassen menschlichen Erlebens weder erwartet wird noch erreichbar ist:

„Viele der Einwände gegen die Untersuchung von Gedanken und Gefühlen bei Tieren scheinen (...) auf einer Art von ‚Spezies-Solipsismus' zu beruhen. Es mag logisch unmöglich sein, die Behauptung, alle Tiere seien gedankenlose Roboter, zu widerlegen. Aber wir können diesem paralysierenden Dilemma entrinnen, indem wir uns auf dieselben Kriterien vernünftiger Plausibilität verlassen, die uns dazu führen, die Realität des Bewußtseins bei anderen Menschen anzuerkennen." (Ebenda)

John R. Searle (2005, S. 146 ff.) geht noch einen Schritt weiter, indem er die ganze skeptische, epistemologische (erkenntnistheoretische) Fragerei in diesem Bereich (Vielleicht sind meine Mitmenschen in Wirklichkeit ja Roboter! Woher wissen wir eigentlich, daß Tische kein Bewußtsein haben? Usw.) von vornherein für aufgesetzt und unpassend erklärt. Entscheidend seien vielmehr *kausale Strukturen*:

„Ich weiß, dass mein Hund eine bestimmte innere kausale Struktur hat, die meiner eigenen auf relevante Weise ähnlich ist. Ich weiß, dass mein Hund Augen, Ohren, Haut etc. hat und dass diese einen Teil der kausalen Grundlagen seines geistigen Lebens bilden, genauso wie ähnliche Strukturen einen Teil der kausalen Grundlagen meines geistigen

Lebens bilden. Indem ich diese Antwort gebe, versuche ich nicht, ‚dem Skepetiker zu antworten' oder ‚das Problem des Fremdpsychischen zu lösen'. Ich glaube, es gibt kein solches Problem, ich nehme den Skeptizismus nicht ernst." (Ebenda, S. 148 f.)

Naheliegende und vernünftige Grundlage unserer Gewißheit, daß Tiere Bewußtsein haben, ist, entgegen der ganzen epistemologischen Tradition, nicht, daß sie ein gleiches oder ähnliches intelligentes Verhalten wie wir zeigen, sondern daß sie gleiche oder ähnliche kausale Strukturen wie wir aufweisen und diese gleiche oder ähnliche Auswirkungen wie bei uns haben. Und die Möglichkeit, daß andere Menschen unbewußte Zombies und Hunde geschickt konstruierte Maschinen sein könnten und Tische Bewußtsein haben könnten? (Ebenda, S. 149 f.)

„‚Ignorieren Sie diese Möglichkeiten nicht einfach?' Die Antwort lautet: Ja. Ich ignoriere all diese Möglichkeiten einfach. (…) Ich nehme keine von ihnen ernst. Epistemologie ist in der Philosophie des Geistes (…) von sehr geringem Interesse." (Ebenda, S. 150)

1.2.2 Ethologie

Nachdem wir uns mit den philosophischen Spitzfindigkeiten und Kindereien befaßt haben, die im Zusammenhang mit der Frage nach der Beweisbarkeit bzw. Erkennbarkeit tierlichen Erlebens zuweilen vorgebracht werden, können wir uns ernsthafteren Dingen zuwenden. Die Ethologie, also die Verhaltensforschung, ist sehr wohl in der Lage festzustellen, wann sich Tiere wohlfühlen und wann sie leiden. (Vgl. Teutsch, 1987, S. 61) Dazu eine ebenso grundsätzliche wie eindeutige Stellungnahme des bekannten Biologen H. H. Sambraus (1982, S. 24) aus seinem Aufsatz „Ethologische Grundlagen einer tiergerechten Nutztierhaltung":

„Die Möglichkeiten, etwas über die Empfindungen von Tieren zu erfahren, sind kaum geringer als bei Menschen untereinander. Daß es sich bei ihnen um Angehörige anderer Arten handelt, ist kein grundsätzliches Hindernis. Zumindest die warmblütigen Wirbeltiere, also Säugetiere und Vögel, zeigen in Morphologie, Histologie, Physiologie und in der neuralen Organisation grundsätzlich eine außerordentlich große Übereinstimmung mit dem Menschen. Das Gleiche gilt für die Verhaltensorganisation. (...) Die Psychologie gewinnt viele grundlegende Erkenntnisse über das Wesen der menschlichen Psyche aus Untersuchungen an Tieren."

Kein Wunder: Die körperlichen Symptome psychischen Geschehens sind bei Menschen und Tieren grundsätzlich die gleichen. So zeigen zum Beispiel auch Tiere in Situationen, die uns angst machen, folgende Reaktionen: Erweiterung der Pupillen, Erhöhung der Herzschlagfrequenz, Beschleunigung der Atmung, Schweißausbruch, Muskelzittern, Absatz von wässerigem Kot sowie unkontrollierte, panikartige Fluchtbewegungen. (Ebenda, S. 25)

Weitere körperliche Symptome, die dem Experten Auskunft über das innere Erleben von Tieren geben, sind unter anderem Gang, Gesichtsausdruck, Blick, Haltung und Bewegung der Ohren sowie Haltung des Schwanzes. (Cena, 1978) Auf weitere Einzelheiten des methodischen Instrumentariums der Ethologie wollen wir hier nicht eingehen. (Für einen diesbezüglichen Überblick siehe Putten, 1982, und Rist, 1982). Anstatt dessen sei eine sehr anschaulich beschriebene Beobachtung von Konrad Lorenz (1980, S. 254), einem Pionier der Ethologie, zitiert:

„Wenn eine Graugans, die ihren Gatten verloren hat, haargenau dieselben objektiv feststellbaren physiologischen Symptome zeigt wie ein tieftrauriger Mensch, Symptome, die John Bowlby in seiner Arbeit ‚Infant Grief' für Kleinkinder so überzeugend und herzzerreißend beschrieben hat, so kann der Beobachter gar nicht umhin zu fühlen, daß der Vogel trauert. Der Tonus des Nervus sympathicus nimmt dramatisch ab, die Augen sinken tief in ihre Höhlen zurück, die Muskulatur erschlafft, der Kopf sinkt traurig herab, man wird zwingend an den tröstenden Zuspruch gemahnt, den man trauernden Menschen zu sagen pflegt: ‚Laß den Kopf nicht hängen.' Viele weitere physiologische Symptome der Trauer sind bei der verwitweten Gans und bei einem tieftrauernden Menschen schlicht und einfach die gleichen."

Schließlich sei noch auf einen aufschlußreichen (wenngleich moralisch zumindest teilweise fragwürdigen) experimentellen Ansatz verwiesen, um herauszufinden, was Tiere wirklich wollen bzw. was ihnen wirklich „am Herzen liegt". Marian Stamp Dawkins (1994, S. 189–219) beschreibt in ihrem bereits erwähnten Buch „Die Entdeckung des tierischen Bewußtseins" zahlreiche raffinierte und differenzierte Versuchsanordnungen, mit denen sich recht genau feststellen läßt, welchen „Preis" Tiere für bestimmte Dinge zu „zahlen" bereit sind – zum Beispiel wie lange sie auf Futter verzichten, um dafür Sex zu bekommen.

1.2.3 Kognitive Ethologie

Die klassische Ethologie interessiert sich vor allem für das Instinkt-Verhalten. Anhand der sogenannten Prägung, die Konrad Lorenz an Graugänsen untersucht hat, veranschaulicht Markus Wild (2013, S. 65 f.) die vier Erklärungsebenen der klassischen Ethologie: Das Erste, was ein frisch geschlüpftes Gänseküken in seinem Leben normalerweise sieht, ist ein Elterntier. Auch wenn dieses erste bewegte Objekt nicht als Elterntier erkannt wird, wird es als Elterntier akzeptiert, dem gefolgt wird. Das nennt man Prägung. Dieser Prägevorgang funktioniert auch, wie Lorenz an der Graugans Martina demonstriert hat, wenn das erste bewegte Objekt keine Gans, sondern ein bärtiger Verhaltensforscher ist. Die Prägung ist vermutlich ein angeborener, instinktiver Mechanismus, der durch einen bestimmten Schlüsselreiz ausgelöst wird.

Auf einer ersten Erklärungsebene kann man also hier nach der äußeren Ursache des Verhaltens fragen (Antwort: ein Lebewesen in der Umgebung des Nests). Zweitens kann man nach den evolutionären Anpassungsvorteilen dieses Verhaltens fragen (Antwort: die Jungen begeben sich gleich unter den Schutz eines Elterntieres). Auf einer dritten Erklärungsebene, der der individuellen Entwicklung des Verhaltens, zeigt sich, daß die Prägung nur in einem bestimmten Alter erfolgt. Schließlich egeben sich durch vergleichende Forschungen Hypothesen in bezug auf die stammesgeschichtliche Entwicklung des Verhaltens (vierte Erklärungsebene).

Die kognitive Ethologie ergänzt diese vier Erklärungsebenen der klassischen Ethologie nun durch den Geist der Tiere: Während sich die klassische Ethologie gegenüber tierlichem Bewußtsein und tierlichem Denken eher reserviert verhält, beschreibt, interpretiert und erklärt die kognitive Ethologie tierliches Verhalten auch und vor allem mit geistigen Vorgängen und Zuständen. (Vgl. auch Perler / Wild, 2005, S. 51 ff.)

Den „Vater der kognitiven Ethologie" haben wir schon ausführlich kennengelernt: Donald R. Griffin. Ebenso einen ihrer führenden Vertreter: Marc Bekoff. (Wild, 2013, S. 59, Perler / Wild, 2005, S. 51) Hier geht es also primär um die nachträgliche theoretische bzw. methodologische Einordnung von Forschungsergebnissen, die oben bereits dargestellt wurden – über das emotionale und moralische Verhalten von Tieren sowie über das Bewußtsein von Tieren.

Marc Bekoff (2008, S. 52) charakterisiert die kognitive

Ethologie als „die vergleichende, evolutionäre und ökologische Erforschung des Verstandes von Tieren. Sie konzentriert sich darauf, wie Tiere denken und was sie fühlen." Das schließt Emotionen, Glauben, logisches Denken, Informationsverarbeitung, Bewußtsein und Ich-Bewußtsein mit ein. Eine wesentliche Grundlage für unser Wissen über tierliches Fühlen und Denken ist die Flexibilität tierlichen Verhaltens. Diese Flexibilität zeigt uns, daß Tiere „bewusst und leidenschaftlich und nicht nur durch genetische Instinkte 'programmiert' sind" (ebenda, S. 53).

1.2.4 Theorie des Geistes

„Theorie des Geistes" (bzw. „theory of mind") ist eine merkwürdige Bezeichnung für ein psychisches Vermögen. So spricht Frans de Waal (2013, S. 247) denn auch von einem „gräßlichen Ausdruck". Doch worum geht es? Eine Theorie des Geistes zu haben, heißt, eine Theorie über die geistigen Ursachen von Handlungen zu haben. Lebewesen mit einer Theorie des Geistes haben quasi eine Theorie über die Beziehung zwischen geistigen Zuständen einerseits und Verhalten andererseits. Mit einer solchen „Theorie" können wir das Verhalten anderer voraussagen und verstehen. (Wild, 2013, S. 169) Anders formuliert: Wesen mit einer Theorie des Geistes sind „Gedankenleser" („mindreaders") - im Unterschied zu bloßen „Verhaltenslesern". Gedankenleser machen sich Gedanken *über* Gedanken. Ohne Gedanken zu lesen, können wir andere nicht als Wesen mit

Wünschen oder Gedanken verstehen, andere nicht erfolgreich belügen, andere nicht als Wesen mit einem Innenleben behandeln und uns nicht in andere hineinversetzen. (Perler / Wild, 2005, S. 60 f.)

Menschenkinder werden erst mit etwa vier Jahren zu „Gedankenlesern". (Ebenda) Frans de Waal (2013) bezweifelt allerdings, daß vergleichende Versuche mit Menschenkindern und Tieren zu tragfähigen Ergebnissen führen können:

„Vergleicht man Menschenaffen und Kinder, besteht ein Problem darin, daß der Forscher unweigerlich ein Mensch ist, so daß nur die Menschenaffen mit einer Artenbarriere konfrontiert sind. Und wer sagt, daß Menschenaffen glauben, Menschen seien denselben Gesetzen wie sie selbst unterworfen? Ihnen müssen wir wie von einem anderen Stern vorkommen. (...) Wenn wir als allwissende Götter daherkommen, macht uns das dann nicht untauglich für Experimente über den Zusammenhang zwischen Sehen und Wissen, das Kernstück der Theorie des Geistes?" (S. 248)

De Waal spielt hier auf menschliche Kommunikationsmittel und -möglichkeiten an, die Tieren notwendigerweise verborgen bleiben. Konkret geht es darum, daß de Waal den Menschenaffen Socko bat, sich umzudrehen und ihm, de Waal, seine Wunde zu zeigen, die er sich bei einem Kampf am Vortag zugezogen hatte. De Waal wußte von der Wunde, weil seine Assistentin ihm telefonisch vom Kampf und von der Verletzung berichtet hatte. Aber das wußte

Socko natürlich nicht, weshalb er sich wohl gefragt haben mußte, woher de Waal von der Wunde wissen konnte.

Das bisher über die Theorie des Geistes Gesagte muß insofern ergänzt bzw. relativiert werden, als bis jetzt weder Einigkeit darüber besteht, was darunter genau zu verstehen ist (Wild, 2013, S. 174), noch darüber, ob auch Tiere eine Theorie des Geistes haben (Perler / Wild, 2005, S. 61 f., Wild, 2013, S. 171 ff., de Waal, 2013, S. 247 ff.).

Frans de Waal (ebenda) charakterisiert die Theorie des Geistes vor allem auch im Sinne von: die Perspektive eines anderen einnehmen können. „Und wir kennen nicht nur eine oder zwei Geschichten, wie Menschenaffen den Blickwinkel eines anderen einnehmen, sondern ausgesprochen viele" (ebenda, S. 250). Von besonderer Bedeutung sei in diesem Zusammenhang das sogenannte zielgerichtete Helfen:

„Empathie ist unter Tieren weit verbreitet. (...) Auf der höchsten Ebene finden wir Sympathie und zielgerichtetes Helfen. Vielleicht ist die Empathie bei unserer Spezies am besten ausgebildet, aber mehrere andere Tiere – vor allem Menschenaffen, Delphine und Elefanten – kommen uns nahe. Diese Tiere begreifen die Zwangslage eines anderen gut genug, um ihm optimal zu helfen. Sie lassen eine Kette zu denen herab, die hochklettern müssen, tragen jene empor, die Luft holen müssen, und nehmen einen desorientierten Gefährten an die Hand." (Ebenda, S. 256 f.)

1.2.5 Empathie

Das Erkennen und Untersuchen von Empathie *unter* Tieren, wie eben beschrieben, ist natürlich gleichzeitig eine Methode, um etwas *über* Tiere zu erfahren. Dies sei hinzugefügt, da es in diesem Kapitel ja um die Erkennbarkeit von tierlichem Erleben, um unseren Zugang zu tierlichem Erleben geht. Jetzt zur Empathie *mit* Tieren. Kinder haben in aller Regel einen ganz natürlichen, ursprünglichen und unverkrampften Zugang zum Erleben der Tiere – eben: Empathie, also Einfühlung. Durch einfühlendes Verstehen kommunizieren Kinder wie selbstverständlich mit Tieren. Gotthard M. Teutsch (1987, S. 103) weist darauf hin, daß sich Kinder und Tiere quasi auf gleicher Ebene begegnen: beide sind sehr liebebedürftig und auf das spielerische Üben ihrer Kräfte sowie auf das Erkunden ihrer Umwelt angelegt.

Sigmund Freud (1974a, S. 412) weist auf die Parallelen zwischen der individuellen und stammesgeschichtlichen Kindheit des Menschen hin:

„Das Verhältnis des Kindes zum Tiere hat viel Ähnlichkeit mit dem des Primitiven zum Tiere. Das Kind zeigt noch keine Spur von jenem Hochmut, welcher dann den erwachsenen Kulturmenschen bewegt, seine eigene Natur durch eine scharfe Grenzlinie von allem anderen Animalischen abzusetzen. Es gesteht dem Tiere ohne Bedenken die volle Ebenbürtigkeit zu; im ungehemmten Bekennen zu seinen Bedürfnissen fühlt es sich wohl dem Tiere Verwandter als dem ihm wahrscheinlich rätselhaften Erwachsenen."

Es gibt viele Berichte über die enge Beziehung zwischen Kindern und Tieren. Eine besonders zu Herzen gehende stammt von Abraham Lincoln, dem 16. Präsidenten der Vereinigten Staaten. Er beschreibt mit berührenden Worten seine Freundschaft zu einem Schwein, die er als Sechsjähriger hatte. Er erzählt, wie das Tier ihn bereits zum Spielen erwartete, wie er ihm Kunststücke beibrachte, wie sie gemeinsam Verstecken spielten und wie sein vierbeiniger Freund ihm überall hin folgte, nachdem er zu schwer zum Tragen geworden war.

Besonders lebhaft in Erinnerung sind Lincoln die endlosen Waldspaziergänge, die er regelmäßig mit seinem Spielgefährten unternahm, und wie er ihm dabei half, Eicheln und Nüsse zu finden. Schließlich schildert Lincoln sein namenloses Entsetzen als er erfuhr, daß sein Spielkamerad am nächsten Tag geschlachtet werden sollte, sowie seine verzweifelten und letztlich vergeblichen Versuche, ihn vor der mordenden Hand des Vaters zu retten. (Iglehart, 1993, S. 11)

Im Laufe der Zeit geht bei den meisten Menschen das Gefühl und Bewußtsein der innigen Verwandtschaft und Nähe zum Tier verloren. An ihre Stelle tritt der von Freud angeführte Hochmut des Erwachsenen gegenüber Tieren. Es ist naheliegend, daß diese auffallende Distanzierung mit unserer Gewohnheit, Fleisch zu essen, zusammenhängt: Es ist nicht leicht, Lebewesen einerseits gerne zu haben und andererseits umzubringen und aufzuessen. Wenn man letzteres – aufgrund der üblichen Erziehung – regelmäßig tut, muß man sich wohl innerlich von diesen Wesen zurückziehen.

Dennoch bleiben bei vielen Menschen Reste der ursprünglichen empathischen Beziehung zum Tier erhalten. So unterscheidet sich unser Mitleid mit einem verletzten oder leidenden Tier – wenn wir unmittelbar mit ihm in Berührung kommen – qualitativ oft nicht wesentlich von unserem Mitleid mit einem verletzten oder leidenden Menschen. (Vgl. Midgley, 1983, S. 31, Salt, 1976, S. 174) Auch der Schmerz über den Verlust eines geliebten Tieres ist oft durchaus vergleichbar mit dem Schmerz, den wir beim Tod eines uns nahen Menschen empfinden. Dazu Sigmund Freud (zitiert nach Jones, 1978, S. 171) über seinen Schmerz beim Ableben seines geliebten Hundes Lün Yu: „Es ist der Qualität, wenn auch nicht der Intensität nach wie der Schmerz um ein verlorenes Kind."

Manchmal sind es auch ganz besondere Umstände oder Erlebnisse, die die ursprüngliche Nähe und Verbundenheit zum Tier sowie das einfühlende Verstehen und Kommunizieren mit ihm wieder aufleben lassen. So berichtet zum Beispiel Karen Davis (1990, S. 33–35) über ihre subtilen Erlebnisse mit einem Huhn, das durch Zufall dem Abtransport ins Schlachthaus entkommen war. Und der ehemalige Tierexperimentator Claude A. Frazier (1990, S. 44 f.), der Katzen bisher vor allem als Forschungsgegenstände auf seinem Seziertisch kannte, schildert sein Schlüsselerlebnis, das ihn zum engagierten Tierversuchsgegner und Tierrechtler machte: Nachdem ihn seine Frau verlassen hatte und ihm seine Kollegen eine kleine Katze geschenkt hatten, um ihn aus seinen Depressionen zu reißen, entwickelte sich zwischen ihm und seinem neuen Mitbewohner eine so innige Beziehung, daß es für ihn unmöglich wurde, solche und andere Tiere weiterhin „im Namen der Wissenschaft" zu zerschneiden.

Zahlreich sind auch die Berichte von Jägern, die aufgrund einschneidender Erlebnisse von einem Tag zum anderen von ihrem schrecklichen Steckenpferd abließen. So berichtet etwa Schopenhauer (1977, S. 282) von einem Engländer, der den Blick, den ihm ein sterbender Affe zugeworfen hatte, nicht mehr vergessen konnte und deshalb nie mehr auf Affenjagd ging.

Ein anderer Jäger, Wilhelm Harris, berichtet Schopenhauer, hatte in Afrika einen weiblichen Elefanten geschossen. Als er am folgenden Morgen das erlegte Tier aufsuchte, stellte er fest, daß inzwischen alle anderen Elefanten die Gegend verlassen hatten. „Bloß das Junge des gefallenen hatte die Nacht bei der todten Mutter zugebracht, kam jetzt, alle Furcht vergessend, den Jägern mit den lebhaftesten und deutlichsten Bezeugungen seines trostlosen Jammers entgegen, und umschlang sie mit seinem kleinen Rüssel, um ihre Hülfe anzurufen. Da, sagt Harris, habe ihn eine wahre Reue über seine That ergriffen und sei ihm zu Muthe gewesen, als hätte er einen Mord begangen." (Ebenda)

Besonders eindringlich ist folgendes Bekenntnis eines reuigen Jägers (Von der Lust …, 1995, S. 33):

„Es liegt ein Gewehr im Wasser des Moosehead-Sees, etwa sechzig Fuß von der Küste. Dieses warf ich fort um der Menschlichkeit willen vor dreissig Jahren oder mehr. Dort war's, als ich eine trinkende Rehmutter verwundete. Und ich war stolz, als ich sie fallen sah. Sie erhob sich, fiel wieder und schleppte sich langsam fort. Von ferne hörte ich einen kläglichen Lockruf. Als ich sie erreichte, beleckte sie zärtlich ein Rehkitz – ein winziges, furchtsames, zitterndes Wesen. Da schien meine Seele mit einem Finger des Zornes, wie mit einem scharfen Stachel, mein Herz zu durchbohren. Ich nahm das Rehkitz behutsam auf, als die Mutter gestorben war und kniete nieder an der Küste des Sees. Ich betete und schrie mein Gelübde zum Himmel, nie wieder ein Tierwesen zu töten oder sein Fleisch zu essen. Ich verdammte jenes Gewehr, ich verfluchte jenen Schuß und begrub die Rehmutter an jenem Tag. In Tränen betete ich über dem Begräbnisort, dann trug ich mein Rehkitz heim."

Das ursprüngliche empathische Verstehen und Kommunizieren mit Tieren kann aber auch bewußt und systematisch wiederhergestellt, reaktiviert werden. (An dieser Stelle sei in Erinnerung gerufen, daß es uns hier nicht darum geht zu zeigen, daß alle Menschen tatsächlich eine empathische Beziehung zu Tieren haben, sondern darum, daß eine solche Beziehung aufgebaut werden kann, das heißt, daß wir, wenn wir *wollen*, wissen können, was in Tieren vorgeht.) Ein Beispiel für eine solche Wiederherstellung der ursprünglichen Nähe und Kommunikation zwischen Menschen und Tieren sind die sogenannten „Tiertherapien".

Die therapeutische Wirkung von Tieren wird gezielt eingesetzt, unter anderem in Schulen, Krankenhäusern, Pflegeheimen, Erziehungsheimen und Gefängnissen. (Blum, 1994, S. 26, Behr, 1989, S. V, Rowe, 1989, S. 20-22, Nimtz-Köster, 1991/92, S. 19 f., Bekoff, 2008, S. 36 f.) Ob dies auch immer im Interesse der betroffenen Tiere liegt, steht freilich auf einem anderen Blatt. („Helping Hands" is ..., 1989, S. 34 f.)

Worum es bei Tiertherapien geht, erläutert das Informationspapier „‚Heilkraft' der besonderen Art" (1989, S. 2) des österreichischen „Instituts für interdisziplinäre Erforschung der Mensch-Tier-Beziehung": „Für die Menschen der Antike war es selbstverständlich, was neueste Forschungen nun empirisch beweisen: daß Menschen, die mit einem (...) Heimtier zusammenleben, ausgeglichener sind, freundlicher und ‚stabiler'. Daß sie Krankheiten leichter bewältigen und Krisen besser meistern." Ein konkretes Beispiel (ebenda, S. 1) soll Wesen und Wirkung der Tiertherapie veranschaulichen:

„Sie heißt Anna; ist Patientin im Psychiatrischen Krankenhaus auf der Baumgartner Höhe in Wien; geistig schwer behindert. Sie wird nie ohne stationäre Behandlung auskommen können. Der Initiative moderner Psychiater verdankt sie es, einmal wöchentlich ‚Tierbesuch' zu bekommen. Eine junge Wiener Tierpädagogin hat das organisiert: Sie kommt mit Hund und Hasen, Hamster und Huhn. Läßt sie von den Patienten streicheln, füttern, zeichnen.

Sieht ein Lächeln auf sonst leeren Gesichtern.

Nur Anna reagiert nicht; monatelang nicht. Oder höchstens mit einem bösen Achselzucken. Ein letzter Versuch: Man zeigt ihr einen jungen Zwerghamster und ihm gelingt das kleine, große Wunder: ‚Liab', sagt die Anna. Diese Anna, die von sich aus keine Silbe artikuliert, die bestenfalls einzelne Worte nachsprechen kann. Dem Mini-Hamster ist gelungen, was geduldige Therapeuten bislang nicht schaffen konnten: die ‚Mauer' zu durchbrechen, die diese Kranke umgibt."

Wichtig für unsere Fragestellung – Haben wir Zugang zu tierlichem Bewußtsein, können wir tierliche Erlebnisse erkennen? – ist, daß es bei Tiertherapien nicht darum geht, eine „künstliche" Mensch-Tier-Beziehung herzustellen, sondern darum, eine in uns angelegte und in unserer Kindheit oft verwirklichte Mensch-Tier-Beziehung zu reaktivieren. Deshalb ist auch die Anwendung von „Tiertherapien", die gezielte Nutzung der Kommunikationsmöglichkeit zwischen Menschen und Tieren, keineswegs auf den Umgang mit psychisch kranken oder auffälligen Menschen beschränkt.

Folgerichtig werden diese „tierlichen Therapeuten" auch eingesetzt, um Körperbehinderten, die geistig völlig normal sind, bei der Bewältigung ihres Alltags zu helfen. Diesbezüglich aufschlußreich ist ein Forschungsprojekt von Mary Joan Willard (Lowther, 1987, S. 12 ff.), die Kapuzineräffchen dafür trainierte, Querschnittgelähmten, die an den Rollstuhl gefesselt sind, zu helfen. Den Tieren wurde zum Beispiel beigebracht, Licht, Radio und Fernseher ein- und auszuschalten, eine Kassette in den Recorder zu legen, bestimmte Gegenstände zu bringen usw. Die Kapuzineräffchen lernten sogar, ein vorbereitetes Essen aus dem Kühlschrank zu holen, es aufzuwärmen und den Patienten dann mit einer Tasse zu füttern. Über die Beziehung zwischen der Patientin Sue und dem Kapuzineräffchen Henrietta berichtet Willard:

„Natürlich ist zunächst mal wichtig, daß Henrietta eine Reihe von Dingen für Sue erledigen kann. Aber wichtiger scheint mir noch, daß sie ihren sozialen Horizont erweitert hat. Sues Eltern erzählten mir, daß das erste, was sie nach dem Unfall beklagte, die Tatsache war, daß sie nun nie mehr Kinder haben könnte, und sie hätte sich Kinder so sehr gewünscht. Henrietta ist ein Wesen irgendwo zwischen Lieblingstier und Kind. Man muß einfach mal hinhören, wenn die zwei sich unterhalten. Sie haben eine sehr gesunde gute und tiefe Beziehung." (Lowther, 1987, S. 20)

Und Sue über die Wiedersehensfreude von Henrietta nach längerer Trennung:

„Sie stürzt sich förmlich auf mich. Was für ein Küssen und Abschlecken und Umarmen, während sie mir alles mitteilt, was sie erlebt hat! Ich würde schon sagen, wir haben ein Liebesverhältnis miteinander." (Ebenda)

Natürlich wäre es unsinnig zu leugnen, daß beim Erfassen tierlicher Erlebnisse durch den Menschen auch Probleme auftreten können. Selbstverständlich besteht die Gefahr, daß es zu qualitativen und quantitativen Fehlinterpretationen, sprich: Mißverständnissen kommt.

Nur: Das unterscheidet das Erfassen tierlicher Erlebnisse nicht prinzipiell vom Erfassen der Erlebnisse unserer Mitmenschen. Auch in der zwischenmenschlichen Kommunikation kommt es – wie jeder Psychotherapeut bestätigen kann und was jeder aus eigener leidvoller Erfahrung weiß – zu mitunter fatalen Mißverständnissen.

Vor allem: Die Schwierigkeiten beim Erfassen fremder psychischer Erlebnisse können bei gutem Willen zum Großteil überwunden werden. Wichtigste Voraussetzung hierfür ist, daß man sich möglichst umfassend und unvoreingenommen über das betreffende Lebewesen und seine Lebenssituation *informiert*. Das mag bei Tieren schwieriger sein, aber es ist durchaus möglich. Auch hierfür liefert das erwähnte Forschungsprojekt mit den Kapuzineräffchen einen überzeugenden Beleg. Hinsichtlich der Überwindung anfänglicher Verständigungsschwierigkeiten zwischen ihr und dem Kapuzineräffchen Henrietta berichtet die Patientin Sue:

„Ich mußte erst einmal lernen, wie ein Affe zu denken, einen anderen Weg gab es nicht. Also las ich alle wichtigen Veröffentlichungen zu diesem Thema, und ich glaube, heute weiß ich, wie Affen denken. Man darf sich nicht wie eine menschliche Mutter verhalten, man muß wie eine Affenmutter sein. Wenn Henrietta irgend etwas anstellt, dann schimpfe ich nicht mit ihr, sondern lenke sie ab und bringe sie auf etwas Neues. Wenn ich zufrieden mit ihr bin und ihr das mitteilen möchte, dann lächle ich nicht, weil ich dann meine Zähne zeigen müßte, und das interpretieren Affen als Zeichen von Aggression. Sie hat sogar akzeptiert, daß ich behindert bin. Sie rauft mit mir nicht, wie sie das mit anderen Leuten tut. Sie ist sehr sanft mit mir – wir verstehen uns." (Ebenda)

1.2.6 Sprache

Wenngleich nun gewiß hinreichend klar geworden ist, daß wir sehr wohl in der Lage sind, tierliches Erleben zu erkennen, wollen wir uns abschließend trotzdem noch mit einem Einwand befassen, der in diesem Zusammenhang häufig vorgebracht wird: Unsere Mitmenschen können wir *fragen*, was in ihnen vorgeht, bei Tieren ist das nicht möglich.

Zunächst muß in Erinnerung gerufen werden, daß dieser Einwand gar nicht auf alle Tiere zutrifft: Denken wir etwa (siehe oben, 1.1.5) an Koko und Washoe, die zwar nicht sprechen können, mit denen wir uns aber in der Zeichensprache unterhalten könnten. Zweitens muß festgestellt werden, daß die Bedeutung der Sprache als Mittel, etwas über die Erlebnisse und Wünsche anderer zu erfahren, weit überschätzt wird. Oft erfahren wir über jemanden viel mehr und vor allem viel Zuverlässigeres, wenn wir nicht auf das achten, was er *sagt*, sondern auf das, was er *tut*: „Jemand, der gelegentlich sagt, ‚Oh, ich möchte Klavier spielen können!', drückt sehr viel weniger überzeugend aus, was er wirklich will, als jemand, der nichts sagt, aber jeden Tag vier Stunden seines Lebens opfert, um zu üben" (Dawkins, 1994, S. 192 f.).

Betrachten wir Funktion und Bedeutung der Sprache als Mittel, etwas über das Erleben anderer zu erfahren, aber noch etwas näher (Vgl. Rollin, 1983, S. 111, 1981, S. 36 f., 55, 57):

In gewisser Weise ist tierliches Erleben sogar *leichter* zugänglich als das unserer Mitmenschen, weil es einfacher strukturiert ist. Bedenken wir nur einmal, von wie vielen Faktoren das menschliche Erleben bestimmt wird: vom Kulturkreis, dem ein Mensch angehört, von der Gesellschaftsschicht, in die er hineingeboren worden ist, von seiner konkreten Erziehung, Ausbildung und Biographie. Aufgrund dieser vielfältigen sozialen und kulturellen Faktoren ist das menschliche Erleben entsprechend vielgestaltig und variabel.

Im Vergleich dazu ist das tierliche Erleben viel einfacher, stabiler, quasi „Biologie-näher" – mit entsprechend weniger Quellen und Möglichkeiten der Täuschung. So können wir etwa, wenn eine Katze schnurrt, davon ausgehen, daß sie uns wohlgesinnt ist. Wenn hingegen ein Mensch *sagt*, daß er uns sympathisch findet, können wir, wie wir aus leidvoller Erfahrung nur zu genau wissen, noch keineswegs sicher sein, daß dies auch wirklich zutrifft! Deshalb ist das nonverbale tierliche Verhalten oft ein viel zuverlässigerer Indikator für das Innenleben, als es die Wortsprache ist.

Auch dürfen wir nicht vergessen, daß letztere auch im menschlichen Bereich weder die einzige, geschweige denn die stets beste Kommunikationsform ist. Alle Verliebten wissen, daß gerade in entscheidenen Situationen die sprachliche Kommunikation versagt und Gefühle und Stimmungen viel besser mit einem Blick, einer Geste oder einer Berührung zum Ausdruck gebracht werden können.

Und: Die früheste und wichtigste menschliche Kommunikation, jene zwischen Mutter und Kind, erfolgt lange *bevor* wir sprechen können: in der symbiotischen, empathischen Mutter-Kind-Beziehung am Beginn unseres Lebens. Hier werden buchstäblich lebenswichtige Inhalte kommuniziert, ohne daß von seiten des Kindes auch nur ein einziges Wort gesagt werden kann.

2. Ethische Forderungen

2.1 Beachtung des Gleichheitsgrundsatzes

Das Ergebnis der bisherigen Untersuchung kann wie folgt zusammengefaßt werden: Biologische und psychologische Forschungsergebnisse sowie logische Erwägungen ergeben, daß Tiere uns in wesentlicher und vielfältiger Hinsicht ähnlich sind: Sie sind wie wir leidensfähige, intelligente, soziale und moralfähige Wesen.

Dieser Tatsache muß auch auf moralischer Ebene Rechnung getragen werden. Wenn Tiere uns im geschilderten Maße ähnlich sind, dann müssen wir sie auch ähnlich *behandeln*. Das folgt zwingend aus dem auf Aristoteles zurückgehenden und unangefochten geltenden moralischen Gleichheitsgrundsatz: Gleiches bzw. Ähnliches muß auch gleich bzw. ähnlich behandelt werden. (Rachels, 1994, S. 238, 1991, S. 174-176, Teutsch, 1995a, S. 11, 1995b, S. 6, 1987, S. 76; vgl. Clarke / Linzey, 1990, S. XVI) Ohne dieses fundamentale Prinzip verlöre alle Ethik jegliche Grundlage, Glaubwürdigkeit und Anwendbarkeit.

Wenn Tiere den Menschen ähnlich sind, dann müssen wir sie auch ähnlich wie Menschen behandeln. Dazu müssen wir sie zuerst einmal in die moralische Sphäre aufnehmen, das heißt in jene Sphäre, innerhalb deren unsere moralischen Rücksichten und Regeln Geltung haben. Anders ausgedrückt: Wir müssen die moralische Sphäre so weit ausdehnen, daß sie auch Tiere umfaßt.

An dieser Stelle gilt es, eine wichtige Klarstellung zu

treffen. Wir sagten: Tiere sind leidensfähige, intelligente, soziale und moralfähige Wesen. Damit wollten wir natürlich weder sagen, daß *alle* Tiere leidensfähig, intelligent, sozial und moralfähig sind, noch daß alle Tiere *gleich* leidensfähig, intelligent, sozial und moralfähig sind.

Entscheidend ist vielmehr, daß wir heute mit Sicherheit wissen, daß *einige* Tiere (in unterschiedlichem Maße) leidensfähig, intelligent, sozial und moralfähig sind, und es daher völlig unannehmbar wäre, Tiere wie bisher grundsätzlich und von vornherein aus der moralischen Sphäre auszuschließen. Vielmehr müssen wir, nachdem wir erkannt haben, daß die Mensch-Tier-Grenze als moralische Grenze völlig untauglich ist, alle Tiere in die moralische Sphäre aufnehmen, um gewissenhaft zu prüfen, welche Tiere aufgrund welcher Eigenschaften wie behandelt werden sollen.

Eine recht plausible Veranschaulichung der Notwendigkeit, die moralische Sphäre auf Tiere auszudehnen, liefert das sogenannte Great-Ape-Projekt. Ausgehend von der unleugbaren Tatsache, daß die Menschenaffen, also Schimpansen, Gorillas und Orang-Utans, dem Menschen sehr ähnlich sind, wird gefordert, daß sie auch ähnlich wie Menschen behandelt werden sollen und wir ihnen daher bestimmte Rechte verleihen sollen.

Bevor wir allerdings näher auf dieses Projekt eingehen, müssen wir noch einmal auf den Gleichheitsgrundsatz zurückkommen. Dieser hat nämlich noch eine zweite, meist vernachlässigte oder gar übersehene Seite, quasi eine „Ungleichheitsseite". Die Nichtbeachtung dieser „Kehrseite der

Gleichheitsmedaille" führt regelmäßig zu fatalen Mißverständnissen. Vor allem Gotthard M. Teutsch hat immer wieder eindringlich auf diese Doppelwertigkeit des Gleichheitsgrundsatzes hingewiesen:

„Die Regel, Gleiches gleich, Ungleiches entsprechend anders zu bewerten und zu behandeln, ist uns zumeist nur als das Recht auf Gleichbehandlung geläufig (...). Daß dieser Gleichbehandlungsanspruch immer durch ein ebenso bedeutsames Recht auf *Andersbehandlung* ergänzt werden muß, wird uns oft erst bewußt, wenn wir uns klarmachen, wie ungerecht es wäre, etwa von Kindern die gleiche Leistung wie von Erwachsenen oder von Wenigverdienenden die gleichen Steuern wie von Gutverdienenden zu verlangen." (Teutsch, 1994/95, S. 92, Hervorhebung von H. F. K.)

Der Gleichheitsgrundsatz besteht also in Wirklichkeit aus zwei Forderungen: „dem Gebot zur Gleichbehandlung im Gleichheitsfall und dem Gebot zur Andersbehandlung im Falle eines Verschiedenseins" (Teutsch, 1987, S. 77). Es leuchtet ein, daß es völlig ungerecht wäre, Kinder und Erwachsene, Kranke und Gesunde, Arme und Reiche – trotz gleicher Menschenrechte – in jeder Hinsicht gleich zu behandeln. (Ebenda; vgl. S. 78 f., 1995a, S. 11)

James Rachels (1991, S. 176–179) bringt diese „Ungleichheitsseite" des Gleichheitsgrundsatzes sehr anschaulich auf den Punkt: Die Ungleichbehandlung von zwei Individuen ist dann legitim, wenn es zwischen diesen beiden Individuen einen relevanten Unterschied gibt. Und ob ein

Unterschied relevant ist, hängt von der Art der ins Auge gefaßten Behandlung ab.

So ist es zum Beispiel völlig in Ordnung, wenn eine Universität von zwei Bewerbern A und B nur A aufnimmt, wenn A ein sehr gutes Abiturzeugnis hat, während B nur höchst miserable Noten vorzuweisen hat. Ebenso gerechtfertigt ist es, wenn ein Arzt seine Patienten A und B unterschiedlich behandelt, indem er A eine Penizillinspritze gibt und B den Arm eingipst, wenn A an einer Infektion leidet und B sich den Arm gebrochen hat.

Eine völlig andere Situation wäre natürlich gegeben, wenn die Aufnahmekommission der Universität ihre Entscheidung, A aufzunehmen und B zurückzuweisen, damit begründen würde, daß A eine Infektion, B hingegen einen gebrochenen Arm habe. (Wobei A's Infektion eine harmlose sein müßte, um das Beispiel nicht unnötig zu komplizieren.) Oder wenn der Arzt auf die Frage, warum er A eine Penizillinspritze gegeben habe, während er B den Arm eingegipst habe, antworten würde: A hatte ein besseres Abiturzeugnis.

Damit ist wohl hinreichend verdeutlicht, was unter einem relevanten Unterschied zu verstehen ist und daß ein und dasselbe Merkmal in einem Zusammenhang relevant und in einem anderen völlig irrelevant sein kann.

Schließlich verweist Rachels auf einen Anwendungsfall, der uns nahtlos zum Great-Ape-Projekt hinführt: Wir lassen Menschen, aber keine Tiere Universitäten besuchen. Das ist auch völlig in Ordnung, weil Menschen im Gegensatz zu Tieren lesen, schreiben und rechnen können.

Dieser Unterschied zwischen Menschen und Tieren ist in diesem Zusammenhang relevant. Wenn es aber anstatt um die Zulassung zur Universität um die Zulassung von Folter geht, sieht die Sache natürlich völlig anders aus. Hier ist die Fähigkeit, lesen, schreiben und rechnen zu können, überhaupt nicht relevant. Was hier zählt, ist die *Leidensfähigkeit*! Und in bezug auf die Leidensfähigkeit sitzen Menschen und Tiere im gleichen Boot. Weil Menschen wie Tiere leiden können, sprechen in beiden Fällen die gleichen Gründe gegen die Folter.

2.2 Verwirklichung und Fortführung des Great-Ape-Projekts

Das Great-Ape-Projekt ist quasi die institutionalisierte Schlußfolgerung, die sich aus der Ähnlichkeit von Menschenaffen und Menschen und der Berücksichtigung des Gleichheitsgrundsatzes ergibt:

„Es ist ein fundamentales moralisches Prinzip, das zum ersten Mal von Aristoteles formuliert wurde, daß gleiche Fälle gleich behandelt werden sollten. (...) Das Prinzip des Aristoteles gilt für die Behandlung nichtmenschlicher Tiere ebenso wie für die unserer Mitmenschen. Vor Darwin glaubte man jedoch im allgemeinen, daß die Unterschiede zwischen Menschen und nichtmenschlichen Tieren so groß sind, daß es fast in jedem Fall gerechtfertigt ist, Menschen anders zu behandeln. Die Menschen glaubten, sich vom Rest der Schöpfung abzuheben. (...) Es ist diese Vorstellung von der Menschheit, die Darwin zerstörte. An ihre Stelle setzte er das Bild des Menschen, der mit den Tieren eine gemeinsame Herkunft und gemeinsame Eigenschaften teilt.

Wenn wir das von Darwin entworfene Bild ernst nehmen, müssen wir unsere Ansichten darüber, wie Tiere behandelt werden dürfen, revidieren. Daraus folgt nicht, daß wir alle Tiere behandeln müssen, als glichen sie Menschen, denn es kann immerhin Unterschiede zwischen Menschen und einigen Tieren geben, die eine Unterscheidung im moralischen Status rechtfertigen. (...)

Und doch sind es, wenn wir uns den ‚höheren‘ Tieren wie etwa den Großen Menschenaffen zuwenden, die Ähnlichkeiten und nicht die Unterschiede zwischen ihnen und uns, die so beeindruckend sind. (...) Die moralische Konsequenz ist, daß (...) es keine vernünftigen Gründe gibt, ihnen moralische Grundrechte zu verweigern (...). Die wichtigsten dieser Rechte sind das Recht auf Leben, das Recht, in Freiheit zu leben, und das Recht, nicht unnötig leiden zu müssen." (Rachels, 1994, S. 238–240)

Genau diese Rechte fordert das von Paola Cavalieri und Peter Singer initiierte Great-Ape-Projekt für Schimpansen, Gorillas und Orang-Utans: das Recht auf Leben, das Recht auf Schutz der individuellen Freiheit und das Recht auf Schutz vor Folter (Cavalieri / Singer, 1994; Kaplan, 1995a). Und wer sich die obigen (1.1.5) Charakterisierungen von Koko und Washoe vergegenwärtigt, kann diesen

Forderungen wohl nur zustimmen.

Der von Cavalieri und Singer herausgegebene Sammelband „Menschenrechte für die Großen Menschenaffen" stellt ein politisches Manifest dar: Die für die Menschenaffen reklamierten Rechte sollen keineswegs nur im unverbindlichen Rahmen philosophischer und wissenschaftlicher Diskussion gefordert, sondern vor allem auch praktisch durchgesetzt und in der Charta der Vereinten Nationen verankert werden.

Zur Wahrung der Rechte der befreiten Menschenaffen sollen – je nachdem, ob sie unter natürlichen oder zivilisatorischen Bedingungen leben – Einrichtungen geschaffen werden, die sich an bereits bestehenden Institutionen orientieren könnten. Dabei denken Cavalieri und Singer etwa an UN-Treuhandgebiete oder Organisationen mit „Obhut"-Charakter wie zum Beispiel Amnesty International.

Gleich mehrere Autoren des Sammelbandes betonen, daß die übliche wissenschaftliche Systematik weniger die biologischen Fakten widerspiegelt als die Irrationalität und Hybris des Menschen. Richard Dawkins (1994, S. 129), Zoologe an der Universität Oxford, weist auf die Künstlichkeit der konventionellen Kategorie Menschenaffe hin: „Es gibt keine natürliche Kategorie, zu der Schimpansen, Gorillas und Orang-Utans gehören, nicht aber der Mensch."

Auch für Jared Diamond (1994, S. 147,150 f.), Professor für Physiologie an der Universität von Kalifornien in Los Angeles, ist die traditionelle Unterscheidung von Menschen und Menschenaffen schlicht eine „Verzerrung der Tatsachen". Er veranschaulicht dies mit dem Hinweis, daß, sollten je außerirdische Systematiker auf die Erde kommen, um ein Verzeichnis ihrer Bewohner anzulegen, diese ganz bestimmt Menschen und Schimpansen der gleichen Gattung zuordnen würden.

Ähnlich äußern sich R. I. M. Dunbar (1994), Rosemary Rodd (1990, S. 36–41) und Matthias Glaubrecht (1990, S. 70). Selbst in einer Serie des „Spiegels", der bekanntermaßen auf alles, was auch nur ansatzweise zu Tierrechten tendiert, höchst allergisch reagiert, ist zu lesen: „Biologisch betrachtet ist der Mensch eine Schimpansenart" (Siegeszug aus der Sackgasse (I), 1995, S. 231; vgl. Knochenmark zum Nachtisch, S. 272 ff., Klein, 1998, Gould, 1998).

Das Great-Ape-Projekt kann selbstverständlich nur ein erster Schritt zur Realisierung des Programms der Tierrechtsbewegung sein. (Vgl. Kaplan, 1996, S. 11, Singer, 1996a, S. 12 f., A Conversation with …, 1994, S. 26) Natürlich ist es zuwenig, die moralische Sphäre lediglich auf die Menschenaffen auszudehnen.

Die Bedeutung des Projekts ist eine zweifache: Erstens besteht damit zum ersten Mal in der Geschichte die Chance, eine Gruppe von Tieren nicht nur theoretisch, sondern praktisch und rechtlich zu befreien. Zweitens und vor allem belegt das Great-Ape-Projekt in aller Deutlichkeit und für jeden denkenden Menschen nachvollziehbar, daß der Mensch-Tier-Grenze vernünftigerweise keine prinzipielle moralische Grenze entsprechen kann. Damit hat die Tierrechtsbewegung quasi den Fuß in der Tür, um weitere seit Darwin überfällige ethische Anpassungen an biologische Gegebenheiten durchzusetzen.

Daß das Great-Ape-Projekt von jenen kritisiert wird, die die jahrtausendelange Krone-der-Schöpfung-Selbstwahrnehmung in keiner Weise gefährdet sehen wollen, verwundert wenig. Einen diesbezüglichen Überblick gibt Colin Goldner (2014) in seinem Buch „Lebenslänglich hinter Gittern" (S. 437 ff.). Kritik kommt aber auch von Tierrechtsseite: Solche Initiativen, die die moralische Berücksichtigungsgrenze lediglich etwas verschieben, seien bloße Kosmetik, die an der prinzipiellen moralischen Diskriminierung von Tieren nichts änderten – außer eben, daß sie ein paar Tiere quasi ins moralische Boot holen. In einem Kommentar zu Frans de Waals Buch „Primaten und Philosophen" verteidigt Peter Singer (2011, S. 176) die Sonderstellung der Menschenaffen wie folgt:

- Sie haben ein besonders reichhaltiges emotionales und soziales Leben und ihr Selbstbewußtsein sowie ihr Verständnis in bezug auf die eigene Situation sind besonders ausgeprägt.
- Deshalb leiden sie unter entsprechenden Beeinträchtigungen oft mehr als andere Tiere.
- Dank intensiver Erforschung wissen wir über das geistige und emotionale Leben von Menschenaffen besonders viel und wir erblicken in ihnen besonders viel von unserer eigenen Natur. So können Menschenaffen dazu beitragen, den Abgrund, den eine jahrtausendelange jüdisch-christliche Indoktrination zwischen uns und Tieren aufgerissen hat, zu überbrücken.
- Anzuerkennen, daß Menschenaffen Grundrechte haben, würde zur Erkenntnis beitragen, daß die Unterschiede

zwischen Tieren und Menschen gradueller Natur sind und dies wiederum könnte zu einer besseren Behandlung von Tieren führen.

Aktuellere Tendenzen quasi im Geiste des Great-Ape-Projekts manifestieren sich im Bestreben, bestimmten Tieren „Personenrechte" zuzugestehen: Manche Tiere sind „Personen" und sollen daher auch entsprechende Rechte erhalten. Hier zunächst Peter Singers (1994) „klassische" Definition: „Personen" sind rationale und selbstbewußte Wesen. Selbstbewußte Wesen sind sich bewußt, daß sie über die Zeit sie selbst bleiben, daß sie, während die Zeit fließt, mit sich selbst identisch bleiben. Mit anderen Worten: Personen sind sich dessen bewußt, daß sie ein Individuum, ein Selbst sind, das eine Vergangenheit und eine Zukunft hat. (S. 120, 123) Karsten Brensing (2013) charakterisiert in seinem Buch „Persönlichkeitsrechte für Tiere" Personen zusätzlich als Wesen, die u. a. mitfühlend sind, ein gutes Gedächtnis sowie eine Vorstellung von Raum und Zeit haben, miteinander kommunizieren und Ansätze eines Sinnes für Gerechtigkeit und Fairness zeigen. (S. 199) Als Orientierung dafür, welche Rechte solchen tierlichen Personen zugsprochen werden sollten, könne die Allgemeine Erklärung der Menschenrechte der Vereinten Nationen von 1948 dienen: ein Recht auf Leben, Freiheit und Sicherheit. (S. 201 f.) Als Personen können, so Brensing, neben den Großen Menschenaffen, Wale, Delfine, Vögel und Reptilien angesehen werden. (S. 199 f.) Für Peter Singer (1994) sprechen triftige Gründe dafür, daß u. a. Hunde, Katzen, Rinder, Schweine und Schafe, vielleicht sogar alle Säugetiere Personen sind. (S. 157, 173–175)

3. Globale Konzepte

3.1 Vorbemerkung zum Tierrechtsbegriff

Ursula Wolf (2012) erläutert beeindruckend, wie wir auch, ohne „natürliche" Rechte oder „objektive" Werte vorauszusetzen, sinnvoll und plausibel von moralischen Rechten sprechen können:

„Ohne Rückgriff auf Naturrechte oder metaphysische Werte lässt sich der Begriff eines moralischen Rechts am einfachsten funktionalistisch verstehen (…). Ein moralisches Recht ist dann das, was die Moral Individuen verleiht: Der Rechtsbegriff ist eine Abkürzung dafür, dass ein Wesen einen (…) begründeten Anspruch hat (…)." (S. 82)

Das ist eine gute Erläuterung und Charakterisierung jenes Rechtsbegriffs, mit dem wir hier (siehe Einleitung) ohnehin arbeiten. Außerdem, so Wolf weiter, verdeutliche der Rechtsbegriff einerseits, „dass die Rücksicht auf Individuen nicht mit dem Gesamtnutzen verrechenbar ist", sowie, andererseits, daß die moralischen Akteure eine Verpflichtung haben: Zwar könne man ein moralisches Recht (im Unterschied zu einem legalen) nicht *einklagen*, „aber es ist doch etwas, das man *einfordern* kann." Im Hinblick auf die moralischen Akteure definieren Rechte Handlungsgrenzen, im Hinblick auf die moralischen Objekte „Schutzzonen". (S. 83) Daß Tiere ihrerseits keine (gleichwertigen bzw. gleichartigen) Verpflichtungen eingehen können, wird von

Tierrechtskritikern ja gerne zum *Grundproblem* hochstilisiert. Wolf erweist es als *Scheinproblem*:

„Als (…) Subjekte oder Akteure, die moralische Normen befolgen (…) sollen, kommen (…) nur Wesen mit der Fähigkeit in Frage, moralische Sätze zu verstehen und im Handeln umzusetzen. Doch der Kreis der Objekte der Moral, also derjenigen Wesen, die unter den Schutz der moralischen Normen fallen, reicht so weit, wie die Normen ihrem Inhalt nach anwendbar sind. (…) Die moralische Rücksicht muss (…) so weit reichen, wie sie reichen kann. Auf Steine kann man keine Rücksicht nehmen, weil es ihnen nichts ausmacht, wie man sie behandelt. Rücksicht nehmen kann man auf alle Wesen, (…) die fühlen und leiden können, anders gesagt, die ein (subjektives) Wohlbefinden haben. Und das sind neben ‚normal' entwickelten erwachsenen Menschen auch Kleinkinder, geistig Behinderte und Tiere." (S. 84–86)

Schließlich noch zu einem wichtigen Punkt bei der Rechte-Rhetorik insgesamt: Im Unterschied zur Pflicht- bzw. Verpflichtungsperspektive geraten wir, wenn wir von Rechten ausgehen bzw. uns auf Rechte beziehen, leicht in schwer handhabbare Konfliktsituationen. Dazu Peter Singer (2011, S. 172 f.), der als Utilitarist eher im übertragenen bzw. umgangssprachlichen Sinne von Rechten redet: „Als Philosoph (…) finde ich Behauptungen über Rechte unbefriedigend, ob es nun um Menschen oder Tiere geht." Denn: „Wenn Rechte sich widerstreiten, wie es häufig der

Fall ist, bringen Debatten darüber, ob man einem Recht den Vorrang gewähren soll, meist wenig Fortschritt."

Andererseits erscheint es auf *politischer* Ebene fast unverzichtbar, mit dem Rechtsbegriff zu operieren – nicht zufällig sprechen wir ja auch von der Tier*rechts*bewegung! Ursula Wolf (2012, S. 83; vgl. Sapontzis, 1987a, S. 83) spricht völlig zu Recht von der „rhetorischen Funktion in der öffentlichen Debatte", die dem Rechtsbegriff zukomme. Und selbst Peter Singer (2011, S. 172), der, wie wir eben gesehen haben, dem Rechtsbegriff kritisch gegenüber steht, räumt ein, daß Rechtsansprüche auf politischer Ebene „wunderbare Schlagworte" hergeben, „denn sie werden rasch so verstanden, als ob jemandem oder einer Gruppe etwas Wichtiges verwehrt würde." Genau so ist es: Die Forderung nach Tierrechten signalisiert wie die Forderung nach Menschenrechten sofort eine Mangelsituation. Und die Mißstände Speziesismus, Rassismus und Sexismus sind ihrerseits geradezu Synonyme, Chiffren für die Verwehrung von Rechten!

3.2 Peter Singer

3.2.1 Darstellung

3.2.1.1 Gleichheitsprinzip

Bevor wir uns Peter Singers Philosophie zuwenden, zwei kurze Bemerkungen: 1) Die folgende Darstellung orientiert sich an meinem früheren Buch „Die Philosophie des Vegetarismus: kritische Würdigung und Weiterführung von Peter Singers Ansatz" (1988), berücksichtigt aber vorrangig jüngere Auflagen von Singers Arbeiten. 2) Die Tötungsproblematik wird ausgeklammert, weil sie für Singers Grundargumentation nicht nötig ist und daher nur die Darstellung unnötig komplizieren würde. (Vgl. Singer, 1996c, S. 49 f., 56)

Peter Singers 1975 erschienenes Buch „Animal Liberation" (deutsch: „Befreiung der Tiere", 1982) gilt als Initialzündung der Tierrechtsbewegung. Sein zentrales Konzept ist das Prinzip der gleichen Interessenabwägung, kurz: Gleichheitsprinzip. Kern dieses Gleichheitsprinzips ist, „daß wir in unseren moralischen Überlegungen den ähnlichen Interessen all derer, die von unseren Handlungen betroffen sind, gleiches Gewicht geben" (Singer, 1994, S. 39; vgl. 1978, S. 197, 1985, S. 9). Einfacher formuliert: Wir sollen den ähnlichen Interessen all derer, die von unseren Handlungen betroffen werden, ähnliches moralisches Gewicht verleihen. Oder noch prägnanter: Ähnliche Interessen sollen ähnlich gewichtet werden.

Jetzt sehen wir, daß Singers Gleichheitsprinzip im wesentlichen dem Gleichheitsgrundsatz entspricht, den wir schon kennen (siehe oben, 2.1): Gleiches bzw. Ähnliches soll auch gleich bzw. ähnlich behandelt werden. Das Neue an Singers Gleichheitsprinzip ist, daß er zusätzlich angibt, worauf es sich bezieht: auf Interessen.

Singer betont immer wieder, daß das Gleichheitsprinzip keine Tatsachenbehauptung beinhaltet, sondern ein *moralisches* Prinzip ist: „Das Prinzip der Gleichheit aller Menschen ist nicht die Beschreibung einer angenommenen tatsächlichen Gleichheit der Menschen, sondern es ist eine Vorschrift, die uns sagt, wie wir andere Menschen behandeln sollen" (Singer, 1996c, S. 32, im Original hervorgehoben; vgl. 1994, S. 39). Dieser Hinweis kann gar nicht oft genug wiederholt werden. Denn das mit Abstand häufigste Mißverständnis im Zusammenhang mit dem Gleichheitsprinzip besteht eben darin, es so zu verstehen, als würde es eine faktische Gleichheit behaupten.

Worauf das Gleichheitsprinzip wirklich hinausläuft, ist hingegen schlicht dies: Interesse ist gleich Interesse, egal wessen Interesse es auch immer sein mag. (Singer, 1994, S. 39) Das Gleichheitsprinzip funktioniert wie eine Waage:

„Interessen werden unparteiisch abgewogen. Echte Waagen begünstigen die Seite, auf der das Interesse stärker ist oder verschiedene Interessen sich zu einem Übergewicht über eine kleinere Anzahl ähnlicher Interessen verbinden; aber sie nehmen keine Rücksicht darauf, wessen Interessen sie wägen." (Singer, 1994, S. 40; vgl. 1978, S. 197)

Voraussetzung für die Anwendung des Gleichheitsprinzips ist natürlich, daß wir die Interessen der von unseren Handlungen Betroffenen kennen. Und diese Interessen können je nach Fähigkeiten und anderen faktischen Eigenschaften der Betroffenen völlig unterschiedlich sein. Deshalb fordert das Gleichheitsprinzip auch nicht, daß wir alle *gleich* behandeln sollen, sondern daß wir alle *entsprechend ihren Interessen* behandeln sollen.

Das nennt Singer „gleiche Berücksichtigung", was nichts anderes bedeutet, als daß wir die Interessen, die Wesen nun einmal haben, moralisch immer gleich ernst nehmen, moralisch immer gleich gewichten sollen, unabhängig davon, um wessen Interessen es sich handelt. Interessen müssen quasi „ohne Ansehung der Person" immer gleich ernst genommen werden.

Folgerichtig gilt: „Gleiche Berücksichtigung unterschiedlicher Wesen kann (...) zu unterschiedlicher Behandlung (...) führen" (Singer, 1996c, S. 29). So mögen uns etwa Interessenerwägungen bezüglich mathematisch begabter Kinder veranlassen, sie früh höhere Mathematik zu lehren, was bei anderen Kindern völlig zwecklos oder gar schädlich sein könnte. (Singer, 1994, S. 41) „Aber das grundlegende Element, die Berücksichtigung der Interessen von Personen, welcher Art diese Interessen auch sein mögen, muß auf jeden Menschen angewendet werden, ungeachtet der Rasse, des Geschlechts oder der Werte eines Intelligenztests" (ebenda).

Was Singer hier anspricht, ist nichts anderes als das, was wir oben (2.1) als „Ungleichheitsseite" des Gleichheitsgrundsatzes bezeichnet haben: Es soll nicht nur Gleiches bzw. Ähnliches gleich bzw. ähnlich behandelt werden, sondern auch Ungleiches entsprechend anders.

3.2.1.2 Leidensfähigkeit

Nun wäre es für Singer – und das ist der springende Punkt – völlig unannehmbar, das Gleichheitsprinzip auf den Umgang mit unseren Mitmenschen zu beschränken. Vielmehr betont er,

„daß wir, wenn wir das Prinizip der Gleichheit als eine vernünftige moralische Basis für unsere Beziehungen zu den Mitgliedern unserer Gattung akzeptiert haben, auch verpflichtet sind, es als eine vernünftige moralische Basis für unsere Beziehungen zu denen außerhalb unserer Gattung anzuerkennen" (Singer, 1994, S. 82).

Um dies zu erkennen, bedarf es nach Singer lediglich des wirklichen Verständnisses dieses Prinzips: Sowenig wir berechtigt sind, die vorhandenen Interessen von Wesen deshalb geringer zu schätzen, weil sie zu einer anderen Rasse gehören oder weil sie weniger intelligent sind, so wenig sind wir berechtigt, die vorhandenen Interessen von Wesen deshalb geringer zu schätzen, weil sie zu einer anderen biologischen Gattung gehören. (Ebenda, S. 83) In diesem Zusammenhang verweist Singer auf die folgende berühmte Stelle bei Jeremy Bentham:

„Der Tag wird kommen, an dem auch den übrigen lebenden Geschöpfen [den Tieren, H. F. K.] die Rechte gewährt werden, die man ihnen nur durch Tyrannei vorenthalten konnte. Die Franzosen haben bereits erkannt, daß die

Schwärze der Haut [der Sklaven, H. F. K.] kein Grund ist, einen Menschen schutzlos den Launen eines Peinigers auszuliefern. Eines Tages wird man erkennen, daß die Zahl der Beine, die Behaarung der Haut und das Ende des os sacrum sämtlich unzureichende Gründe sind, ein empfindendes Lebewesen dem gleichen Schicksal zu überlassen. Aber welches andere Merkmal könnte die unüberwindliche Grenzlinie sein? Ist es die Fähigkeit zu denken oder vielleicht die Fähigkeit zu sprechen? Doch ein erwachsenes Pferd oder ein erwachsener Hund sind weitaus verständiger und mitteilsamer als ein Kind, das einen Tag, eine Woche oder sogar einen Monat alt ist. Doch selbst, wenn es nicht so wäre, was würde das ändern? Die Frage ist nicht: Können sie *denken*? oder: Können sie *sprechen*?, sondern: Können sie *leiden*? (Bentham, 1970, 283, zit. n. Singer, 1996c, S. 35 f.)

Hier identifiziert Bentham die Leidensfähigkeit als jene entscheidende Eigenschaft, die einem Wesen das Recht verleiht, entsprechend dem Gleichheitsprinzip behandelt zu werden. (Singer, 1994, S. 84, 1996c, S. 36) Die Leidensfähigkeit ist für Singer aber nicht nur Anlaß, das Gleichheitsprinzip auch auf Tiere auszudehnen, sondern darüber hinaus auch das Fundament eben dieses Gleichheitsprinzips:

„Die Fähigkeit zu leiden – oder genauer, zu leiden und / oder sich zu freuen oder glücklich zu sein – ist nicht einfach eine weitere Fähigkeit wie die Sprachfähigkeit oder die

Befähigung zu höherer Mathematik. (…) Die Fähigkeit zu leiden und sich zu freuen ist vielmehr eine Grundvoraussetzung dafür, überhaupt Interessen haben zu können, eine Bedingung, die erfüllt sein muß, bevor wir überhaupt sinnvoll von Interessen sprechen können." (Singer, 1994, S. 84 f.; vgl. 1996c, S. 36)

So wäre es zum Beispiel unsinnig zu sagen, daß es gegen die Interessen eines Steines verstoße, getreten zu werden: „Ein Stein hat keine Interessen, denn er kann nicht leiden" (Singer 1996c, S. 36). Eine Maus hat im Unterschied dazu hingegen sehr wohl ein Interesse, nicht getreten zu werden, weil sie dabei leiden würde. (Ebenda; 1994, S. 85) Und wenn ein Wesen leidet, gibt es keine moralische Rechtfertigung dafür, dieses Leiden nicht zu berücksichtigen. (Singer, 1994, S. 85; 1996c, S. 37) Wenn ein Wesen leiden kann, muß sein Interesse, nicht zu leiden, gleich ernst genommen werden wie das ähnliche Interesse irgendeines anderen Wesens. (Singer, 1983, S. 90, 1996c, S. 37)

Deshalb ist die Empfindungsfähigkeit, also die Fähigkeit, Leid oder Freude zu erfahren, die einzige vertretbare Grenze für die Berücksichtigung der Interessen anderer. (Singer, 1994, S. 85; 1996c, S. 38) Diese Grenze irgendwo anders zu ziehen, etwa aufgrund von Intelligenz oder Rationalität, hieße, sie völlig willkürlich zu ziehen. (Singer, 1994, S. 85, 1996c, S. 38) Wenn ein Wesen leidet, dann kann es keine Rechtfertigung dafür geben, dieses Leiden nicht gleich zu berücksichtigen wie das gleiche bzw. ähnliche Leiden eines anderen Wesens.

Doch wie funktioniert das in der Praxis? Singer bringt folgendes Beispiel: Wenn ich einem Pferd mit der flachen Hand einen Schlag versetze, so wird es dabei vermutlich kaum Schmerzen empfinden. Wenn ich aber ein Baby auf die gleiche Weise schlage, so wird es dabei sehr wohl einen Schmerz verspüren. Nun muß es aber einen Schlag geben – vielleicht mit einem dicken Stock –, der beim Pferd den gleichen Schmerz verursacht, den das Kind beim Schlagen mit der flachen Hand verspürt.

Das ist mit „demselben Ausmaß an Schmerz" gemeint. (Singer, 1994, S. 87, 1996c, S. 47) „Und wenn wir es falsch finden, einem Kleinkind ohne guten Grund so viel Schmerz zuzufügen, dann müssen wir (...) es ebenso falsch finden, einem Pferd ohne guten Grund dasselbe Ausmaß an Schmerz zuzufügen" (Singer, 1994, S. 87; 1996c, S. 47).

Weitere Erläuterungen über die Möglichkeit, menschliches und tierisches Leiden zu vergleichen, können wir uns hier sparen, da wir dieses Thema bereits (oben, 1.1.2, 1.1.3 und 1.2) ausführlich erörtert haben (Tiere können physisch und psychisch leiden; sie leiden unter vergleichbaren Bedingungen unter Umständen sogar mehr als Menschen; wir können das tierliche Leiden sehr wohl erkennen).

3.2.1.3 Rassismus, Sexismus, Speziesismus

Rassismus und Sexismus sind, wie bereits angedeutet, Verstöße gegen das Gleichheitsprinzip, weil Rassisten und Sexisten die Interessen bestimmter Menschen einfach deshalb weniger ernst nehmen, weil diese zu einer anderen Rasse oder zum anderen Geschlecht gehören. In Analogie zu Rassismus und Sexismus spricht Singer von Speziesismus – der Ausdruck stammt von Richard Ryder (Singer, 1996c, S. 58) –, wenn Lebewesen nicht aufgrund ihrer Rassen- oder Geschlechtszugehörigkeit diskriminiert werden, sondern aufgrund ihrer Artzugehörigkeit, also aufgrund der biologischen Spezies, der sie angehören: „Speziesismus (…) ist ein Vorurteil oder eine Haltung der Voreingenommenheit zugunsten der Interessen der Mitglieder der eigenen Spezies und gegen die Interessen der Mitglieder anderer Spezies" (ebenda, S. 35).

Wie Singer den Zusammenhang zwischen Rassismus und Sexismus einerseits und Speziesismus andererseits im einzelnen sieht, verdeutlichen folgende Zitate:

„Die Rassisten verletzen das Prinzip der Gleichheit, indem sie in Interessenkonflikten zwischen Mitgliedern der eigenen und einer anderen Rasse die Interessen der Mitglieder ihrer eigenen Rasse stärker gewichten. Sexisten verletzen das Prinzip der Gleichheit, indem sie die Interessen des eigenen Geschlechts bevorzugen. Und genauso räumen Speziesisten den Interessen der eigenen Spezies Vorrang ein vor den stärkeren Interessen von Mitgliedern anderer Spezies. Das Muster ist in jedem dieser Fälle dasselbe." (Singer, 1996c, S. 38)

„Rassisten europäischer Abstammung akzeptieren nicht, daß der Schmerz, den Afrikaner verspüren, ebenso schlimm ist wie der, den Europäer verspüren. (...) Menschliche Speziesisten erkennen nicht an, daß der Schmerz, den Schweine oder Mäuse verspüren, ebenso schlimm ist wie der von Menschen verspürte." (Singer, 1994, S. 86)

Dieser menschliche Speziesismus zeigt sich in vielen alltäglichen und allgegenwärtigen Praktiken gegenüber Tieren, etwa in unserer Gewohnheit, Fleisch zu essen, im Zusammenhang mit Tierversuchen, bei der Jagd oder im Umgang mit Tieren in Zirkus und Zoo. Auf die immensen Greuel und Gemeinheiten, die Tiere in diesen Bereichen ohne Unterlaß mitten unter uns erleiden müssen, kann hier nicht näher eingegangen werden. Ebensowenig darauf, daß unser Fleischessen nicht nur den Tieren, sondern auch uns Menschen schadet, weil Fleischkonsum unsere Gesundheit gefährdet und Fleischproduktion die Umwelt zerstört und den Welthunger fördert.

Uns soll es hier ausschließlich um die moralische Bewertung sowie historische und politische Einordnung all dieser Verbrechen gegen Tiere gehen. Allerdings empfiehlt es sich, sich über die wichtigsten Fakten dieses tagtäglichen Holocaust gegenüber Tieren kundig zu machen. Dazu einige Hinweise: Singer, 1996c, Mason, 1990, Robbins, 1995 (Fleischessen); Singer 1996c, Ryder, 1983 (Tierversuche); Frommhold, 1994 und 1996, Hagen / Sojka, 1987, Christiansen, 1990 (Jagd); Johnson, 1992 (Zirkus), McKenna, 1993 (Zoo). Für einen Überblick siehe meine Bücher „Leichenschmaus – Ethische Gründe für eine vegetarische Ernährung" (2011, Anhang) und „Tiere haben Rechte – Argumente und Zitate von A bis Z" (2002).

Zurück zum Speziesismus bzw. zu Singers ethischem Ansatz. Abschließend soll beispielhaft anhand unserer Gewohnheit, Fleisch zu essen, veranschaulicht werden, wie das Gleicheitsprinzip konkret funktioniert:

„Bürger der industrialisierten Gesellschaften können sich ohne weiteres angemessene Nahrung verschaffen, ohne auf tierisches Fleisch zurückzugreifen. (…) Dieses Fleisch ist ein Luxusartikel, der konsumiert wird, weil die Menschen seinen Geschmack lieben. Betrachten wir den moralischen Aspekt der Nutzung von Tieren als Nahrung in industrialisierten Gesellschaften, so haben wir eine Situation vor uns, in der ein relativ geringes Interesse der Menschen gegen das Leben und Wohl der betroffenen Tiere abgewogen werden muß. Das Prinzip der gleichen Interessenabwägung gestattet es nicht, größere Interessen für kleinere Interessen zu opfern." (Singer, 1994, S. 91)

3.2.2 Kritik

3.2.2.1 Notwendige Präzisierungen

3.2.2.1.1 Unterschiedliche Anwendungsbedingungen

Das vorangehende Zitat verdeutlicht, daß Singers Gleichheitsprinzip zweier Präzisierungen bedarf, um bei konkreter Anwendung klare Bewertungen zu ermöglichen. Diese Präzisierungen werden von Singer zwar zum Teil wahrscheinlich „mitgedacht" (und ansatzweise auch ausgesprochen), aber es empfiehlt sich dennoch, sie auch ausdrücklich zu formulieren.

Die erste notwendige Präzisierung lautet: *Das Gleichheitsprinzip muß hinsichtlich seiner Anwendungsbedingungen differenziert werden.* Unsere bisherige Formulierung des Gleichheitsprinzips lautete: Ähnliche Interessen sollen ähnlich gewichtet werden. Das können wir auch so formulieren: Ähnliche Interessen sollen (in unseren moralischen Überlegungen) eine ähnliche Rolle spielen.

Aber der Fall, daß die von unseren Handlungen Betroffenen tatsächlich *ähnliche* Interessen haben, ist eher die Ausnahme. Das zeigt auch das vorangehende Zitat in bezug auf unsere Gewohnheit, Fleisch zu essen: Hier steht ein *relativ geringes Interesse der Menschen* dem *Leben und Wohl der betroffenen Tiere* gegenüber. Mit anderen Worten: Die von der Handlung Fleischessen berührten Interessen sind bei Tieren viel größer als beim Menschen. Während es beim Menschen lediglich um einen kurzen Gaumenkitzel geht, geht es bei Tieren buchstäblich um alles. Alle Interessen der Tiere stehen einem einzigen, vergleichsweise läppischen menschlichen Interesse gegenüber.

Dem Umstand, daß der Fall, daß die von unseren Handlungen Betroffenen ähnliche Interessen haben, eher die Ausnahme darstellt, muß bei der Formulierung des Gleichheitsprinzips Rechnung getragen werden. Das Gleichheitsprinzip muß seiner „inneren Logik", seinem „Geist" entsprechend im Hinblick auf seine verschiedenen

Anwendungsbedingungen differenziert werden:

Die Forderung, daß ähnliche Interessen eine ähnliche Rolle spielen sollen, muß ergänzt werden durch die Forderung, daß größere Interessen eine größere Rolle bzw. kleine Interessen eine kleinere Rolle spielen sollen. Insbesondere muß aber auch gefordert werden, daß größere Interessen keine kleinere Rolle spielen dürfen als kleinere Interessen, daß also größere Interessen nicht kleineren Interessen geopfert werden dürfen. Die Mißachtung dieser letzten Forderung stellt augenscheinlich einen besonders gravierenden Verstoß gegen das Gleichheitsprinzip dar.

Somit ergeben sich entsprechend den verschiedenen Anwendungsbedingungen des Gleichheitsprinzips folgende verschiedene Anwendungsvarianten des Gleichheitsprinzips:

A) Ähnliche Interessen sollen eine ähnliche Rolle spielen.
B) Größere Interessen sollen eine größere Rolle spielen.
C) Kleinere Interessen sollen eine kleinere Rolle spielen.
D) Größere Interessen dürfen keine kleinere Rolle spielen als kleinere Interessen. (Größere Interessen dürfen nicht kleineren Interessen geopfert werden.)

Jetzt erkennen wir auch sofort, warum Fleischessen einen Verstoß gegen das Gleichheitsprinzip darstellt: wir mißachten dabei die Forderung D, was, wie gesagt, eine besonders schwere Verletzung des Gleichheitsprinzip bedeutet: Beim Fleischessen werden so gut wie alle tierlichen Interessen einem einzigen menschlichen Interesse geopfert.

3.2.2.1.2 Quantitative Interpretation

Die zweite notwendige Präzisierung in bezug auf das Gleichheitsprinzip haben wir damit schon vorweggenommen: *Das Gleichheitsprinzip muß quantitativ interpretiert werden.*

Genau das haben wir bei der obigen moralischen Bewertung des Fleischessens getan: Wir sagten, Fleischessen ist ein Verstoß gegen das Gleichheitsprinzip, weil dabei so gut wie *alle* tierlichen Interessen einem *einzigen* menschlichen Interesse geopfert werden. Auch die oben angeführten Anwendungsvarianten A bis D des Gleichheitsprinzips verdeutlichen die quantitative Funktionsweise des Gleichheitsprinzips.

Das heißt aber nicht, daß der qualitative Aspekt beim Gleichheitsprinzip keine Rolle spielen würde. Dies wird klar, wenn wir uns jetzt einmal systematisch alle Schritte vergegenwärtigen, die bei der praktischen Anwendung des Gleichheitsprinzips berücksichtigt werden müssen. Wir bleiben beim Beispiel Fleischessen und beschränken uns bewußt auf das Wesentliche, um das Vorgangsschema zu verdeutlichen.

1) Wir ermitteln die Betroffenen der Handlung: Tiere (die zur Fleischgewinnung leiden und sterben müssen) und Menschen (die deren Fleisch essen wollen).

2) Wir ermitteln, welche Interessen der Betroffenen berührt werden: Bei Tieren so gut wie alle, beim Menschen ein einziges, nämlich das an einem bestimmten Geschmackserlebnis. Bei den tierlichen Interessen handelt es sich zum

Beispiel um das Interesse an artentsprechender Bewegung, artentsprechender Ernährung, artentsprechendem Sozialleben sowie um das Interesse, nicht zu leiden.

Hier kommt, wie wir sehen, der qualitative Aspekt schon zum Tragen: Wir ermitteln, welche Erlebensqualitäten bzw. Interessenarten der Betroffenen berührt werden.

(Bei diesem Punkt kommt im übrigen auch die „Ungleichheitsseite" des Gleichheitsprinzips zum Tragen, also die Forderung, Verschiedenes entsprechend seiner Verschiedenheit auch anders zu behandeln. Je nachdem, um welche Handlung es gerade geht, kann die Interessenlage völlig verschieden sein. Geht es etwa ums Foltern, so haben Menschen und Tiere ähnliche Interessen, da weder Menschen noch Tiere leiden wollen. Geht es aber um Religionsfreiheit, so haben Menschen und Tiere völlig unterschiedliche Interessen, weil es Menschen wichtig ist, glauben zu können, was sie wollen, während Tieren entsprechende Fragen oder Bestimmungen völlig egal sind.)

3) Wir ermitteln das Ausmaß, in dem die Interessen der Betroffenen berührt werden: Die oben genannten vielen tierlichen Interessen werden im Zuge der Fleischproduktion in allerhöchstem Maße berührt, das eine menschliche Interesse, dieses Fleisch essen zu wollen, ist verglichen damit extrem gering. Außerdem werden die tierlichen Interessen lebenslang berührt, während das menschliche Interesse vergleichsweise augenblicklicher Natur ist!

Bei dieser Feststellung bzw. Bewertung des Maßes, in dem die jeweiligen Interessen der Betroffenen berührt werden, kommt abermals der qualitative Aspekt ins Spiel: Wir müssen beispielsweise tierliches Leiden gleich bzw. ähnlich gewichten wie wir ein ähnliches menschliches Leiden gewichten würden.

4) Wir addieren die Interessen der Betroffenen und wenden dem Ergebnis entsprechend die Anwendungsvarianten A bis D des Gleichheitsprinzips an. Bei der Handlung Fleischessen zeigt sich zweifelsfrei, daß hier große tierliche Interessen einem vergleichsweise geringen menschlichen Interesse gegenüberstehen. Bei der Realisierung der Handlung Fleischessen würden (sehr viel) größere tierliche Interessen einem (sehr viel) kleineren menschlichen Interesse geopfert. Das wäre ein Verstoß gegen Anwendungsvariante D des Gleichheitsprinzips, weshalb Fleischessen moralisch falsch ist.

3.2.2.2 Utilitarismus

Beim Gleichheitsprinzip, wie wir es eben erläutert haben, geht es um die Summen der Interessen der *einzelnen* Betroffenen: Das Interesse eines Tieres an artentsprechender Bewegung, Ernährung usw. ist ungleich größer als das Interesse eines Menschen an einem kurzen Gaumenkitzel. Und weil größere Interessen nicht kleineren Interessen geopfert werden dürfen, ist Fleischessen falsch.

Nun argumentiert Singer aber nicht nur mit dem Gleichheitsprinzip, er ist auch Utilitarist. Und beim Utilitarismus geht es bekanntlich darum, die Interessen *aller* Betroffenen zu *maximieren*: Moralisch richtig ist jene Handlung, die *insgesamt* am meisten Glück (bzw. am wenigsten Leiden) für alle Betroffenen bringt.

In bezug auf Singers Utilitarismus bzw. Singers utilitaristischer Interpretation des Gleichheitsprinzips ergeben sich nun erhebliche Probleme. Beginnen wir aber mit Singers unzweideutigem Bekenntnis zum Utilitarismus:

„I am a utilitarian. I am also a vegetarian. I am a vegetarian because I am a utilitarian. I believe that applying the principle of utility to our present situation - especially the methods now used to rear animals for food and the variety of food available to us - leads to the conclusion that we ought to be vegetarian." (Singer, 1980, S. 325)

„(Ich bin Utilitarist. Und ich bin auch Vegetarier. Ich bin Vegetarier, weil ich Utilitarist bin. Ich glaube, daß die Anwendung des Utilitarismus auf unsere gegenwärtige Situation – insbesondere auf die modernen Methoden zur Aufzucht der Tiere, die wir essen, und auf die Vielfalt an Nahrungsmitteln, die uns zur Verfügung steht – zum Schluß führt, daß wir Vegetarier werden sollen.)" (Übers. v. H. F. K.)

Trotz dieses klaren Bekenntnisses zum Utilitarismus erfahren wir in Singers Ausführungen über Tierrechte im allgemeinen und über Vegetarismus im besonderen aber merkwürdig wenig über diesen Utilitarismus. In „Befreiung der Tiere" (Singer, 1996c), seinem Hauptwerk in bezug auf Tierrechte, kommt das Wort „Utilitarismus" – außer zur Charakterisierung der Utilitaristen Bentham und Sidgwick (S. 32 f.) – überhaupt nicht vor!

Hinzu kommt, daß die Stellen, an denen vom Utilitarismus die Rede ist, oft schwer nachvollziehbar, zum Teil sogar widersprüchlich sind. Auf diesbezügliche Einzelheiten soll hier nicht näher eingegangen werden, da ich mich dazu an anderer Stelle ausführlich geäußert habe. (Kaplan, 1988; siehe dort zur Orientierung zunächst S. 65 ff.)

Entscheidend ist aber vor allem dies: Singer übersieht, daß der Utilitarismus bzw. ein utilitaristisch interpretiertes Gleichheitsprinzip gar nicht notwendig zum Vegetarismus führt!

„It is unclear how, as a utilitarian, he [Singer, H. F. K.] can argue that we have a moral obligation to stop supporting the practice of raising animals intensively."

„(Es ist unklar, wie er [Singer, H. F. K.] als Utilitarist behaupten kann, wir hätten eine moralische Verpflichtung, aufzuhören, die Intensivtierzucht zu unterstützen.)" (Übers. v. H. F. K.)

Dieser Vorwurf Tom Regans (1980, S. 309) muß umso ernster genommen werden, als er ihn nicht nur abstrakt erhebt, sondern auch konkret begründet. Regan gibt Singer zu bedenken:

Der Fleischindustrie verdanken viele Menschen direkt oder indirekt ihren Arbeitsplatz: Tierzüchter und -händler, die Produzenten von Käfigen, die Beschäftigten der Chemieindustrie, wo wachstumsfördernde und infektionshemmende Mittel hergestellt werden, die Transporteure, die Schlächter usw. Außerdem müssen auch die Familien dieser Menschen berücksichtigt werden, deren Lebensunterhalt ebenfalls von der Fleischindustrie abhängt. „The interests which these persons have in ‚business-as-usual', in raising animals intensively, go well beyond pleasures of taste and are far from trivial" (ebenda, S. 310). (Die Interessen, die diese Menschen am „business-as-usual", an der Intensivtierzucht, haben, gehen weit über geschmackliche Interessen hinaus und sind alles andere als trivial.) (Übers. v. H. F. K.) Zwar werde eine unmoralische Sache durch den Profit, den manche aus ihr ziehen, nicht gerechtfertigt,

„but Singer, as a utilitarian, cannot *just* appeal to our moral intuitions or *assume* that our intuitions can be given a utilitarian basis. In the particular case of the morality of raising animals intensively, Singer, as a utilitarian, cannot say that the interests of those humans involved in this practice, those whose quality of life presently is bound up in it, are irrelevant. (...) Though the issues involved are enormously complicated (...), one thing is certain: It is not *obviously* true that the consequences for everyone affected would be better, all considered, if intensive rearing methods were abandoned and we all (or most of us) became (all at once or gradually) vegetarians. Some nice calculations are necessary to show this. Without them, a utilitarian-based vegetarianism cannot command our rational assent. Even the most sympathetic reader, even a ‚fellow traveler' like myself will fail to find the necessary calculations in Singer's work. They simply are not there." (Ebenda, S. 311 f.)

„(aber Singer kann als Utilitarist nicht nur an unsere moralischen Intuitionen appellieren oder annehmen, daß unseren Intuitionen eine utilitaristische Grundlage gegeben werden könne. Im Hinblick auf die moralische Bewertung der Intensivtierzucht kann Singer als Utilitarist nicht sagen, daß die Interessen jener Menschen, die in diese Praxis involviert sind und deren Leben gegenwärtig völlig von ihr abhängt, irrelevant sind. (...) Wenn auch die hier involvierten Fragen enorm kompliziert sind (...), so ist eines doch klar: Es ist in keiner Weise offensichtlich, daß, insgesamt betrachtet, die Konsequenzen für alle Betroffenen besser wären, wenn die Intensivtierzucht aufgegeben würde und wir alle (oder die meisten von uns) sofort oder allmählich Vegetarier werden würden. Um dies zu zeigen, bedürfte es ganz schön umfangreicher Kalkulationen. Ohne solche Kalkulationen ist ein utilitaristisch begründeter Vegetarismus unplausibel. Selbst der wohlmeinendste Leser, ja sogar ein Gesinnungsgenosse wie ich selber fahndet vergeblich nach solchen notwendigen Kalkulationen in Singers Arbeiten. Sie wurden schlicht nirgendwo gemacht.)" (Übers. v. H. F. K.)

Dazu Singer (1980, S. 332): „It is true that the question is complicated and I have not done all the calculations involved. But I have begun." („Es stimmt, daß die Frage kompliziert ist und ich noch nicht alle notwendigen Kalkulationen gemacht habe. Aber ich habe damit begonnen.") (Übers. v. H. F. K.) Erstens habe er gezeigt, welch unendliches Leid den Tieren durch die moderne Fleischproduktion zugefügt werde. Zweitens habe er gezeigt, daß der Verzicht auf Fleisch dem Menschen nicht nur *keine großen Opfer* auferlege, sondern im Gegenteil *handfeste Vorteile* bringe – Stichworte: Gesundheit, Wohlgeschmack, Vermeidung bzw. Beseitigung von Umweltzerstörung und Welthunger durch Fleischproduktion. Diese Vorteile sowie die Vorteile für die Tiere würden die Nachteile für die von der Fleischindustrie Abhängigen langfristig wohl klar überwiegen. (Ebenda, S. 332–334)

Zweifellos können diese utilitaristischen Erwägungen bzw. vergleichenden Schätzungen Singers ein nicht unbeachtliches Maß an Plausibilität für sich beanspruchen. Es erscheint in der Tat durchaus wahrscheinlich, daß der Übergang zu einer vegetarischen Lebensweise unter Berücksichtigung aller Aspekte langfristig für alle Beteiligten eine Glücksvermehrung bzw. Leidensverminderung mit sich brächte.

Die Frage, inwiefern Singer dies nun im einzelnen tatsächlich „bewiesen" hat (oder mit seinem Instrumentarium auch nur beweisen *könnte*), ist hierbei aber zweitrangig. Entscheidend ist vielmehr, daß sich problemlos Beispiele finden lassen, wo utilitaristische Kalkulationen speziesistische Praktiken im allgemeinen und Fleischessen im besonderen *sehr wohl rechtfertigen* könnten:

So ist es zum Beispiel durchaus möglich, daß die Summe des Vergnügens, das *Tausende* von Zuschauern eines Stierkampfes haben, größer ist als das Leiden eines *einzigen* Stieres. Auch könnte die Summe des Vergnügens, das *viele* Besucher eines Bierzeltes beim Verzehr *eines* Ochsen am

Spieß haben, größer sein als das Leid, das diesem Tier hierfür zugefügt worden ist. (Diese Absurdität des Utilitarismus verdeutlicht – wenigstens für Speziesisten – besonders drastisch Vittorio Hösle, 1997, S. 155, durch den Hinweis, daß auch die Schlachtung eines Kindes moralisch geboten sein könnte, wenn sich nur genügend Personen an dessen Fleisch erfreuten.)

Hier tritt das Dilemma und die Schwäche des Utilitarismus klar zutage: Weil es um die Maximierung der Interessen *aller* Betroffenen geht (genauer: um die Maximierung des Maßes, in dem diesen Interessen Rechnung getragen wird), kann es leicht zu Ungerechtigkeiten in bezug auf die Interessen der *einzelnen* Betroffenen kommen.

Allgemein: Die Maximierung der Interessen aller Betroffenen kann auf Kosten der Interessen einzelner Betroffener erfolgen. Konkret – und damit kommen wir zu obigen Beispielen zurück: Größere Interessen (des Stieres und des Ochsen) können kleineren Interessen (der einzelnen Stierkampfzuschauer und der einzelnen Bierzeltbesucher) geopfert werden – was einen klaren Verstoß gegen das Gleichheitsprinzip darstellt.

Spätestens hier fragt sich natürlich, was denn das Gleichheitsprinzip überhaupt mit dem Utilitarismus zu tun hat. Genau das ist die Frage!

Außer Zweifel steht (vgl. Kaplan, 1988, insbesondere S. 60 f., 67 f., 1993b, S. 213 ff.): Singer arbeitet mit dem Gleichheitsprinzip, Singer ist Utilitarist und für Singer gibt es zwischen Gleichheitsprinzip und Utilitarismus einen engen, ja fundamentalen Zusammenhang.

Aber damit ist es mit der Klarheit auch schon zu Ende. Denn worin dieser Zusammenhang zwischen Gleichheitsprinzip und Utilitarismus bestehen soll, wird umso rätselhafter, je mehr man ihn zu ergründen versucht. Mehr noch: Meines Erachtens besteht zwischen Gleichheitsprinzip und Utilitarismus nicht nur kein zwingender positiver Zusammenhang, sondern überhaupt kein positiver Zusammenhang. Vielmehr schließen sich Gleichheitsprinzip und Utilitarismus in vielen Fällen sogar aus!

Das wird in der Euthanasie-Diskussion, in der Singer bekanntlich ebenfalls eine herausragende Rolle spielt (vgl. z.B. Kuhse / Singer, 1993, Kaplan, 1997), besonders deutlich. Nehmen wir die Situation eines Behinderten und seiner Angehörigen:

Ich kann die Interessen der *einzelnen* Betroffenen ermitteln und diese dann jeweils gleich berücksichtigen, wie ich möchte, daß meine eigenen Interessen in vergleichbarer Situation berücksichtigt würden (Gleichheitsprinzip). *Oder* ich kann die Interessen *aller* Betroffenen betrachten und dann jene Handlungsalternative wählen, bei der insgesamt die meisten Interessen erfüllt werden, das heißt, bei der die Summe des Glücks insgesamt am größten bzw. die Summe des Leidens insgesamt am kleinsten ist (Utilitarismus). Und es kann wohl keinen Zweifel darüber geben, daß das Ergebnis in beiden Fällen ein völlig anderes sein kann: Im ersten Fall kann ich zum Schluß kommen, daß der Behinderte aufopfernd gepflegt werden soll, im zweiten Fall, daß er umgebracht werden soll!

Wir kommen also nicht darum herum, uns zu entscheiden, ob wir uns an den Interessen der *einzelnen* Betroffenen orientieren und diese dann *gleich* behandeln wollen (wie wir selbst in vergleichbarer Situation behandelt werden möchten oder wie wir andere in vergleichbarer Situation behandeln würden) (Gleichheitsprinzip) oder ob wir uns an den Interessen *aller* Betroffenen orientieren und diese dann *maximieren* wollen (Utilitarismus). Das heißt, wir müssen uns entscheiden, ob wir das Gleichheitsprinzip oder den Utilitarismus anwenden wollen. Davon, daß Gleichheitsprinzip und Utilitarismus, wie Singer nahelegt, quasi zwei Seiten einer Medaille darstellen, kann also nicht im entferntesten die Rede sein!

Damit wollen wir es mit der Kritik an Singers Utilitarismus bewenden lassen. Allerdings nicht, ohne einen letzten Hinweis zu geben: Die Probleme, die sich bei Singer im Zusammenhang mit seinen Ausführungen über den Utilitarismus ergeben, sind in Wirklichkeit noch wesentlich gravierender, als es die vorangehende Kritik ahnen läßt. Dies hat seine Ursache unter anderem in folgenden Tatsachen:

1) Singer (1994) unterscheidet in bezug auf seinen Gegenstand drei Formen des Utilitarismus: den klassischen, den Interessen- und den Präferenz-Utilitarismus. Beim ersten geht es um die Maximierung von Glück (S. 17), beim zweiten um die Maximierung von Interessen (S. 29–31) und beim dritten um die Maximierung von Präferenzen (S. 128, 130, 168). Interpretiert man Glück bzw. Lust in einem weiteren Sinne, verschwindet der Unterschied zwischen klassischem und Interessen-Utilitarismus (S. 31). (Entsprechend

haben wir in den obigen Ausführungen abwechselnd von Glücks- und Interessensmaximierung gesprochen.)

2) Was Präferenzen von Interessen unterscheidet, bleibt letztlich unklar. Offenbar versteht Singer unter Präferenzen so etwas wie „wohlverstandene Interessen", also jene Bestrebungen, die ein Individuum hat oder hätte, nachdem es seine Interessen rational und im Lichte aller relevanten Fakten überprüft hat. (Vgl. S. 128)

3) Obwohl Singer am Anfang des Buches (S. 11) betont, die früher unterschiedene sogenannte „totale" Version und „Vorherige-Existenz"-Version des Utilitarismus nicht mehr verwenden zu wollen, tut er genau das im gesamten Buch (vgl. Register sowie S. 160), wobei entscheidend ist, daß, je nachdem, welche Version man anwendet, man regelmäßig zu völlig verschiedenen Ergebnissen gelangt.

Zur Diversität und Komplexität des utilitaristischen Ansatzes generell vergleiche Höffe (1992), zur Kritik an Singers Utilitarismus Regan (1983), Clark (1988), Wolf (1990), Sapontzis (1987a) und Ryder (1992).

3.3 Tom Regan

3.3.1 Darstellung

3.3.1.1 Psychische Komplexität

Tom Regans philosophischer Ansatz ist die zweite tragende Säule der Philosophie der Tierrechtsbewegung. Seine

Theorie ist wesentlich „philosophischer", abstrakter und schwieriger als die Singers. Deshalb widmen wir der Darstellung von Regans Ansatz auch wesentlich mehr Raum als der Darstellung von Singers Theorie.

Es gibt aber noch weitere Gründe für eine besonders ausführliche Darlegung von Regans Philosophie. Erstens kann eine kürzere Darstellung aufgrund der angesprochenen Komplexität erwiesenermaßen (siehe etwa Wolf, 1990, Wolf, 1992, Wolf, 2012, Breßler, 1997, oder Pfordten, 1996) keine angemessene Vorstellung von Regans Ansatz vermitteln. Zweitens existiert von Regan bisher ohnehin kaum Material in deutscher Sprache (Regan, 1997, 2007 und 2008, gehören zu den wenigen Ausnahmen). Und drittens werden bei Regan Themen, Gesichtspunkte und Probleme angesprochen, die für die gesamte Tierrechtsphilosophie relevant sind und neue, interessante Perspektiven eröffnen. Dies gilt insbesondere für den Todesaspekt, der seinerseits nur bei einer entsprechenden Vertiefung in die Materie angemessen ausgeleuchtet und gewürdigt werden kann.

Tom Regan hat seine Philosophie 1984 in seinem imposanten Hauptwerk „The Case for Animal Rights" dargelegt. Die folgenden Quellenangaben beziehen sich, wenn nicht anders vermerkt, auf dieses Buch.

Ausgangspunkt von Regans Erwägungen ist die Feststellung, daß Tiere, namentlich normale Säugetiere, die ein Jahr alt oder älter sind, ein komplexes Seelenleben haben. Der gesunde Menschenverstand, unser üblicher Sprachgebrauch, das Verhalten der Tiere sowie rationale und evolutionstheoretische Überlegungen sagen uns, daß diese Tiere unter anderem Wahrnehmungen, Wünsche, Gedächtnis, Annahmen, Selbstbewußtsein, Zukunftsvorstellungen und klare Absichten haben. Auch haben wir, wenn wir wollen, Zugang zum tierlichen Seelenleben, das heißt, wir können erkennen, was in Tieren vorgeht und was sie wollen.

Die Fakten und Argumente, die für diese Position sprechen, sind so erdrückend, daß die Beweislast auf seiten derer liegt, die Tieren ein komplexes Seelenleben *absprechen* möchten. (Kap. 1 und 2, insbes. S. 34 f., 78–81, 403, 408) Auf Einzelheiten in bezug auf das reiche psychische Erleben von Tieren und unseren Möglichkeiten, es zu erkennen, brauchen wir hier nicht einzugehen, da wir diese Themen bereits oben (1.1 und 1.2) ausführlich behandelt haben.

3.3.1.2 Wohlergehen

Normale Säugetiere, die ein Jahr alt oder älter sind, haben ein Wohlergehen, das sich nicht grundsätzlich vom Wohlergehen des Säugetiers Mensch unterscheidet: sie haben biologische, psychologische und soziale Interessen, die im Laufe ihres Lebens mehr oder weniger realisiert bzw. erfüllt werden können. Ihnen wie uns kann es im Leben besser oder schlechter ergehen, wie wir können sie Lust und Freuden, aber auch Frustrationen und Leiden erleben. Und das Leben mancher Tiere ist insgesamt betrachtet besser, glücklicher und erfüllter als das anderer. (S. 82, 116, 119)

Zentral für das Verständnis tierlichen Wohlergehens ist eine Eigenschaft, die oft nicht nur zuwenig, sondern meist sogar überhaupt nicht beachtet wird: Autonomie. Als Wesen mit Wünschen, Zielen, Wahrnehmungen, Gedächtnis und Annahmen sind Tiere (wenn nicht anders vermerkt, sind mit Tieren immer normale Säugetiere, die ein Jahr alt oder älter sind, gemeint) in dem Sinne autonom, daß sie Präferenzen haben und diese auch selbst verfolgen können und selbst verfolgen wollen. Sie sind in der Lage, Initiativen zu setzen, um diesen Präferenzen Rechnung zu tragen, um ihre Wünsche zu erfüllen. Und sie empfinden Befriedigung dabei, ihre Ziele selbst, „auf eigene Faust", verfolgen und erreichen zu können.

Der Grad, in dem Tiere in der Lage sind, ihre Autonomie auszuleben, ist entscheidend für ihr Wohlergehen. Wenn wir ihnen die Möglichkeit nehmen zu tun, was sie wollen, frustrieren wir nicht nur ihre Bedürfnisse, sondern berauben sie auch der Befriedigung, die sie erleben, wenn sie ihre Ziele selbst und aktiv verfolgen und erreichen können. Dieser Aspekt darf nicht unterschätzt werden. So leidet etwa ein eingesperrter Wolf, der regelmäßig und ausreichend gefüttert wird, zwar gewiß nicht an Hunger, sein Nahrungsbedürfnis ist gestillt. Aber er leidet daran, sich seine Nahrung nicht selbst, vielleicht gemeinsam mit anderen Wölfen, verschaffen zu können. (S. 84–86, 92, 116)

Im Hinblick auf ihr Wohlergehen können wir Tieren nun schaden oder nutzen: Wir können Möglichkeiten schaffen bzw. vergrößern, damit sie ihre Ziele verfolgen können, oder wir können solche Möglichkeiten verringern bzw. zunichtemachen. Der Schaden, den wir Tieren zufügen können, kann zweierlei Gestalt haben: Wir können ihnen etwas antun oder ihnen etwas wegnehmen bzw. vorenthalten. Typisches Beispiel für die erste Möglichkeit ist das Zufügen von Schmerzen oder Leiden.

Und jetzt kommen wir zu einem entscheidenden Punkt: Wenn wir Tiere einer Sache berauben bzw. ihnen etwas vorenthalten (sie also auf die zweite erwähnte Art schädigen), so ist dies keineswegs notwendig und automatisch mit Schmerzen oder Leiden verbunden. Allgemeines Beispiel: Wenn wir eine kluge junge Frau mittels schmerzloser Injektion in eine zufriedene Schwachsinnige verwandeln, so schaden wir ihr zweifellos, weil wir sie (unter anderem) ihrer Autonomie und Intelligenz berauben, aber wir fügen ihr dabei keine Schmerzen oder Leiden zu.

Daher – und das ist der springende Punkt: So wichtig und notwendig es ist, tierliches Leiden zu verhindern und zu verringern – es gibt auch Praktiken, die Tieren extrem schaden, ohne ihnen Leiden zuzufügen. Und diese Schäden gilt es ebenso zu erkennen und zu bekämpfen wie Praktiken, die Leiden verursachen. Es muß nicht alles weh tun, was schadet. Auch Dinge, die wenig oder gar nicht weh tun, können einen enormen Schaden, Nachteil oder Verlust bedeuten.

Aus diesem Grund ist auch die Rechtfertigung, die zuweilen für Tierfabriken ins Treffen geführt wird, völlig unsinnig: Weil die Tiere nie ein anderes, besseres Leben kennengelernt hätten, würden sie dieses auch nicht vermissen und daher unter den gegebenen Bedingungen nicht leiden. Abgesehen davon, daß diesen Tieren de facto jede Menge aktueller Leiden zugefügt wird: Selbst wenn dies nicht der Fall wäre, ist dieses Leben für sie angesichts dessen, was ihnen vorenthalten wird, dennoch ein schrecklicher Schaden!

Es geht nicht an, Wesen, seien es nun Menschen oder Tiere, Lebensbedingungen auszusetzen, die ihre biologischen, psychologischen und sozialen Interessen ignorieren oder bestimmte Interessen (zum Beispiel an Nahrung) zu Lasten anderer (zum Beispiel an Autonomie und Sozialleben) befriedigen, um dies dann damit zu rechtfertigen, daß sie darunter nicht litten, weil sie nicht wüßten, was ihnen abgeht.

Die Opfer brauchen weder physisch noch psychisch zu leiden noch sich eines Schadens bewußt zu sein, um einen Schaden erleiden zu können. Das gilt für ausgebeutete Tiere genauso wie für „zufriedene" Hausfrauen oder „glückliche" Sklaven. Oft ist es *gerade* das Nichtwissen um das, was einem vorenthalten wird, das den Schaden umso *größer* macht.

Die unausgesprochene These: was ich nicht weiß, macht mich nicht heiß, genauer: was ich nicht weiß, kann mir nicht schaden, ist von Grund auf falsch: Wenn ich meinen Sohn in einem komfortablen Käfig vollkommen isoliert aufziehe und dafür sorge, daß er genügend zu essen hat und nicht unnötig leidet, so weiß er auch nicht, was ihm vorenthalten wird, erleidet aber dennoch einen immensen Schaden! (S. 97 f., 116 f.)

3.3.1.3 Tod

Es gibt also Dinge, die uns schaden, obwohl sie uns nicht weh tun und obwohl sie uns vielleicht gar nicht bewußt sind. Das größte und „klassische" Übel, auf das diese Charakterisierung zutrifft, ist der Tod. Damit sind wir bei einem Punkt, der für die Bewertung unseres Umgangs mit Tieren aus *Tierrechts*sicht von zentraler Bedeutung ist, besteht doch die typische *Tierschutz*argumentation darin zu sagen: Solange den Tieren kein Leiden zugefügt wird, gibt es moralisch auch kein Problem. Das gilt für die „humane" Schlachtung von „Nutztieren" ebenso wie für den „schonenden" Umgang mit „Versuchstieren".

Aber diese Sichtweise beinhaltet eben einen grundsätzlichen Fehler: Sie übersieht, daß es neben dem Leiden, das wir Tieren zufügen, noch eine andere mögliche gravierende Schädigung gibt, die überhaupt nicht weh tun muß und die darin besteht, daß wir ihnen etwas wegnehmen, etwas vorenthalten, sie einer Sache berauben.

Und der vorzeitige Tod *ist* eine solche Beraubung, und zwar eine grundlegende und nicht wiedergutzumachende: Er beraubt uns *jeder* Möglichkeit künftiger Freude und Erfüllung. Einmal tot, immer tot. Der Tod ist der fundamentale Schaden, weil er der fundamentale Verlust ist: der Verlust seines Lebens und damit der Verlust seiner selbst. (Was nicht heißt, daß der Tod in jedem Fall auch das *größte* Übel sein muß. Ein Leben, das ausschließlich aus Schmerzen ohne Aussicht auf Linderung besteht, ist bestimmt schlimmer als der Tod.)

Ruth Cigman (1980) behauptet nun, daß der Tod *für Tiere* kein Schaden sei. Aber die Gründe, die sie hierfür vorbringt, sind, wie Regan zeigt, nicht besonders überzeugend. Cigman formuliert ihre Position zwar weder deutlich noch eindeutig, scheint aber folgendes zu meinen (es geht hier weder darum, ihre Position exakt wiederzugeben, noch darum, sie endgültig zu kritisieren, sondern darum, mögliche Einwände zu würdigen):

Damit der Tod für ein Individuum ein Schaden sein kann, muß dieses Individuum einen Begriff von Leben und Tod sowie ein Bewußtsein langfristiger künftiger Möglichkeiten haben. Genau das ist aber bei Tieren nicht der Fall. Diese haben zwar offenkundig Todesangst, wenn ihr Leben akut bedroht wird, aber sie hängen quasi „blind" am Leben, ohne zu wissen, was es wirklich bedeutet und welche langfristigen Möglichkeiten es beinhaltet.

Nun fragt Regan: Was bedeutet eigentlich „langfristig"? Wie lange ist „langfristig", wie groß muß die Zukunftsperspektive sein? Immerhin haben Tiere ohne Zweifel einen Begriff von ihrer eigenen Zukunft: Sie handeln in der Gegenwart im Hinblick und mit Blick auf eine Zukunft, in der sie ihre Wünsche befriedigen möchten. Ist diese Perspektive hinreichend langfristig im Sinne von Cigmans Forderung nach einem Bewußtsein langfristiger Zukunftsmöglichkeiten?

Nehmen wir einmal an, daß Tiere Cigmans Kriterium nicht erfüllen, daß sie also keinen (hinreichenden) Begriff von Leben und Tod haben und daß ihr Zukunftsbewußtsein nicht weit genug in die Zukunft reicht. Was folgt daraus? Es folgt, daß sie keine langfristigen Pläne machen und sich keine langfristigen Ziele setzen können. Aber aus dem Umstand, daß sich ein Individuum seiner langfristigen Zukunftsmöglichkeiten nicht *bewußt* ist, folgt nicht, daß es keine *hat!*

Fehlendes oder mangelndes Zukunftsbewußtsein ändert überhaupt nichts daran, daß der vorzeitige Tod konkreter, existierender Wesen das Leben eben dieser Wesen vorzeitig beendet und sie damit möglicher künftiger Wunscherfüllungen beraubt! Und deshalb ist der vorzeitige Tod für diese Wesen ein Übel, ein Verlust, ein Schaden – unabhängig davon, ob sie sich ihrer Zukunftsmöglichkeiten nun bewußt sind und deshalb den bewußten Wunsch weiterzuleben haben oder nicht.

Das wird sofort klar, wenn man sich vergegenwärtigt, daß auch kleine Kinder (sowie geistig Zurückgebliebene und Senile) weder einen Begriff von Leben und Tod noch ein Bewußtsein langfristiger Zukunftsmöglichkeiten noch den bewußten Wunsch weiterzuleben haben. Niemand käme deshalb auf die Idee, ihren Tod nicht als Unglück oder Schaden für sie zu betrachten. Im Gegenteil: Der Tod von kleinen Kindern erscheint uns geradezu als *Inbegriff* der Tragik des Todes! (S. 99–102, 117 f.)

Fassen wir zusammen: Der vorzeitige Tod ist ein Übel, weil er das betroffene Lebewesen jeglicher Möglichkeit künftiger Wunscherfüllung, Freude oder Befriedigung beraubt. Und zwar unabhängig davon, ob dieses Wesen sich seiner künftigen Möglichkeiten bewußt ist, ob es einen Begriff von Leben und Tod hat, ob es (bewußt) weiterleben will oder ob sein Sterben mit Leiden verbunden ist.

Besondere praktische Bedeutung kommt diesem Umstand zu bei der ethischen Bewertung unseres Umgangs mit jenen Tieren, die wir als „Fleischlieferanten" und „Versuchsobjekte" betrachten und behandeln: Selbst wenn diese Tiere „human", also leidensfrei getötet werden (was in den allermeisten Fällen reine Theorie ist!), ändert dies überhaupt nichts am fundamentalen und nicht wiedergutzumachenden Schaden, den wir ihnen damit zufügen. (Für weitere Ausführungen und Aspekte gegen das Töten von Tieren siehe Regan, 1994, S. 310 f., Wolf, 1990, S. 116–120, 1992, S. 100–103, 1993a, S. 74–81, 1994a, S. 8–10, 1994b, S. 30, 1995, S. 223–225, 227 f., 1996, S. 115, Hauskeller, 1995, Johnson,1983, V, VI, Rachels, 1983, Saponzis, 1987a, S. 159–196, Fink 1991, Rodd, 1990, Kap. 6, Jamieson, 1983, S. 145 f., und Frankena, 1994, S. 129.)

3.3.1.4 Indirekte Pflichten

Regan entwickelt seine eigene Philosophie im Widerstreit zu vorhandenen ethischen Positionen in bezug auf Tiere. Diese teilt er ein in solche, die von indirekten Pflichten gegenüber Tieren ausgehen, und in solche, die von direkten Pflichten gegenüber Tieren ausgehen. In Ermangelung besserer sprachlicher Alternativen werden wir vom Indirekte-Pflichten-Ansatz („indirect duty views") und vom Direkte-Pflichten-Ansatz („direct duty views") sprechen,

Gemeinsam ist beiden Sichtweisen: Erstens behauptet keine daß wir mit Tieren machen können, was wir wollen. Niemand vertritt ernsthaft die Auffassung, daß unser Umgang mit Tieren keinerlei moralischen Beschränkungen unterliegt. Zweitens gehen dennoch beide Ansätze davon aus, daß es keiner *Rechte* bedarf, um den angemessenen Umgang mit Tieren sicherzustellen. Nirgendwo werden Tieren eigenständige moralische Rechte zugesprochen.

Und eben daran – das will Regan zeigen – kranken beide Ansätze. Zunächst also zum Indirekte-Pflichten-Ansatz, das heißt zu jener Position, die besagt, daß wir gegenüber Tieren lediglich indirekte Pflichten haben. Beispiele für diese Sichtweise sind etwa die Vertragstheorie John Rawls' oder die Philosophie Immanuel Kants. Auf keine dieser Theorien können wir hier näher eingehen, da dies unseren Rahmen hoffnungslos sprengen würde. Also müssen wir uns mit einer allgemeinen Charakterisierung des Indirekte-Pflichten-Ansatzes begnügen.

Alle Ausformungen dieser Denkschule gehen davon aus, daß wir gegenüber Tieren ausschließlich indirekte Pflichten haben können. Direkte Pflichten können wir nur gegenüber anderen Menschen (oder gegenüber uns selbst oder gegenüber Gott) haben. Das heißt nun aber nicht, daß wir keine Pflichten *in bezug auf* Tiere haben können. Ein Beispiel aus einem anderen Bereich soll dies verdeutlichen:

Man kann die Auffassung vertreten, daß wir gegenüber Kunstwerken, etwa gegenüber einem berühmten Gemälde, keine direkten Pflichten haben. Das heißt aber nicht, daß wir damit machen können was wir wollen. Vielmehr bestehen hier sehr wohl Verpflichtungen, sogar direkte Verpflichtungen, aber nicht gegenüber dem Gemälde, sondern gegenüber den Menschen (inklusive jenen künftiger Generationen), die an diesem Gemälde ein Interesse haben oder haben könnten – etwa, weil sie es betrachten, studieren oder bewundern können möchten. Wir haben also zwar eine Verpflichtung *in bezug auf* das Gemälde, aber keine Verpflichtung gegenüber dem Gemälde selbst. Eine solche direkte Verpflichtung besteht nur gegenüber Menschen.

Entsprechend können wir auch Pflichten in bezug auf Tiere haben, etwa in bezug auf bestimmte vom Aussterben bedrohte Arten. Aber diese Pflichten sind, soferne wir sie haben, wie die im Falle des Gemäldes, lediglich indirekter Natur. Die direkte Verpflichtung besteht gegenüber den Menschen, die ein Interesse am Fortbestehen dieser Tiere haben bzw. haben könnten – etwa weil sie sich weiter am Anblick der Tiere erfreuen oder sie wissenschaftlich erforschen möchten. (S. 150 f., 156)

Bevor wir fortfahren, müssen wir noch zwei Begriffe einführen: den des moralischen Akteurs („moral agent") und den des moralisch Betroffenen („moral patient"). Moralische Akteure sind soche Individuen, die aufgrund ihrer ausgereiften psychischen Fähigkeiten in der Lage sind, moralisch zu urteilen und moralisch zu handeln. Typische moralische Akteure sind normale erwachsene Menschen. Gemäß dem Indirekte-Pflichten-Ansatz können wir nur gegenüber solchen moralischen Akteuren direkte Pflichten haben.

Im Unterschied zu moralischen Akteuren fehlen moralisch Betroffenen jene Eigenschaften, die moralische Akteure in die Lage versetzen, moralisch zu urteilen und moralisch zu handeln. Typische moralisch Betroffene sind Säuglinge, kleine Kinder und geistig Behinderte. Gegenüber moralisch Betroffenen können wir gemäß dem Indirekte-Pflichten-Ansatz lediglich indirekte Pflichten haben.

Im folgenden wird uns vor allem eine Gruppe moralisch Betroffener interessieren: normale Säugetiere, die ein Jahr alt oder älter sind, sowie jene Menschen, deren geistige Fähigkeiten diesen Tieren entsprechen.

Um es noch einmal zu verdeutlichen: Der Umstand, daß wir gegenüber moralisch Betroffenen gemäß dem Indirekte-Pflichten-Ansatz nur indirekte Pflichten haben können, bedeutet nicht, daß wir mit ihnen machen dürfen, was wir wollen. Vielmehr kann es durchaus moralisch begründete Beschränkungen im Umgang mit moralisch Betroffenen geben. Daß wir moralisch Betroffenen gegenüber nur indirekte Pflichten haben können, heißt nur, daß die Gründe für diese Handlungsbeschränkungen nicht in diesen Wesen selbst gelegen sein können: es geht nie darum, wie unser Handeln diese Individuen selbst betrifft.

Ausschlaggebend ist vielmehr ausschließlich, ob und wie unser Handeln andere *moralische Akteure* betrifft. Dies allein entscheidet über die moralische Zulässigkeit oder Gebotenheit einer Handlung. Die Auswirkung, die eine Handlung gegenüber einem moralisch Betroffenen *indirekt auf einen moralischen Akteur* hat, ist das einzige moralisch relevante Kriterium für die Richtigkeit oder Falschheit dieser Handlung. (S. 151–155)

Daß dieser nicht eben sympathische, gleichwohl aber in der Philosophie de facto nach wie vor ernsthaft vertretene Ansatz auch logisch-rational höchst fragwürdig ist, versucht Regan nun zu verdeutlichen. Er will zeigen, *daß die These des Indirekte-Pflichten-Ansatzes, wonach wir gegenüber Tieren und Menschen mit vergleichbaren psychischen Eigenschaften lediglich indirekte Pflichten haben, unhaltbar ist.*

Ausgangspunkt seiner Überlegungen sind unsere Intuitionen: Wenn wir darüber nachdenken, wie wir Tiere oder andere moralisch Betroffene mit vergleichbaren Eigenschaften, also etwa kleine Kinder, behandeln sollen, dann denken wir „instinktiv" zuerst nicht an die Folgen unseres Handelns für irgendwelche *andere* Betroffene (etwa für den Tierbesitzer oder für die Kindeseltern), sondern an die Folgen unseres Handelns *für diese Wesen selbst*. Wir überlegen, wie es *ihnen* gehen würde, wie *sie* sich fühlen würden, wie *ihr* Wohlergehen berührt würde. Wir glauben, daß diese Wesen *selbst* von direktem moralischem Belang sind, daß wir *ihnen* gegenüber moralische Pflichten haben.

Diese Überzeugung mag zunächst zwar „intuitiv" sein, aber auch „kühle" Rationalität und objektive Berücksichtigung aller verfügbaren Fakten führen zum gleichen Ergebnis:

Den inhaltlichen Kern unserer – zunächst – vorrationalen Überzeugung kann man so formulieren: *Wir haben eine direkte Prima-facie-Pflicht (prima facie: auf den ersten Blick), Individuen keinen Schaden zuzufügen.* Dieses Prinzip nennt Regan das Schadensprinzip („harm principle"). Prima facie ist diese Pflicht, weil sie nicht unter allen Umständen gilt, sondern unter gewissen Umständen aufgehoben werden kann, etwa bei Notwehr. Direkt ist diese Pflicht, weil wir sie gegenüber diesen Individuen selbst haben und nicht gegenüber irgendwelchen indirekt Betroffenen.

Logische und legitime Adressaten bzw. Nutznießer dieses Schadensprinzips sind nun aber keineswegs nur moralische Akteure, sondern auch moralisch Betroffene! Und zwar aus dem schlichten Grund, *daß auch sie geschädigt werden können, daß auch sie ein Wohlergehen haben, das beeinträchtigt werden kann* – unabhängig davon, ob sie nun moralisch denken oder handeln können oder nicht.

Weil auch moralisch Betroffene ein Wohlergehen haben, das beeinträchtigt werden kann, weil auch sie geschädigt werden können, gibt es keinen vernünftigen Grund, diese Beeinträchtigungen und Schäden moralisch anders oder weniger zu berücksichtigen. Deshalb muß das Schadensprinzip auch im Hinblick auf moralisch Betroffene (wie Tiere oder Menschen mit vergleichbaren Eigenschaften, etwa kleine Kinder) gelten. Auch ihnen gegenüber haben wir direkte Pflichten. Zunächst denkbare Einwände machen diese Erkenntnis nur noch deutlicher und unumgänglicher:

1) Moralische Akteure können *mehr* geschädigt werden als moralisch Betroffene. Das ist ebenso richtig wie belanglos: In Frage steht nicht die Größe des Schadens, sondern, welchen Wesen gegenüber wir direkte Pflichten haben. Die Schadenshöhe sagt nichts darüber aus, ob die Pflichten, die bei der Schädigung verletzt werden, direkte oder indirekte

sind. Aus dem Umstand, daß eine bestimmte Schädigung (etwa jemanden zwei Tage in einen Abstellraum zu sperren) ein geringeres Unrecht darstellt als eine andere (etwa jemanden über Wochen zu Tode zu foltern), folgt nicht, daß wir nur im letzteren Fall direkte Pflichten gegenüber dem Betroffenen verletzen.

2) Moralische Akteure können *anders* geschädigt werden als moralisch Betroffene. Das ist richtig. Aufgrund der höheren intellektuellen Fähigkeiten von moralischen Akteuren können diese auf Weisen geschädigt werden, die bei moralisch Betroffenen nicht möglich ist. Aber beide, moralische Akteure wie moralisch Betroffene, können auch auf die gleiche bzw. auf vergleichbare Weise geschädigt werden, etwa, indem man sie hungern läßt oder ihnen Schmerzen zufügt. Und wenn diese gleichen bzw. vergleichbaren Schäden in Frage stehen, wäre es abwegig zu sagen, daß wir nur gegenüber moralischen Akteuren eine direkte Pflicht haben, sie vor diesen Schäden zu bewahren. Das wäre eine gravierende und grobe Verletzung der ethischen Grundforderung, Gleiches auch gleich zu behandeln.

Fazit: Das Schadensprinzip gilt für moralische Akteure wie für moralisch Betroffene, insbesondere gilt es auch für normale Säugetiere, die ein Jahr alt oder älter sind, sowie für Menschen mit vergleichbaren psychischen Eigenschaften. Auch ihnen gegenüber haben wir direkte moralische Pflichten. (S. 185–193)

3.3.1.5 Direkte Pflichten

Der Direkte-Pflichten-Ansatz geht von vornherein davon aus, daß wir auch gegenüber moralisch Betroffenen (wie normalen Säugetieren, die ein Jahr alt oder älter sind, sowie Menschen mit vergleichbaren Eigenschaften) direkte Pflichten haben. Dennoch gesteht auch dieser Ansatz, wie schon festgestellt, diesen moralisch Betroffenen keine individuellen Rechte zu – weshalb auch er ungeeignet ist, unseren Pflichten gegenüber Tieren angemessen Rechnung zu tragen. Dies wird anhand von zwei Ausformungen des Direkte-Pflichten-Ansatzes veranschaulicht: am Utilitarismus und an jener Position, die Regan als Grausamkeits-Freundlichkeits-Ansatz bezeichnet („cruelty-kindness view").

Letztere ist charakteristisch für Menschen, die im traditionellen Tierschutz engagiert sind: Wir sollen gegenüber Tieren nicht grausam sein, sondern sie vielmehr möglichst freundlich behandeln. Und zwar nicht deshalb, weil unser Umgang mit Tieren letztlich auch auf unseren Umgang mit Menschen „abfärbt", sondern, weil auch Tiere von direktem moralischem Belang sind.

Warum ist diese Position nun ungeeignet, die Erfüllung unserer Pflichten gegenüber Tieren zu gewährleisten? Es gibt zwei typische Formen von Grausamkeit: eine, die man als sadistische Grausamkeit bezeichnen könnte, und eine, die man brutale Grausamkeit nennen könnte. Erstere liegt vor, wenn jemand einem anderen nicht nur (wie es ja auch etwa der Zahnarzt tut) Schmerzen zufügt, sondern dabei auch Genugtuung empfindet. Das Charakteristikum der brutalen Grausamkeit besteht hingegen tendenziell im Fehlen von Gefühlen auf seiten des Täters: die Schmerzen, die dem Opfer zugefügt werden, sind ihm mehr oder weniger gleichgültig.

Jetzt wird erkennbar, warum unsere Pflichten gegenüber Tieren im Rahmen des Grausamkeits-Freundlichkeits-Ansatzes nicht angemessen formuliert werden können: Hier wird der Psyche des Täters ein viel zu großes Gewicht beigemessen. Wir bräuchten, um dem Grausamkeits-Freundlichkeits-Ansatz zu genügen, lediglich unsere Einstellungen und Gefühle, nicht aber unser Verhalten gegenüber den Tieren zu verändern. Damit würde zwar Grausamkeit im beschriebenen Sinne vermieden, das Los der Tiere aber nur wenig oder gar nicht verbessert. Der springende Punkt ist schlicht: Wie man sich persönlich fühlt, wenn man Tieren Schmerzen zufügt, sagt nichts darüber aus, ob es moralisch richtig oder falsch ist, dies zu tun.

Ähnliches gilt für die Forderung, „freundlich", „nett" oder „gut" zu Tieren zu sein. Damit meinen wir, daß unser Handeln von Selbstlosigkeit, Liebe oder Mitleid getragen werden sollte. So begrüßenswert und segensreich solche Einstellungen auch sind – sie sind außerstande, die Erfüllung unserer *Pflichten* gegenüber Tieren zu gewährleisten. Denn hier wird wiederum, wie bei der Grausamkeit, der Psyche des Handelnden eine zu große Bedeutung beigemessen. Die Frage, ob eine Handlung moralisch richtig ist, muß unterschieden werden von der Frage, welche psychologischen Faktoren zu ihr führten.

Ein weiterer Grund, warum die Freundlichkeitsforderung ungeeignet ist, unseren Pflichten gegenüber Tieren Rechnung zu tragen, ist: Freundlich zu sein ist zwar zweifellos lobenswert, aber nichts, was wir jemandem *schulden*, niemand hat einen *Anspruch* auf unsere Freundlichkeit. Freundlichkeit ersetzt nicht Gerechtigkeit.

Der Grausamkeits-Freundlichkeits-Ansatz eignet sich, wie wir gesehen haben, unter anderem deshalb nicht als Rahmen für die Formulierung unserer Pflichten gegenüber Tieren, weil er statt unserer Handlungen die Psyche der Handelnden in den Vordergrund stellt. Genau dies kann man dem Utilitarismus, der zweiten Ausformung des Direkte-Pflichten-Ansatzes, der wir uns nun zuwenden wollen, nicht vorwerfen:

Utilitaristen sind sich darin einig, daß es bei der Beurteilung einer Handlung ausschließlich auf die Handlung selbst ankommt, genauer: auf die *Konsequenzen* der Handlung. Anzustreben ist jene Handlungsalternative, die für alle Betroffenen insgesamt die besten Folgen hat. Moralisch richtig ist, was „unterm Strich" am meisten Glück (bzw. am wenigsten Leiden) für alle Betroffenen bringt. (S. 195–200)

Bevor gezeigt werden kann, daß und warum auch der Utilitarismus ungeeignet ist, unsere Pflichten gegenüber Tieren angemessen zu formulieren, sollten wir uns in Erinnerung rufen, was wir bereits oben (3.2.2.2) als Dilemma und Schwäche des Utilitarismus identifiziert hatten: Weil es um die Maximierung der Interessen (bzw. des Glücks im weiteren Sinne) *aller* Betroffenen geht, kann es leicht zu Ungerechtigkeiten in bezug auf die Interessen der *einzelnen*

Betroffenen kommen. Die Maximierung des Glücks aller kann leicht auf Kosten der Interessen einzelner erfolgen.

Das bedeutet im Hinblick auf unsere Pflichten gegenüber Tieren: Deren Erfüllung kann der Utilitarismus nicht gewährleisten, weil leicht Situationen auftreten können, bei denen unsere Pflichten gegenüber einzelnen Tieren im Zuge der Glücksmaximierung für alle Betroffenen „unter die Räder kommen" können. Der Schaden, den wir einzelnen zufügen, ist aus utilitaristischer Sicht ja nicht kritisierbar, wenn er nur mit der Glücks- bzw. Interessensmaximierung aller Betroffenen einhergeht. Auf diese Weise bleiben die Pflichten, die wir gegenüber diesen einzelnen gemäß dem Schadensprinzip haben, unberücksichtigt.

Dies gilt generell für alle Schäden, die wir Individuen zufügen, und speziell für den Schaden, den wir Individuen zufügen, wenn wir sie töten. Auch das Töten von Individuen kann aufgrund utilitaristischer Kalkulationen nicht kritisiert werden, wenn es nur mit der Glücks- bzw. Interessensmaximierung aller Betroffenen einhergeht.

Die Probleme, die sich für den Utilitaristen im Zusammenhang mit dem Töten ergeben, wollen wir uns etwas näher ansehen: Selbst die Tötung von *moralischen Akteuren* müßte der Utilitarist hinnehmen, ja befürworten, wenn die Abwägung aller voraussehbaren Folgen für alle Betroffenen ergibt, daß diese Tötung ein besseres „Gesamtergebnis", sprich: mehr Glück für alle, erwarten läßt als die Unterlassung dieser Tötung.

Allerdings spricht aus utilitaristischer Sicht folgendes gegen die Tötung von moralischen Akteuren: Wenn sich unter den Menschen herumspricht, daß gelegentlich jemand getötet wird, so verbreiten sich naturgemäß Angst und Schrecken. Jeder fürchtet, selbst der nächste sein zu können. Und diese allgemeine Angst muß bei der Abwägung aller Konsequenzen einer Tötung ebenfalls berücksichtigt werden, weshalb sich die Tötung von moralischen Akteuren aus utilitaristischer Sicht letztlich doch als (in der Regel) moralisch falsch erweist.

Diese utilitaristische Begründung des Tötungsverbots ist allerdings in höchstem Maße befremdlich: Nicht die Folgen für das Opfer sind ausschlaggebend, sondern die unangenehmen „Nebenwirkungen" für die Überlebenden. Die Schieflage der utilitaristischen Argumentation wird vollends deutlich, wenn man heimliche Tötungen betrachtet: Da hier die für die Öffentlichkeit beunruhigenden und für die moralische Verurteilung ausschlaggebenden „Nebenwirkungen" entfallen, ist gegen solche Tötungen moralisch auch nichts einzuwenden – solange es dem Täter nur gelingt, damit eine Glücksmaximierung für alle Betroffenen zu bewerkstelligen, also sicherzustellen, daß die Nachteile für den Ermordeten durch größere Vorteile für die Überlebenden ausgeglichen werden.

Wenn der Utilitarismus, wie wir eben gesehen haben, selbst die Erfüllung der grundlegendsten Pflichten gegenüber moralischen Akteuren wie normalen erwachsenen Menschen nicht gewährleisten kann, so bedarf es nicht viel Phantasie, um sich vorzustellen, wie unsere Pflichten gegenüber moralisch Betroffenen wie Tieren beim Utilitarismus aufgehoben sind!

Für das Töten von Tieren lassen sich problemlos Praktiken ersinnen, die sicherstellen, daß die Überlebenden dadurch nicht beunruhigt werden, weil sie nichts davon erfahren. Wenn das Töten dann auch noch rasch und schmerzlos erfolgt, sind dem Töten von Tieren aus utilitaristischer Sicht kaum mehr Schranken gesetzt. Und die Menschen, die vom Sterben der Tiere erfahren, werden dadurch sowieso nicht beunruhigt, da ja nicht anzunehmen ist, daß – um das Töten im Schlachthof als Beispiel zu nehmen – die Schlächter sich auf einmal von den Tieren abwenden und mit dem Schlachten von Menschen beginnen werden.

Auch der Utilitarismus ist also außerstande, unseren Pflichten gegenüber Tieren gerecht zu werden, weil er die Verletzung unserer Pflichten gegenüber Individuen immer dann zuläßt, ja vorschreibt, wenn dies der Verbesserung des „Gesamtergebnisses" dient. (S. 199 ff., 228 f.)

3.3.1.6 Inhärenter Wert und Rechte

Um die massiven und unlösbaren Probleme im Zusammenhang mit dem Utilitarismus zu vermeiden, bedarf es einer grundlegenden Veränderung der Perspektive: Wir dürfen den Blick nicht immer nur auf die *Erlebnisse* von Individuen richten und diesen einen Wert zuschreiben, sondern wir müssen vielmehr die Individuen *selbst* hinreichend ernst nehmen und *ihnen* einen Wert zuschreiben. Damit kommen wir nach Regans Kritik an existierenden ethischen Ansätzen zum Kern seines eigenen Konzepts: zum *inhärenten Wert* von Individuen. (Auch hier müssen Regans Ausführungen im Interesse von Verhältnismäßigkeit und Nachvollziehbarkeit gestrafft werden. Vergleiche dazu Finsen / Finsen, 1994, S. 202 f.)

Kennzeichnend für den Utilitarismus ist ja, daß letztlich nur die *Erlebnisse* von Individuen als wertvoll erachtet werden: Richtig ist jene Handlung, die insgesamt am meisten Glück, also am meisten glückliche Erlebnisse produziert – unabhängig davon, welche Individuen diese glücklichen Erlebnisse haben, und unabhängig davon, ob diese Glücksmaximierung auf Kosten von unglücklichen Individuen erfolgt.

Von dieser Sichtweise gilt es sich zu verabschieden. Individuen haben selbst einen Wert, einen eigenständigen Wert, einen *inhärenten Wert*. Und dieser Wert ist unabhängig vom Wert ihrer Erlebnisse. Wer ein glücklicheres Leben als ein anderer hat, ist deshalb nicht mehr wert, besitzt deshalb keinen höheren inhärenten Wert. Dieser ist unabhängig von den Erlebnissen, die ein Individuum hat.

Der inhärente Wert eines Wesens ist aber auch unabhängig von den Erlebnissen anderer. Er ist unabhängig davon, ob dieses Wesen von irgend jemandem geliebt, gehaßt, bewundert oder respektiert wird. Vor allem ist der inhärente Wert eines Wesens aber auch unabhängig davon, ob dieses Wesen Gegenstand von irgend jemandes Interesse ist oder für irgend jemanden nützlich ist oder sein könnte.

Und weil der inhärente Wert eines Wesens diesem Wesen selbst anhaftet und unabhängig ist von seinen Erlebnissen und den Erlebnissen anderer, ist allen utilitaristischen „Maximierungsungerechtigkeiten" von vornherein ein Riegel vorgeschoben: Wenn Wesen einen *eigenen* Wert haben, der zählt, ist klar, daß kein Schaden, der ihnen zugefügt wird, damit gerechtfertigt werden kann, daß dadurch für *alle* am meisten Glück produziert wird.

Alle Wesen, die inhärenten Wert besitzen, besitzen ihn in gleichem Maße. Denn die Alternative dazu, Wesen aufgrund bestimmter Kriterien unterschiedlichen Wert zuzuschreiben, hat sich als fragwürdig und verhängnisvoll erwiesen. Solche „perfektionistischen" Ansätze, die den moralischen Wert von Wesen an das Haben (bzw. an die Ausprägung) bestimmter Fähigkeiten (wie etwa Intelligenz) koppeln, haben zu so absurden „Gerechtigkeits"-Konzepten und bedenklichen Praktiken wie Sklaverei und Kastenwesen geführt. (S. 233–239)

Inhärenten Wert schreibt Regan jenen Wesen zu, die *Subjekte eines Lebens* sind. Um *Subjekt eines Lebens* zu sein, genügt es nicht, bloß lebendig zu sein oder bewußte Erlebnisse zu haben. Vielmehr zeichnen sich Subjekte eines Lebens durch Fähigkeiten und Eigenschaften wie Wahrnehmungen, Wünsche, Gedächtnis, Annahmen, Selbstbewußtsein, Zukunftsvorstellungen und Interessen aus. Außerdem haben sie ein individuelles Wohlergehen, das unabhängig ist davon, ob sie für jemanden anderen nützlich oder Gegenstand von irgend jemandes Interesse sind. Schließlich sind Subjekte eines Lebens autonome Wesen, die ihre Wünsche und Ziele selbst aktiv verfolgen können und wollen.

Subjekte eines Lebens – und damit Wesen mit inhärentem Wert – sind normale erwachsene Menschen, normale Säugetiere, die ein Jahr alt oder älter sind, sowie jene Menschen, deren geistige Fähigkeiten diesen Tieren entsprechen. (S. 243 f., 246, 264, 319; vgl. Pfordten, 1996, S. 143)

Wenn aber Wesen inhärenten Wert haben, dann haben sie auch das *Recht*, daß ihr inhärenter Wert *respektiert* wird (Respekt-Prinzip), das Recht, entsprechend diesem inhärenten Wert *behandelt* zu werden. Und das heißt vor allem: Wesen mit inhärentem Wert dürfen nie so behandelt werden, als hinge ihr Wert von ihrer Nützlichkeit für andere ab. Damit verbietet sich, wie schon gesagt, jegliche utilitaristische Maximierungsstrategie: Ein Wesen, das *selbst* einen Wert hat, den es zu respektieren gilt, darf nicht geschädigt werden unter Hinweis darauf, so die Interessen *anderer* (nämlich aller Betroffener) zu maximieren. In Anlehnung an Kant könnte man sagen: Wesen mit inhärentem Wert dürfen nie als bloßes *Mittel* zur Maximierung der Interessen aller betrachtet werden. (S. 248 f., 278 f.)

Der Respekt gegenüber dem inhärenten Wert von Wesen gebietet aber nicht nur, daß wir selbst kein solches Wesen unter Hinweis auf das beste Ergebnis für alle Betroffenen schädigen, sondern daß wir auch jenen Wesen beistehen, die von *anderen* auf diese Weise geschädigt werden oder von einer solchen Schädigung bedroht werden. Wir haben nicht nur die Pflicht, selbst den inhärenten Wert von Wesen zu respektieren, sondern auch die Pflicht, Wesen beizustehen, deren inhärenter Wert von *anderen* mißachtet wird. Diese Beistandspflicht ist bei Tieren (und anderen diesbezüglich vergleichbaren Wesen) umso größer, als sie nicht in der Lage sind, ihre Rechte selbst zu verteidigen und einzuklagen. (S. 249, 281–284)

3.3.1.7 Lösung von Konflikten

Gemäß dem Schadensprinzip (vgl. oben, 3.3.1.4) haben moralische Akteure (insbesondere normale erwachsene Menschen) und moralisch Betroffene (insbesondere normale Säugetiere, die ein Jahr alt oder älter sind, sowie Menschen mit vergleichbaren psychischen Eigenschaften) ein Prima-facie-Recht, nicht geschädigt zu werden. Prima facie ist dieses Recht deshalb, weil es unter bestimmten Umständen verletzt bzw. relativiert werden kann. So darf ich zum Beispiel in einer Notwehrsituation einen Angreifer durchaus schädigen. (S. 286 f., 328)

Regan entwickelt nun zwei Prinzipien, mittels derer Konfliktfälle gelöst werden können. Wir wollen sie der Einfachheit halber Konfliktlösungsprinzip I und Konfliktlösungsprinzip II nennen. Regan spricht vom „minimize overriding principle" und „worse-off principle". (Auf Regans äußerst komplexe und weit ausholende Ausführungen betreffend die Herleitung dieser Prinzipien vom Respekt-Prinzip bzw. betreffend deren Übereinstimmung mit dem Respekt-Prinzip kann hier nicht eingegangen werden. Ebensowenig auf Zusatzerwägungen im Hinblick auf mögliche Relativierungen dieser Prinzipien in besonderen

Ausnahmesituationen. Die entsprechenden Ausführungen finden sich in Kapitel 8, „The Rights View".)

Konfliktlösungsprinzip I („minimize overriding principle"): Wenn die einzelnen Unschuldigen gleich geschädigt werden würden, sollen die wenigen Unschuldigen geschädigt werden. (S. 305, 328)

Beispiel: 51 Bergleute sind eingeschlossen. 50 sind an einem Ort gefangen, einer an einem nahegelegenen anderen. Die örtlichen, zeitlichen und technischen Verhältnisse sind dergestalt, daß entweder die 50 auf Kosten des einen gerettet werden können oder der eine auf Kosten der 50. Konfliktlösungsprinzip I fordert, daß der eine geopfert werden soll. (S. 298, 307)

Konfliktlösungsprinzip II („worse-off principle"): Wenn die einzelnen Unschuldigen ungleich geschädigt werden würden, sollen jene geschädigt werden, die weniger geschädigt werden. (S. 308, 328)

Beispiel 1: Wenn A vom Tod bedroht wird und B von einem Migräneanfall und wir nur einem helfen können, dann sollen wir A helfen. (S. 309)

Beispiel 2: Bei einem Schiffsunglück gibt es fünf Überlebende: einen Hund und vier normale erwachsene Menschen. Das einzige Rettungsboot kann nur vier Individuen fassen. Wer soll über Bord geworfen werden? – Der Hund, weil der Tod für ihn einen geringeren Schaden darstellt als für jeden Menschen. (Der Schaden, den der Tod für ein Individuum bedeutet, ist eine Funktion der künftigen Befriedigungsmöglichkeiten, die der Tod vereitelt.) Daran würde sich auch nichts ändern, wenn anstatt zwischen einem

Hund und vier Menschen zwischen einer Million Hunden und vier Menschen entschieden werden müßte: auch dann müßten die Hunde geopfert werden – weil es um den Schaden geht, der dem einzelnen zugefügt wird, nicht um irgendwelche Schadenssummen. (S. 324 f., 309 f.)

(An dieser Stelle muß eine Warnung an all jene Leser ausgesprochen werden, die sich jetzt vielleicht anhand des Originaltextes selbst ein Bild machen möchten: Das Konfliktlösungsprinzip II, wie es oben formuliert wurde, konnte erst aufgrund mühsamen Studiums der von Regan angeführten Beispiele (re)konstruiert werden. Seine eigene ausdrückliche Formulierung dieses Prinzips (S. 308, 328) ist nicht bloß mißverständlich, sondern schlicht falsch, das heißt nicht in Einklang mit seinen eigenen Beispielen. Da ist etwa davon die Rede, daß im Konfliktfall die Rechte der vielen verletzt werden sollen, obwohl es auf die zahlenmäßige Verteilung der Betroffenen überhaupt nicht ankommt! Es erstaunt, daß dieser unübersehbare Mangel in Regans Ausführungen von der Kritik stillschweigend übergangen wird, und zwar selbst da, wo auf Regans Formulierung dieses Prinzips ausdrücklich Bezug genommen oder diese sogar wörtlich zitiert wird. So etwa bei von der Pfordten, 1996, S. 142, Barad-Andrade, 1992, S. 114 f., und Finsen / Finsen, 1994, S. 204 f.)

3.3.1.8 Vegetarismus

Wie bei Singer wollen wir nun auch bei Regan die praktischen Konsequenzen seiner Philosophie anhand des

Fleischessens veranschaulichen. Bevor wir uns aber der grundsätzlichen ethischen Bewertung des Fleischessens im Lichte von Regans Philosophie zuwenden, wollen wir uns, als Fleißaufgabe quasi, auf einen Nebenschauplatz begeben und Fleischessen vor dem Hintergrund von Konfliktlösungsprinzip ll betrachten. „Fleißaufgabe" und „Nebenschauplatz" deshalb, weil hier in Wirklichkeit natürlich überhaupt kein Konflikt vorliegt: Es besteht keinerlei wie immer geartete Notwendigkeit, Fleisch zu essen, und wer darauf verzichtet, erleidet keinerlei Schaden – das Gegenteil ist der Fall. Dennoch hat Regan auch diesen Aspekt beleuchtet:

Selbst *wenn* wir es als „Schaden" betrachteten, auf Fleisch zu verzichten – weil uns dadurch bestimmte Geschmackserlebnisse sowie Freuden bei der Essenszubereitung entgingen –, so wäre dieser „Schaden" doch zweifellos unvergleichlich geringer als der Schaden, den Tiere täglich in Tierfabriken erleiden. Also müßten wir gemäß Konfliktlösungsprinzip ll diesen kleineren Schaden auf uns nehmen, um die Tiere vor dem ungleich größeren Schaden, der ihnen im Zuge der Fleischproduktion erwächst, zu bewahren. Daran änderte sich im übrigen auch nichts im Falle von „human", „biologisch" oder sonst irgendwie „schonend" aufgezogenen und geschlachteten Tieren, da auch sie vorzeitig getötet werden. Dadurch werden sie *aller* künftiger Befriedigungsmöglichkeiten beraubt, während unser „Schaden" – nach wie vor – lediglich im Verzicht auf bestimmte Geschmacks- bzw. Kocherlebnisse besteht. (S. 333–336, 394)

Nun aber zur grundsätzlichen ethischen Bewertung des Fleischessens. Dazu wollen wir uns kurz in Erinnerung rufen, was oben (3.3.1.6) in bezug auf Lebewesen mit inhärentem Wert gesagt wurde:

Wesen mit inhärentem Wert (also normale erwachsene Menschen, normale Säugetiere, die ein Jahr alt oder älter sind, sowie Menschen, deren geistige Fähigkeiten diesen Tieren entsprechen) haben einen eigenständigen Wert, der unabhängig ist von den Erlebnissen anderer. Insbesondere ist ihr Wert unabhängig davon, ob sie Gegenstand von irgend jemandes Interesse sind oder für irgend jemanden nützlich sind. Dieser inhärente Wert muß respektiert werden. Deshalb dürfen Wesen mit inhärentem Wert nie so behandelt werden, als hinge ihr Wert von ihrer Nützlichkeit für andere ab.

Genau das machen wir aber mit den Tieren, die für unseren Konsum bestimmt sind: Ihr Wert wird ausschließlich in ihrer Nützlichkeit für andere, nämlich für uns, gesehen! Wir betrachten und behandeln sie als erneuerbare Ressourcen, deren Wert *ausschließlich* in ihrer Nützlichkeit für Fleischproduzenten und Fleischkonsumenten besteht.

Daß wir den Tieren obendrein endloses Leiden zufügen, ist ein *zusätzliches* Unrecht. Das Grundübel ist, daß wir ihren inhärenten Wert mißachten. Deshalb macht es moralisch auch keinen prinzipiellen Unterschied, ob wir die Tiere „intensiv" oder „human" züchten: Die „human" oder „biologisch" gehaltenen Tiere werden genauso vorzeitig getötet und als erneuerbare Ressourcen betrachtet wie alle anderen. (S. 343–345, 394)

Bei der Fleischerzeugung wird der inhärente Wert von Tieren routinemäßig mißachtet. Deshalb haben Menschen die moralische Pflicht, damit aufzuhören, diese Praktik durch den Kauf von Fleisch zu unterstützen. (S. 346, 351, 394)

Schließlich noch eine Bemerkung zu den Tieren, die wir essen, die aber keine Säugetiere sind. Das betrifft insbesondere jene Tiere, die wir mit dem merkwürdigen Wort „Geflügel" zusammenfassen. Hierzu ist zu sagen, daß wir schlicht nicht wissen, wo genau die Grenze zwischen jenen Tieren, die Subjekte eines Lebens sind und damit inhärenten Wert haben, und jenen, die keine Subjekte eines Lebens sind, zu ziehen ist (geschweige denn, ob es eine solche „klare" Grenze überhaupt gibt). Wenn dies aber so ist und vor allem wenn der zu zahlende moralische Preis bei einer Fehlentscheidung so hoch ist, wie er ist, dann sollten wir „im Zweifel für den Angeklagten", das heißt für die uns ausgelieferten Tiere, entscheiden und sie so behandeln, als *wären* sie Subjekte eines Lebens. Dies umso mehr, als diese Entscheidung für uns mit keinerlei Schaden, der diese Bezeichnung verdient, verbunden ist. (S. 349, 365–367)

3.3.2 Kritik

Dieser Punkt wird bei Regan im Vergleich zu Singer kurz ausfallen. Das ist zwar ein willkommener Ausgleich für die ausführliche Darstellung von Regans Philosophie, hat aber vor allem folgende inhaltliche Gründe.

Erstens enthielt die Kritik an Singers Position notwendige Präzisierungen zur praktischen Anwendung seiner Theorie. Solche Präzisierungen sind bei Regan – nicht zuletzt dank der ausführlichen Darstellung, deren Berechtigung ihrerseits oben dargelegt wurde – nicht notwendig.

Zweitens wird Regan von anderen Autoren vor allem im Hinblick auf die von ihm vertretenen *philosophischen Grundpositionen*, wie etwa der Verwendung des Rechtskonzepts, kritisiert. (Was natürlich nicht heißen soll, daß es nicht auch genügend Kritiken an Regans eigenem Konzept gäbe, etwa Russow, 1988, Pluhar, 1988a, oder Jamieson, 1990.) Hierauf einzugehen, also das Für und Wider allgemeiner philosophischer Ansätze zu diskutieren, kann aber nicht Sinn einer Kritik in diesem Rahmen sein. Dies gilt in noch stärkerem Maße für die Erörterung diverser erkenntnistheoretischer Probleme, wie etwa dem sogenannten „naturalistischen Fehlschluß".

Eingehen wollen wir aber auf folgende häufig (unter anderem von Pfordten, 1996, S. 145, Wolf, 1990, S. 39–42, und Wolf, 1992, S. 73) vorgetragene Kritik. Nach Regan besitzen alle Subjekte eines Lebens inhärenten Wert, und zwar *gleichen* inhärenten Wert. Wenn aber – und dies ist der Einwand – das Subjekt-eines-Lebens-Sein seinerseits den Besitz bestimmter empirischer Eigenschaften und Fähigkeiten (wie etwa von Wahrnehmungen, Wünschen, Zukunftsvorstellungen, individuellem Wohlergehen und Autonomie) voraussetzt, dann müßte doch auch der inhärente Wert von Subjekten eines Lebens entsprechend der Ausprägung dieser Eigenschaften und Fähigkeiten variieren.

Diese Kritik hält näherer Prüfung kaum stand. Jedenfalls dann nicht, wenn man an der eigentlich selbstverständlichen – dennoch aber regelmäßig unbeachteten – Forderung festhält, daß es unstatthaft ist, die Tierethik mit Stringenzkriterien zu befrachten, von deren Einhaltung die Menschenethik meilenweit entfernt ist:

Bei einem Teil der Wesen, die Subjekte eines Lebens sind, bei Menschen nämlich, verfahren wir seit jeher nicht viel anders als Regan und haben damit offenkundig überhaupt keine Probleme: Auch unseren Wert machen wir an höchst variablen empirischen Merkmalen fest, beharren aber dennoch demonstrativ, ja geradezu provozierend auf der Gleichwertigkeit aller Menschen. So werden wir etwa nicht müde, auf unsere phantastischen Leistungen in Kunst und Wissenschaft zu verweisen, die unsere Großartigkeit begründen und uns himmelhoch über die gesamte übrige Schöpfung heben.

Daneben bedienen wir uns freilich auch noch einer anderen Argumentationsstrategie: Unser wahrer Wert liege in unserem Menschsein selbst begründet und sei daher unabhängig von faktischen Fähigkeiten und Begabungen. In diesem Zusammenhang entfaltet traditionell die notorisch unantastbare Menschenwürde ihre wundersame und wolkige Wirkung, deren Funktion nicht zuletzt darin besteht, den Widerspruch zwischen beiden genannten Argumentationslinien zu vernebeln.

Wir haben also ein empirisches und ein metaphysisches menschliches Wertmodell im Angebot. Einerseits berufen wir uns auf unsere fabelhaften künstlerischen und wissenschaftlichen Leistungen usw., andererseits bemühen wir eine uns allen gleichermaßen anhaftende nebulose Würde, wenn die Unterschiede zwischen den Menschen allzu deutlich ins Auge stechen.

In der Praxis bevorzugen wir allerdings eine handliche Mischargumentation: Wenn es gilt, die Gleichwertigkeit aller Menschen zu betonen, verweisen wir auf die Menschenwürde, wenn wir auf das imposante Niveau, auf dem wir uns alle befinden, hinweisen möchten und dem Ganzen obendrein einen empirisch-wissenschaftlichen Anstrich verleihen möchten, verweisen wir auf unsere brillanten geistigen Leistungen. Verglichen mit diesem Bauchladen falsch oder nicht deklarierter Argumentationselemente erscheint Regans Ansatz geradezu als Muster von Redlichkeit und Transparenz!

Aber betrachten wir die beiden genannten Argumentationslinien in bezug auf den Wert menschlicher Subjekte eines Lebens einmal getrennt, um sie dann mit Regans Ansatz konkret in Bezug zu setzen.

Da haben wir also zuerst die Berufung auf die bewundernswerten menschlichen Fähigkeiten und Leistungen – etwa im kulturellen und wissenschaftlichen Bereich. Gleichzeitig beharren wir aber auf der Gleichwertigkeit aller Menschen. Wenn wir diese Position akzeptieren, können wir Regan schlecht kritisieren. In beiden Fällen koexistieren gleicher moralischer Wert und unterschiedliche Ausprägung empirischer Merkmale. Darauf, daß die entsprechenden Unterschiede unter Menschen nicht ins Gewicht fielen, können wir uns jedenfalls nicht berufen. Man denke nur etwa an Leonardo, Einstein oder Bach einerseits und dann an andere Vertreter unserer Spezies, denen wir so im Alltag begegnen!

Und das zweite menschliche Wertkonstituierungmodell: Der Wert von Menschen beruhe schlicht auf ihrem Menschsein. Jetzt stelle man sich einmal das Geschrei vor, das anheben würde, hätte Regan Tieren auf ähnlich „elegante" Weise Wert verliehen, also ohne auf empirische, faktische, wissenschaftliche Parameter Bezug zu nehmen! „Reine Willkür", „unerträglicher Dogmatismus", „absolute lrrationalität" wären wohl noch die freundlicheren Kommentare!

Für Regans Ansatz spricht aber vor allem, daß das Subjekt-eines-Lebens-Kriterium in der Tat ein angemessenes, vernünftiges, weil kategoriales Wertkonstituierungskriterium zu sein scheint (vgl. Regan, 1984, S. 244 f.) – jedenfalls ein viel plausibleres als die Eigenschaft, zur Spezies Homo sapiens zu gehören. Denn Wesen mit einem individuellen Wohlergehen, das unabhängig ist von den Interessen anderer, mit Gedächtnis, Zukunftsvorstellungen und Wünschen, die sie selbst und aktiv verfolgen können und wollen, eben Subjekte eines eigenen Lebens, unterscheiden sich ja tatsächlich von allen anderen Entitäten im Universum in moralisch höchst relevanter Weise. Die Tatsache, *zu* dieser Kategorie zu gehören, erscheint wesentlich bedeutsamer als alle Abstufungen *innerhalb* dieser Kategorie. (Und für notwendige praktisch-ethische Entscheidungen steht das Konfliktlösungsprinzip ll zur Verfügung.)

Und schließlich: ln gewisser Weise ist das Leben aller

Subjekte eines Lebens wirklich gleich wertvoll, und zwar nicht nur in einem moralisch-grundsätzlichen, sondern in einem konkret argumentierbaren Sinne: Für jedes Subjekt eines Lebens ist sein Leben – so „bescheiden" es auch immer sein mag – alles, was es hat. Jedes Wesen hat ja nur ein, nämlich sein, Leben. Und insofern für jedes Subjekt eines Lebens sein Leben alles ist, was es hat, ist jedes Leben eines Subjekts eines Lebens auch gleich wertvoll.

3.4 Gary L. Francione

3.4.1 Darstellung

Peter Singer und Tom Regan lieferten die ersten beiden großen Entwürfe einer Tierrechtsphilosophie. Ihre Theorien können nach wie vor als die dominierenden angesehen werden. Auf alle Fälle dienen sie als Kontrast- bzw. Vergleichspunkte für neuere Konzepte. Zwei solche neueren Konzepte wollen wir uns im folgenden ansehen, das von Gary L. Francione sowie das von Sue Donaldson und Will Kymlicka. Im Unterschied zur Präsentation von Singers und Regans Theorien werden Franciones sowie Donaldsons und Kymlickas Ansätze lediglich skizzenhaft dargestellt werden. Dies unter anderem deshalb, weil es uns hier vor allem darum gehen wird, verschiedene „Strukturmerkmale" möglicher Tierrechtsansätze herauszuarbeiten. Letztere werden wir dann, quasi rückwirkend, auch auf Singers und Regans Konzepte beziehen bzw. anwenden.

Der von Gary L. Francione (2014) geprägte Begriff „Theorie der Geistesverwandtschaft" steht für die moralische Position, daß Tiere, die uns in besonderem Maße „geistesverwandt", sprich: in psychischer Hinsicht besonders ähnlich sind, eine bevorzugte moralische Behandlung verdienen. Ein typisches Beispiel für diese Sicht- und Bewertungsweise ist das Great-Ape-Projekt, das den Großen Menschenaffen, wie wir gesehen haben, einen besonderen moralischen Status zubilligt. Auf den ersten Blick markiert die Theorie der Geistesverwandtschaft einen Fortschritt, weil damit zumindest einige Tiere in die Gemeinschaft der Gleichen aufgenommen werden. In Wirklichkeit, so Franciones Kritik, erleichtert es dieser Ansatz nur, alle anderen „nicht so besonderen" Tiere weiterhin aus der moralischen Gemeinschaft auszuschließen. Anstatt hohe Hürden für die ernsthafte moralische Berücksichtigung von Tieren zu errichten, sollten wir, so Francione, anerkennen, daß allein die Empfindungsfähigkeit ausreicht, um vollwertiges Mitglied der moralischen Gemeinschaft zu sein.

Zur praktischen Umsetzung dieses Konzepts bedarf es allerdings der Abschaffung des Eigentumsstatus von Tieren. Denn solange Tiere unser Eigentum sind, werden de facto alle Interessenerwägungen vom Verhältnis Eigentümer - Eigentum dominiert, ja bestimmt, Tiere werden als Dinge wahrgenommen und wie Dinge behandelt. Der Eigentumsstatus der Tiere wirkt sich doppelt negativ für Tiere aus: erstens hindert er uns an der Erkenntnis, daß tierliche Interessen den unseren ähneln, zweitens verführt er dazu, selbst als ähnlich erkannte tierliche Interessen den menschlichen Interessen unterzuordnen. Der Eigentumsstatus der Tiere nimmt das Ergebnis moralischer Erwägungen und Abwägungen de facto immer schon vorweg und muß daher beseitigt werden.

3.4.2 Kritik

Vorab eine methodische Bemerkung: Unabhängig von unserer skizzenhaften Darstellung kann Franciones Position m. E. grundsätzlich nicht stringent wiedergegeben werden, weil sie schlicht nicht stringent formuliert ist: Die (logischen) Beziehungen der Elemente von Franciones Ansatz zueinander bleiben letztlich unklar. Das gilt insbesondere für den zentralen Eigentumsbegriff, dessen Stellenwert eher historisch / erläuternd als philosophisch / sachlich dargelegt wird. Auch bleibt unklar, worum es letztlich geht: Tiere nicht als *Dinge* oder nicht als *Ressourcen* oder nicht als *Eigentum* zu behandeln. Nicht unerwähnt bleiben soll auch, daß Franciones Darstellung von Singers Position, um das mindeste zu sagen, höchst mißverständlich ist.

Zur Kritik im einzelnen: Moralische Positionen sollten auch auf moralischer Ebene formuliert werden, damit man sie mit anderen moralischen Positionen vergleichen kann. Der bei Francione zentrale Begriff des Eigentums ist aber eher im Politischen angesiedelt, wodurch die Vergleichbarkeit mit anderen, „rein philosophischen" Tierrechtskonzepten erschwert wird.

Außerdem stellt sich die Frage: Welchen Vorteil bringt eigentlich der Eigentumsbegriff im Vergleich zum bloßen Operieren mit dem Empfindungsbegriff? Wenn das Problem mit Tieren bzw. das Problem der Tiere wirklich am Eigentum, im Besessenwerden läge, dürfte es ja beispielsweise bei Kanalratten und Streunern, die niemandes Besitz sind, keine Probleme geben. Das ist aber natürlich überhaupt nicht der Fall, im Gegenteil: *Gerade* diese und andere „herrenlose" Tiere werden *besonders* rücksichtslos verfolgt und drangsaliert!

Nächster Kritikpunkt: Wenn man wie Francione nur ein moralisch relevantes Merkmal bzw. Kriterium hat, nämlich Empfindungsfähigkeit bzw. Eigentum, stehen einem keinerlei Vorrangregeln bzw. Ansätze zum Konfliktlösen zur Verfügung. Ich möchte dieses methodische Manko als „moralische Flatrate" bezeichnen. Die führt in der Praxis ununterbrochen zu ausweglosen Situationen oder absurden Konsequenzen. Negatives Musterbeispiel: Albert Schweitzers Forderung nach „Ehrfurcht vor dem Leben": Wenn man vor *allem* Leben (bei Schweitzer inklusive Pflanzen!) die *gleiche* Ehrfurcht haben soll, weiß man selten, wie man handeln soll – weil man meist zwischen verschiedenen „Lebensverletzungen" wählen muß. (Ausdruck und Folge dieser Grundproblematik ist übrigens das Fazit fast aller „krtitischen" Erwägungen und Diskussionen über den ethischen Vegetarismus / Veganismus: Ohne Tiere zu schädigen / töten könnten wir gar nicht leben. Damit erweise sich die vorgeschlagene Moral als völlig unrealistisch. Daher – so die allseits willkommene Schlußfolgerung

– können wir gleich so weitermachen wie bisher.)

Schließlich ist die Forderung nach Abschaffung des Eigentums an Tieren (die sachlich und politisch selbstverständlich in höchstem Maße unterstützungswürdig ist!) leider anfällig für politische Vereinnahmungen. Die Rede ist vom sogenannten „emanzipatorischen", bzw. „herrschaftsfreien" Ansatz. (Siehe dazu etwa „Hauptsache für die Tiere?" oder „Zur Frage der Toleranz") Obwohl weltweit, geschweige denn bei uns, kaum jemand mehr auf die Steinzeitversion der kommunistischen Heilslehre hereinfällt, haben sich „dank" der politischen Naivität und intellektuellen Schmalspurigkeit der Tierrechtsszene die Parolen der „Herrschaftsfreien" als so etwas wie das basale Glaubensbekenntnis der Tierrechtsbewegung etablieren können. Deren für die Tiere tödlicher Tenor: Bevor wir uns sinnvollerweise an die Tierrechtsarbeit machen können, muß der Kapitalismus überwunden und eine herrschaftsfreie Gesellschaft errichtet werden. Ein Kernsatz: „Es ist Zeit, dass die antispeziesistische Bewegung sich des Tierrechtsbegriffs entledigt und einen Herrschaftsfreiheitsdiskurs beginnt." („Warum Tierrechte?") Damit werden Tierrechte auf den Sankt-Nimmerleins-Tag verschoben.

Wir hatten uns vorgenommen, „Strukturmerkmale" möglicher Tierrechtsansätze herauszuarbeiten. Im Zuge der Kritik von Franciones Position hatten wir u. a. festgestellt: Moralische Positionen sollten auch auf moralischer Ebene formuliert werden, damit man sie mit anderen moralischen Positionen vergleichen kann. Und: Bei einer „moralischen Flatrate" fehlen Ansätze zum Konfliktlösen. Franciones

Ansatz hatten wir in diesem Zusammenhang zwei Schwächen bescheinigt, die wir formelhaft wie folgt formulieren wollen:
- Mangelnde moralische Vergleichsmöglichkeit aufgrund politischer Ebene.
- Konfliktlösungsimpotenz aufgrund moralischer Flatrate.

3.5 Sue Donaldson und Will Kymlicka

3.5.1 Darstellung

In ihrem Buch „Zoopolis: Eine politische Theorie der Tierrechte" (Donaldson / Kymlicka, 2013) wählen Sue Donaldson und Will Kymlicka, wie schon der Titel sagt, eine ausdrücklich *politische* Herangehensweise an Tierrechte. Wir folgen hier dem Überblick, den sie in „Von der Polis zur Zoopolis" (Donaldson / Kymlicka, 2014) geben. Die Autoren entwickeln ihr Tierrechtskonzept in strikter Analogie zu Menschenrechten: Alle Wesen, die empfindungsfähig sind, Interessen und ein subjektives Wohlergehen haben, also ihr Leben aus einer Innenperspektive erfahren, sollten unverletzliche *Grundrechte* haben. Auf menschlicher Ebene wären das die *universellen Menschenrechte.*

Aber weder auf menschlicher noch auf tierlicher Ebene ergeben solcherart Grundrechte hinreichende Leitlinien für das konkrete Handeln. Um die spezifischen Rechte und Pflichten zwischen den Menschen untereinander sowie zwischen Tieren und Menschen in den Blick und in den Griff zu bekommen, müssen wir uns auf die *politische* Ebene begeben. Folgende Begriffe der politischen Theorie bieten den Orientierungsrahmen: Staatsbürgerschaft, Souveränität und Einwohnerstatus.

Beginnen wir auf der menschlichen Ebene, die, wie gesagt, bei Donaldson / Kymlicka Vorbildfunktion für Tierrechte hat. Die Autoren bringen folgendes anschauliche und hilfreiche Bild: Auf einem Flughafen unseres Landes treffen wir auf eine Gruppe von Menschen, die gerade ein Flugzeug verlassen. Von all diesen Menschen wissen wir von vorherein, daß ihnen universelle Menschenrechte zustehen, wir sie also beispielsweise keinesfalls foltern, umbringen oder versklaven dürfen. Bei der Paßkontrolle ergibt sich schon eine differenziertere Situation. Da treffen wir etwa auf Mitbürger, die zusätzlich zu ihren Menschenrechten, die sie mit allen Menschen teilen, auch noch *staatsbürgerliche Rechte* haben, etwa das uneingeschränkte Recht, das Land zu betreten und sich hier niederzulassen. Außerdem haben sie als Bürger, als Angehörige des „Volkes" das Recht, sich an der Ausübung der Volkssouveränität zu beteiligen. Bei anderen Flugpassagieren handelt es sich u. a. um Touristen, ausländische Studenten und eingereiste Geschäftsleute. Sie sind keine Staatsangehörigen und haben deshalb auch kein uneingeschränktes Einreiserecht. Sie werden sich vorher um eine entsprechende Berechtigung, etwa ein Visum, gekümmert haben. Diese Menschen haben auch nicht das Recht, sich an der Ausübung der Volkssouveränität zu beteiligen.

Bleiben wir noch kurz beim Unterschied zwischen Bürgern und Nichtbürgern. Geht es etwa um den Bau von Sozialwohnungen, Pflegeheimen oder U-Bahnen, sind nicht die Interessen beispielsweise der Touristen entscheidend, sondern die der Bürger. Andererseits dürfen die Bürger die Touristen nicht versklaven, damit sie ihnen bei der Arbeit helfen. Die allgemeinen Menschenrechte schränken die Möglichkeiten der Bürger bei der Realisierung des öffentlichen Wohles ein.

Die geschilderten Prinzipien wenden Donaldson / Kymlicka nun auch auf Tiere an. Um das Ergebnis gleich vorwegzunehmen und einen Überblick zu geben: Domestizierte Tiere sollen Mitbürger in unserer politischen Gemeinschaft werden, wildlebende Tiere als Angehörige ihrer eigenen souveränen Gemeinschaften respektiert werden und sogenannte „Grenzgänger-Tiere" (Tiere, die in von Menschen geschaffenen ökologischen Nischen leben) Einwohnerstatus erhalten. Wir beschränken uns hier, nicht zuletzt aufgrund des am Beginn des vorigen Abschnitts erläuteten Zwecks dieser Darstellung auf die domestizierten Tiere.

Domestizierte Tiere sind solche, die gezielt gezüchtet wurden, um unseren Zwecken zu dienen: zur Ernährung, zum Schutz, als Gesellschaft usw. Diese Tiere wurden in unsere Gemeinschaft hineingebracht und sind mittlerweile völlig abhängig von uns. Dadurch haben wir sie, jedenfalls kurzfristig, jeder anderen möglichen Existenzform beraubt. Die Domestizierung war mit vielen Grausamkeiten und Ungerechtigkeiten verbunden: Gefangenschaft, erzwungene Fortpflanzung und Arbeit sowie meist vorzeitiger Tod.

Die Domestizierung kann mit dem Import von Sklaven aus Afrika verglichen werden. Auch sie wurden unfreiwillig in andere Länder gebracht, um dort zu arbeiten. Die einzige moralisch legitime Reaktion auf *beide* Formen der Unterwerfung, auf die Versklavung von Tieren *wie* Menschen, besteht für Donaldson / Kymlicka nun darin, diesen Tieren und Menschen den Status von Mitbürgern zu geben. Mit anderen Worten: Bei domestizierten Tieren sollte die Einbürgerung, die bei Sklaven bzw. deren Nachkommen erfolgt ist, nachgeholt werden, domestizierte Tiere sollten den Status von Mitbürgern erhalten.

Das hieße nun, daß nicht nur die unverletzlichen Grundrechte dieser Tiere respektiert werden müßten, sondern daß sie auch das Recht hätten, bei uns zu leben. Ihre Interessen müßten bei der Bestimmung des öffentlichen Wohles berücksichtigt werden. Konkret bedeutete dies etwa, daß diese Tiere Anspruch auf den Schutz durch das Gesetz hätten sowie auf öffentliche Schutzmaßnahmen, etwa Rettungsdienste. Auch müßten ihre Interessen bei der Gestaltung öffentlicher Räume und Institutionen berücksichtigt werden.

Der Mitbürgerstatus domestizierter Tiere würde die Nutzung ihrer Arbeitskraft und ihrer Produkte nicht ausschließen. Von Mitbürgern einen Beitrag zu verlangen, ist legitim. Dabei darf aber der Mitbürgerstatus nie außer Acht gelassen werden. Dazu gehört, daß Handlungsfähigkeit und Interessen der Tiere stets respektiert werden müssen. Die Arbeitsbedingungen müssen gut sein und die Tiere die

Möglichkeit haben, die Arbeit zu verweigern. Begrenzte Arbeitszeiten, ausreichende Pausen, sichere Arbeitsbedingungen und Pensionsprogramme müssen gewährleistet sein. Der erpresserische Einsatz von Zuwendung, Leckereien oder anderen Anreizen ist unzulässig. Analoges gilt für den Gebrauch tierlicher Produkte, etwa von Wolle.

3.5.2 Kritik

Hier handelt es sich um ein ausformuliertes *politisches* Konzept von Tierrechten. Menschen, die von der Notwendigkeit von Tierrechten ohnehin bereits überzeugt sind, werden den Ausführungen und Forderungen von Donaldson / Kymlicka vermutlich sofort zustimmen. Aber kaum jemand, für den Tierrechte noch „Neuland" sind. Und das ist, aus Tierrechtsperspektive betrachtet, ein großes Problem, denn der „Witz" von Tierrechtskonzepten besteht ja darin, Menschen von der Richtigkeit und Notwendigkeit von Tierrechten zu überzeugen. Überzeugungspotential besteht aber, und das ist der springende Punkt, nur auf der *moralischen* Ebene, bei moralischen Überlegungen – nicht bei deren politischen Schlußfolgerungen. Ein Beispiel:

Auf der moralischen Ebene kann ich etwa so argumentieren: Das Gleichheitsprinzip, daß man Gleiches bzw. Ähnliches auch gleich bzw. ähnlich bewerten und behandeln soll, erkennst du doch an. Gleiche Leistungen sollen gleich belohnt werden, gleiche Vergehen gleich bestraft werden usw. Wenn man nun dieses Gleichheitsprinzip auf unseren Umgang mit Tieren anwendet, erkennt man leicht, daß wir hier meilenweit davon entfernt sind, tierliche Interessen *gleich* zu berücksichtigen wie vergleichbare menschliche Interessen. Und so weiter. Mit etwas Glück und Geschick mag es mir auf diese Weise gelingen, mein Gegenüber dafür zu sensibilisieren, daß etwa unsere Gewohnheit, Fleisch zu essen, moralisch falsch, weil mit dem Gleichheitsprinzip unvereinbar ist. Völlig chancenlos wäre ich hingegen, wenn ich mit Donaldson / Kymlicka sagte: Du darfst kein Schnitzel mehr essen, weil Schweine unsere neuen Mitbürger sind! Damit werde ich niemanden überzeugen – aus einem einfachen Grund: Bei einer politischen Tierrechtstheorie fehlen die unverzichtbaren moralischen Zwischen- bzw. Überzeugungsschritte.

Nächster Punkt: Mit ihrem Hinweis, daß es nicht ungebührlich sei, von tierlichen Mitbürgern einen Beitrag zu verlangen (in Form tierlicher Arbeitsleistungen und Produkte), führen Donaldson/ Kymlicka ein vertragstheoretisches Element ein. Nun erweist sich aber die Vertragstheorie, wonach nur Rechte haben kann, wer auch entsprechende Pflichten eingehen und erfüllen kann, schon im menschlichen Bereich als höchst problematisch (vgl. Singer, 2013, S. 120 ff.): Da das wichtigste Motiv, ein solches stillschweigendes bzw. vorgestelltes Vertragsverhältnis zum wechselseitigen Vorteil (nach dem Motto „tust du mir nichts, tu ich dir nichts) einzugehen, der Eigennutz ist, hätten beispielsweise seinerzeit die weißen Sklavenhändler keinen Grund gehabt, ihre Opfer besser zu behandeln, als sie es tatsächlich taten, und wir keinen Grund, uns in ökologischen Fragen solidarisch mit unseren Nachkommen zu zeigen, weil weder (die völlig unterlegenen) Sklaven noch künftige Generationen die Möglichkeit hatten bzw. haben, sich für unser Wohlverhalten erkenntlich zu zeigen oder sich wegen unserer Schandtaten an uns zu rächen. Auch kleinen Kindern und geistig Behinderten fehlen offenkundig die Voraussetzungen, um an einer solchen „Ethik der Gegenseitigkeit" teilzunehmen. Und um Tiere aus der Ethik zu verbannen, waren vertragstheoretische Ansätze seit jeher ein bewährtes Instrument. Es erscheint daher problematisch und kontraproduktiv, ein historisch wie sachlich solchermaßen belastetes Element ausgerechnet in einen Tierrechtsansatz zu integrieren.

Unsere Kritik an Donaldson / Kymlicka wollen wir formelhaft wie folgt zusammenfassen:
- Mangelnde moralische Überzeugungsmöglichkeit aufgrund politischer Ebene.
- Unnötige Angriffsfläche aufgrund vertragstheoretischer Elemente.

3.6 Ziel und Strukturmerkmale von Tierrechtskonzepten

Wie angekündigt, wollen wir uns jetzt vor dem Hintergrund der Strukturmerkmale, die wir bei Francione und Donaldson / Kymlicka ermittelt haben, noch einmal die Theorien von Singer und Regan ansehen, um auch hier nach solchen Strukturmerkmalen, sprich: allgemeinen / abstrakten Theorieeigenschaften zu fahnden. Bei Singer springen sofort die diversen Schwierigkeiten, die sein Utilitarismus mit sich bringt, ins Auge: Der Utilitarismus verdunkelt das zentrale und äußerst fruchtbare Gleichheitsprinzip (um es milde zu formulieren, man könnte auch sagen: er *vernichtet* das Gleichheitsprinzip) und führt leicht zu speziesistischen und / oder absurden Konsequenzen. Ohne viel zu übertreiben, kann man sagen: Singers Utilitarismus zieht, v. a. in der Diskussion um Tierversuche (Tierrechts-intern Singers größte „Baustelle") und Euthanasie, eine Spur der Verwüstung nach sich. Eher untertreibend können wir also bei Singer als Strukturmerkmal festhalten: *Unnötige Angriffsfläche aufgrund utilitaristischer Elemente.*

Bei Regan hatten wir festgestellt, daß seine Theorie ziemlich kompliziert ist. Obwohl auf philosophischer Ebene formuliert, gilt daher wohl auch für Regan tendenziell, was wir an Donaldson / Kymlicka kritisiert hatten: Menschen, die von der Notwendigkeit von Tierrechten bereits überzeugt sind, werden den Ausführungen und Forderungen vermutlich sofort zustimmen. Aber kaum jemand, für den Tierrechte noch „Neuland" sind. Wir formulieren daher als Strukturmerkmal: *Mangelnde moralische Überzeugungsmöglichkeit aufgrund komplizierter Theorie.*

Außerdem wird Regan häufig vorgeworfen (vgl. etwa Wolf, 2012, S. 49 f.), daß sein zentraler Begriff des inhärenten Wertes metaphysischer Natur sei (bzw. in diese Richtung tendiere) und daher schwer vermittelbar wäre (wenngleich der Begriff durchaus auch sachlich erläutert werden kann: unabhängig vom Wert eigener und fremder

Erlebnisse). Als weiteres Strukturmerkmal können wir also festhalten: *Mangelnde moralische Überzeugungsmöglichkeit aufgrund metaphysischer Elemente.*

Bevor wir uns einen Überblick über die Strukturmerkmale aller bisher vorgestellten Tierrechtskonzepte verschaffen, muß aber noch auf eine, wenn nicht auf *die* Voraussetzung jeglicher sinnvoller Bewertung von Tierrechtsansätzen hingewiesen werden: auf den völlig unterschiedlichen funktionalen Status von Tier- und Menschenrechten: Tierrechte haben eine massiv *tragende* Funktion, Menschenrechte eine primär *rhetorische* bzw. *dekorative* Funktion. Soll heißen: Tierrechtskonzepte tragen die tonnenschwere Last, Veränderungen in Richtung eines tierrechtskonformen menschlichen Verhaltens zu begründen bzw. auf den Weg zu bringen – weil Meinung und Gesetze derzeit massiv *gegen* Tierrechte (die diesen Namen verdienen) ausgerichtet sind. Menschenrechte (meist im „Doppelpack" mit Menschenwürde) haben hingegen eine fast ausschließlich feierlich-würdevolle Funktion – weil Meinung und Gesetze sowieso massiv *pro* Menschenrechte sind. Daraus resultiert das primäre Ziel von Tierrechtskonzepten: durch und durch speziesistische Menschen für die Notwendigkeit von Tierrechten zu sensibilisieren.

(Nebenbei bemerkt: Wenn wir uns einmal nach grundsätzlichen ethischen Rechtfertigungen für einen moralischen Umgang mit *Menschen* umsehen, sehen wir sehr rasch, daß es hier vergleichbar redliche und rationale Begründungsansätze gar nicht gibt! Vielmehr dominieren, sobald es um Menschenrechte und Menschenwürde geht, plumpe Vorurteile, starre Dogmen und peinliche Selbstbeweihräucherungen. De facto ist es um die Begründung von Tierrechten ungleich *besser* bestellt als um die Begründung von Menschenrechten! Während es bei Tierrechten viele Bemühungen um rationale Grundlegungen gibt, werden Menschenrechte bei Lichte besehen nirgendwo begründet, sondern immer schon vorausgesetzt oder schlicht behauptet.)

So, und nun die Übersicht über die bisher ermittelten möglichen (negativen) Strukturmerkmale von Tierrechtskonzepten:

- Mangelnde moralische Vergleichsmöglichkeit aufgrund politischer Ebene (Francione)
- Konfliktlösungsimpotenz aufgrund moralischer Flatrate (Francione)
- Mangelnde moralische Überzeugungsmöglichkeit aufgrund politischer Ebene (Donaldson / Kymlicka)
- Unnötige Angriffsfläche aufgrund vertragstheoretischer Elemente (Donaldson / Kymlicka)
- Unnötige Angriffsfläche aufgrund utilitaristischer Elemente (Singer)
- Mangelnde moralische Überzeugungsmöglichkeit aufgrund komplizierter Theorie (Regan)
- Mangelnde moralische Überzeugungsmöglichkeit aufgrund metaphysischer Elemente (Regan)

3.7 Optimierter einfacher Tierrechtsbegriff: Recht auf gleiche Interessenberücksichtigung

Die folgende Charakterisierung von Tierrechten basiert auf einer Begründung, die Peter Singer vorgeschlagen hat: dem Gleichheitsprinzip. (Vgl. v. a. auch Singer, 2008) Nun behaupet natürlich kein vernünftiger Mensch, daß Menschen und Tiere in einem faktischen Sinne gleich wären. Menschen und Tiere haben – wie auch die Menschen untereinander – unterschiedliche *Interessen*. Deshalb wäre es auch völlig verfehlt, Menschen und Tiere gleich zu *behandeln*, denn unterschiedliche Interessen rechtfertigen und erfordern eine unterschiedliche Behandlung. So brauchen etwa Hunde und Katzen im Unterschied zu Menschen keine Religionsfreiheit und kein Wahlrecht – weil sie damit nichts anfangen könnten. Und Männer brauchen im Unterschied zu Frauen keinen Schwangerschaftsurlaub – weil sie nicht schwanger werden können.

Was das Gleichheitsprinzip fordert, ist schlicht dies: *Wo* Menschen und Tiere gleiche bzw. ähnliche Interessen haben, da sollen wir diese gleichen bzw. ähnlichen Interessen auch *gleich berücksichtigen*:
- Weil alle Menschen ein Interesse an angemessener Nahrung und Unterkunft haben, sollen wir dieses Interesse auch bei allen Menschen gleich berücksichtigen – und dürfen nicht willkürliche Diskriminierungen aufgrund von Rasse oder Geschlecht vornehmen. Also kein *Rassismus* und *Sexismus*.
- Und weil sowohl Menschen als auch Tiere ein immen-

ses Interesse haben, nicht zu leiden, sollen wir dieses Interesse bei Menschen und Tieren auch gleich berücksichtigen – und dürfen nicht willkürliche Diskriminierungen aufgrund der Spezies vornehmen. Also kein *Speziesismus*.

Die Tierrechtsbewegung ist nichts anderes als die konsequente und notwendige Fortsetzung der Menschenrechtsbewegung, konkreter: der Befreiung der Sklaven, der (amerikanischen) Bürgerrechtsbewegung und der Emanzipation der Frauen. Immer ging und geht es darum, moralische Diskriminierungen aufgrund moralisch belangloser Merkmale zu erkennen und zu überwinden:

- Wir haben erkannt, daß die Hautfarbe belanglos ist.
- Wir haben erkannt, daß die Geschlechtszugehörigkeit belanglos ist.
- Wir sollten erkennen, daß auch die Speziesgehörigkeit moralisch belanglos ist:

Warum sollte man jemanden quälen dürfen, weil er zu einer anderen Spezies gehört? Gleicher Schmerz ist gleich schlecht, egal ob er von Weißen, Schwarzen, Männern, Frauen oder Tieren erlebt wird. Die Ausbeutung und Diskriminierung aufgrund der Spezies ist genauso falsch wie Rassismus und Sexismus.

Wir sagten: Gleiche bzw. ähnliche Interessen von Menschen und Tieren sollen gleich berücksichtigt werden. Anders formuliert: Tiere haben das *Recht*, daß ihre Interessen gleich berücksichtigt werden wie vergleichbare menschliche Interessen. Tierrechte sind dann die Summe der Ansprüche, die sich aus dieser gleichen Berücksichtigung ergeben. Der entscheidende Satz, der diesen Tierrechtsbegriff charakterisiert, lautet also:

Tiere haben das *Recht*, daß ihre Interessen gleich berücksichtigt werden wie vergleichbare menschliche Interessen.

Das heißt zum Beispiel ganz konkret:
- Ich schlage ein Kind und ein Pferd jeweils so, daß es dem Kind und dem Pferd den gleichen Schmerz verursacht. (Dafür muß ich natürlich das Pferd entsprechend stärker schlagen.) Wenn ich das verursachte gleiche Schmerzerlebnis dem Kind nicht zumuten würde, darf ich es auch dem Pferd nicht zumuten. Das Pferd hat das *Recht*, nicht auf diese Weise behandelt zu werden.
- Ich sperre einen Menschen und ein Tier jeweils auf eine Weise ein, die beiden das gleiche Leiden aufgrund von Enge und Eingesperrtsein verursacht. (Dafür muß ich mich natürlich über die Lebensgewohnheiten und Bedürfnisse des betroffenen Tieres kundig machen, um ein ähnliches Leidensniveau zu gewährleisten.) Wenn ich das verursachte Leiden aufgrund von Enge dem Menschen nicht zumuten würde, darf ich es auch dem Tier nicht zumuten. Das Tier hat das *Recht*, nicht auf diese Weise behandelt zu werden.
- Ich versetzte einen Menschen und ein Tier jeweils in eine Situation, die beiden das gleiche Ausmaß an Angst verursacht. (Dafür muß ich mich natürlich über die Lebensgewohnheiten und Bedürfnisse des betroffenen

Tieres kundig machen, um ein ähnliches Leidensniveau zu gewährleisten.) Wenn ich die verursachte Angst dem Menschen nicht zumuten würde, darf ich sie auch dem Tier nicht zumuten. Das Tier hat das *Recht*, nicht auf diese Weise behandelt zu werden.

Viele (psychologische) Tierversuche sind im übrigen *von vornherein* so angelegt, daß eine möglichst große Ähnlichkeit zwischen menschlicher und tierlicher Situation gewährleistet sein soll, weil ihr Zweck gerade darin besteht, anhand der Tiere Methoden oder Medikamente für Menschen zu entwickeln, die bei den betreffenden Problemen, z. B. Ängsten oder Schmerzen, optimal helfen. Man kann sich also schlecht darauf hinausreden, ein Vergleich zwischen Menschen und Tieren sei halt, leider, leider, kaum möglich, weshalb auch dieses Rechtskonzept bedauerlicherweise an der Praxis scheitere.

Dieses Tierrechtskonzept ist nun mit *keinem* der eruierten negativen Strukturmerkmale, die wir bei anderen Tierrechtskonzepten identifiziert haben, behaftet! Gehen wir die Liste im einzelnen durch:

Mangelnde moralische Vergleichsmöglichkeit aufgrund politischer Ebene: Mit dem Gleichhheitsprinzip bleiben wir immer auf der moralischen Ebene, so daß die Vergleichsmöglichkeit mit anderen moralischen Tierrechtskonzepten stets gegeben ist.

Konfliktlösungsimpotenz aufgrund moralischer Flatrate: Hier ist sogar quasi das Gegenteil einer Konfliktlösungsimpotenz verwirklicht: eine *maximale Konfliktlösungskompetenz:* Das Gleichheitsprinzip ermöglicht ein feinstufiges moralisches Handeln exakt gemäß der faktisch involvierten Interessen der Beteiligten, weil die Konfliktlösung quasi nicht nur prinzipiell, sondern individuell, in jedem einzelnen Fall, schon „eingebaut" ist: durch das Sichtbarwerden der jeweils in Frage stehenden Interessen inklusive ihrer Ausprägung. (Siehe die Anwendungsvarianten des Gleichheitsprinzips oben, 3.2.2.1.1) Beispiel Fleischessen: Es wird sofort sonnenklar, daß die involvierten tierlichen Interessen (nicht eingesperrt zu sein, nicht in Panik zu sein, nicht grauenvolle Schmerzen zugefügt zu bekommen usw.) auch nicht ansatzweise gleich berücksichtigt werden wie vergleichbare menschliche Interessen.

Mangelnde moralische Überzeugungsmöglichkeit aufgrund politischer Ebene: Dieser Kritikpunkt entfällt ebenso, weil wir ja, wie gesagt, beim Operieren mit dem Gleichheitsprinzip die moralische Ebene nie verlassen.

Unnötige Angriffsfläche aufgrund vertragstheoretischer Elemente: Auch dieser Kritikpunkt entfällt, weil das auf dem Gleichheitsprinzip beruhende Tierrechtskonzept keinerlei vertragstheoretischen Elemente enthält.

Unnötige Angriffsfläche aufgrund utilitaristischer Elemente: Der hier formulierte Gleichheits-basierte Tierrechtsbegriff ist vollkommen „utilitarismusbereinigt", sodaß auch dieser Kritikpunkt entfällt.

Mangelnde moralische Überzeugungsmöglichkeit aufgrund komplizierter Theorie: Auch dieser mögliche Kritikpunkt geht bei unserem Tierrechtskonzept augenscheinlich ins Leere: Die „Theorie" bzw. der „Theoriekern" besteht praktisch aus der denkbar einfachen Forderung: Gleiches bzw. Ähnliches soll auch gleich bzw. ähnlich bewertet und behandelt werden.

Mangelnde moralische Überzeugungsmöglichkeit aufgrund metaphysischer Elemente: Die Forderung, Gleiches bzw. Ähnliches auch gleich bzw. ähnlich zu bewerten und zu behandeln, ist als allgemein akzeptiertes Prinzip in gewisser Weise geradezu das Gegenteil von „metaphysisch".

Der größte Vorteil unseres Tierrechtskonzepts ist aber vielleicht dies: Bei allen anderen Konzepten stellt sich an der Schwelle zum moralischen Handeln die Frage: Aber was bedeutet diese Theorie nun konkret? Bei Singer beginnt etwa jetzt, nimmt man seinen Utilitarismus ernst, das große Rechnen: Welche positiven und negativen Folgen hat zum Beispiel das Fleischessen für alle Betroffenen? Bei Regan stellt sich vielleicht angesichts eines Huhnes die Frage, ob das denn überhaupt einen inhärenten Wert habe. Und bei Flatrate-Konzepten wie Franciones Ansatz sind, wie wir gesehen haben, Praxisprobleme sowieso vorprogrammiert. Am konkretesten sagen uns vermutlich noch Donaldson und Kymlicka, wie wir handeln sollen – allerdings um den Preis, daß ihr Konzept von vornherein „kaum verkäuflich" erscheint. Unsere Forderung, tierliche Interessen gleich zu berücksichtigen wie vergleichbare menschliche Interessen, erweist hingegen Fleischessen, Pelztragen, Tierversuche usw. praktisch augenblicklich als moralisch grundfalsch.

3.8 Bemerkungen zu einem Tierrechtsbegriff auf kantischer Grundlage

Seit einiger Zeit tauchen im Zusammenhang mit Tierrechten immer öfter Kants Namen und Philosophie in Erscheinung. Das verheißt angesichts des primären Zieles von Tierrechtskonzepten, speziesistische Menschen für Tierrechte zu gewinnen, naheliegenderweise nichts Gutes, ist doch Kants Theorie geradezu ein Paradebeispiel für eine schwer verständliche (und vielfältigst interpretierbare) Philosophie. Außerdem argumentiert Kant bekanntermaßen ausdrücklich *gegen* Tierrechte (gegenüber Tieren hätten wir, vgl. Wolf, 2012, S. 42 f., lediglich *indirekte* Pflichten), was ihn auch nicht gerade dafür prädestiniert, die Basis für einen Tierrechtsbegriff zu liefern.

Polemisch könnte man sagen, Kant als Basis für Tierrechte zu wählen, ergibt als *handwerkliche Herausforderung* durchaus Sinn – nach dem Motto: Ich kann *sogar Kant* in Richtung Tierrechte biegen! Aber als (aus Tierrechtsperspektive) strategisch sinnvoll (und verantwortungsvoll gegenüber Tieren) erscheint diese Vorgangsweise kaum. Mit Kant für Tierrechte zu argumentieren, gleicht eher dem Vorhaben, anstatt mit einem neuen großen Pinsel eine Wand anzustreichen, dafür eine alte Zahnbürste zu nehmen: hinbekommen wird man es vielleicht irgendwie, aber mit Riesenaufwand und ruinösem Ergebnis.

Wer das für übertrieben hält, lese Christine Korsgaards (2014) Aufsatz „Mit Tieren interagieren: Ein kantianischer Ansatz": „philosophisch" im Sinne von Fußnoten-gesättigt, für Laien völlig unverständlich und (daher) total ungeeignet, irgendjemanden für die Sinnhaftigkeit und Notwendigkeit von Tierrechten zu sensibilisieren, geschweige denn, davon zu überzeugen. Tierrechte so begründen zu wollen, kommt *im Ergebnis* (in der Wahrnehmung von Nichtphilosophen) dem Beweis gleich, daß Tierrechte *nicht* begründet werden können – sondern ein Hirngespinst hoffnungslos verblendeter und verbohrter Utopisten sind. (Damit soll das „handwerkliche Verdienst", selbst der im Hinblick auf Tiere völlig verunglückten kantischen Philosophie „Tierrechtstöne zu entlocken", *nicht* gemindert werden.)

Ursula Wolf (2012) gelingt eine gut nachvollziehbare Erläuterung der Unstimmigkeiten in Kants Philosophie in bezug auf Tiere. So veranschaulicht sie zum Beispiel das Spannungverhältnis zwischen Kants (privater) Tierliebe und den theoretischen Erfordernissen seiner Philosophie. (S. 39–44) Außerdem zeigt Wolf, wie sich die Grundprobleme und -widersprüche in Kants Philosophie auch in den Theorien seiner Nachfolger Habermas und Korsgaard niederschlagen. (S. 44–47)

Schließlich soll noch auf einen quasi vulgär-kantischen Tierrechtsbegriff hingewiesen werden, der insbesondere im Kielwasser von Donaldsons / Kymlickas Buch „Zoopolis" seit einiger Zeit ab und zu durch die Medien geistert. Unter Hinweis auf Kant heißt es dann, Tiere müßten als Zwecke an sich betrachtet werden und das entspräche dann (irgendwie) den Rechten, die es nun für Tiere einzufordern gelte. Wie man sich das genauer vorzustellen habe, erschließt sich aus den Texten eigentlich nie – nur, daß irgendwie alles sonnenklar sei und auf dem großen Kant beruhe. Ohne Martin Balluch für diesen diffusen Tierrechtsbegriff verantwortlich machen zu wollen, seien im folgenden zwei Zitate von ihm angeführt, die veranschaulichen sollen, wovon die Rede ist: In „Kant revisited: Die beste Begründung für Tierrechte" schreibt Balluch etwa (vgl. auch Balluch, 2014, S. 174):

„Da alle Wesen mit Bewusstsein im Reich der Zwecke partizipieren und zumindest im passiven Sinn Zwecke verfolgen, für die der Anspruch gilt, dass sie als gleichwertig gut an sich anzuerkennen sind, müssen alle Wesen mit Bewusstsein als Zwecke an sich anerkannt werden, nicht nur die Menschen, wie bei Kant. Das bedeutet, dass es moralische Pflichten gegenüber allen Wesen mit Bewusstsein gibt und dass der kategorische Imperativ lautet, alle Wesen mit Bewusstsein niemals nur als Mittel zum Zweck sondern immer auch als Zweck an sich zu respektieren."

Und in „Warum das Argument für Autonomie so wichtig ist!" heißt es: „Erst wenn die Autonomie der Tiere anerkannt ist, folgt – mit Kant –, dass sie nicht als Mittel zu noch so humanen Zwecken auf noch so humane Weise missbraucht werden dürfen!"

Wenn alle Wesen mit Bewußtsein auch ein Zweck an sich sind, haben wir es mit einer typischen Flatrate-Theorie mit den oben erwähnten Nachteilein zu tun. (Nebenbei bemerkt: Bei Regan, der bekanntlich schon, salopp formuliert, „Kant auf Tiere umgelegt hat", ist sinngemäß auch vom Zweck-an-sich-Status der Tiere die Rede, aber nicht in bezug auf alle Tiere mit Bewußtsein, sondern nur in bezug auf die Tiere, die inhärenten Wert, also Selbstbewußtsein, haben.)

„Kant", „Zweck an sich", „Autonomie" (dazu kommen wir gleich noch) – das klingt gut, bringt aber wenig. Vor allem, weil dieses Konzept – Stichwort: Flatrate – viel zu unspezifisch ist. Hinzu kommt, daß es meist quasi „noch allgemeiner als nötig" verstanden und verwendet wird, nämlich im Sinne von: Tiere dürfen nicht als Mittel zum Zweck betrachtet und behandelt werden. Aber das ist unsinnig – weil wir ja auch *Menschen* ununterbrochen als Mittel für unsere Zwecke verwenden! Jeder Angestellte ist Mittel für die Zwecke seines Vorgesetzten. Und wenn wir die Dienste eines Handwerkers in Anspruch nehmen, ist der auch Mittel für unsere Zwecke. Entscheidend ist natürlich, worauf auch Christine Korsgaard (2014, S. 283) ausdrücklich hinweist, daß wir Menschen nicht *nur* als Mittel sehen und behandeln dürfen.

Schließlich zum Autonomiebegriff in diesem Zusammenhang: Es stellt sich die Frage, welchen Vorteil dieser historisch bzw. philosophisch so überfrachtete und empirisch so schwer faßbare Begriff gegenüber dem vergleichsweise einfachen und verständlichen Interessenbegriff hat.

4. Exkurs

4.1 Stellenwert des Leidens

Bei Singer spielt das Leiden bzw. die Leidensfähigkeit, wie wir gesehen haben (vgl. auch 1996, S. 212, 260 f.), eine herausragende Rolle – praktisch wie theoretisch. Regan betont hingegen, daß es neben dem Leiden auch noch andere Übel gibt, die beachtet und bekämpft werden müssen: Es muß nicht alles wehtun, was schadet. Auf diesen immens wichtigen Punkt hingewiesen zu haben, ist eines der größten Verdienste Regans.

Dennoch ist das Leiden aber wohl das Grundübel auf der Welt. Über den Tod läßt sich noch vergleichsweise leicht und locker plaudern. Etwa, wie es, glaube ich, Epikur getan hat: Den Tod brauchen wir nicht zu fürchten, denn solange wir da sind, ist er nicht da, und wenn er da ist, sind wir nicht mehr da.

Ein ähnliches Kokettieren mit dem Leiden gibt es wahrscheinlich nicht – und das nicht von ungefähr: Beim Leiden vergeht uns allen augenblicklich und buchstäblich das Lachen, es ist zu ernst, zu nah, zu wirklich, als daß wir uns dazu gelassen äußern könnten. Leiden ist die direkteste und intensivste Erfahrung von Realität, die wir kennen. Zum Leiden fehlt uns jener Abstand, jener Spielraum, der relativierende Gedanken- und Wortspiele erst möglich macht.

Leiden ist Grundübel und Grundrealität zugleich. Es ist wohl keine Übertreibung, wenn Ulrich Horstmann (1985,

S. 100) diese Welt als eine um ihre Achse rotierende Folterkammer bezeichnet oder wenn Arthur Schopenhauer (zit. n. Horstmann, 1988, S. 178) und Adolf Portmann (zit. n. Illies, 1977, S. 135) von einem „Tummelplatz gequälter und geängstigter Wesen" und von einer „Werkstatt des Leidens" sprechen. Und Sigmund Freud (1974b, S. 208) muß man wohl recht geben, wenn er das Programm des Lustprinzips „im Hader mit der ganzen Welt" sieht.

Leiden ist *das* Übel, Leidensfähigkeit *die* moralisch relevante Eigenschaft und Verminderung von Leiden *die* Forderung der Moral. Hierüber gibt es einen bemerkenswerten Konsens, genannt seien Bernard E. Rollin (1983, S. 109 f.), Steve F. Sapontzis (1990, S. 9), Richard M. Hare (1973, S. 245 f.), Robert Spaemann (zit. n. Stolzenberg, o. J., S. 161), Stephen R. L. Clark (1984, S. XIII), Kenneth E. Goodpaster (1978, S. 314 f.), Jeffrey M. Masson und Susan McCarthy (1996, S. 322) und Richard D. Ryder (1992a, v. a. S. 4 f., 14, 1992b, S. 172, 1997, S. 44). Vergleiche auch den Abschnitt „Grundlage der Ethik" in meinem Buch „Tierethik" (Kaplan, 2014, S. 88 ff.).

Dennoch soll abschließend ein Einwand nicht unerwähnt bleiben, der mitunter innerhalb der Tierrechtsbewegung, meist jedoch von seiten der ökologischen Ethik erhoben wird (vgl. Baldner, 1990, Lewis, 1992): In Wirklichkeit werde mit der moralischen Berücksichtigung aller Leidensfähigen nur eine weitere Diskriminierung geschaffen bzw. die Diskriminierung auf eine neue Ebene gehoben. Nach der Benachteiligung anderer Rassen (Rassismus), des anderen Geschlechts (Sexismus) und der Tiere (Speziesismus) würden nun eben die Nichtleidensfähigen, also etwa Bäume, Steine und Flüsse, benachteiligt.

Verbunden mit dieser Kritik ist oft der Hinweis, daß auch hier nur die alte, sattsam bekannte Anthropozentrik am Werke sei: Weil wir Menschen aus eigener Erfahrung wissen, daß Leiden schlecht ist, gestehen wir auch anderen Leidensfähigen das Recht zu, nach Möglichkeit von Leiden verschont zu werden. Aber das Maß, der Maßstab, mit dem wir operieren, ist nach wie vor der Mensch. Je ähnlicher andere uns selber sind, desto höheren Wert und desto größere moralische Berücksichtigungswürdigkeit gestehen wir ihnen zu.

Ich halte diese Kritik aufgrund der obigen Ausführungen über den Stellenwert des Leidens für unberechtigt. Leiden ist nicht deshalb schlecht, weil auch wir leiden, sondern weil es weh tut. Aber selbst wenn diese Kritik zuträfe, wenn wir also bei der Ausdehnung der moralischen Sphäre nicht bei den Leidensfähigen stehenbleiben dürften, wäre die moralische Berücksichtigung aller Leidensfähigen dennoch ein notwendiger Schritt. Denn historisch-politisch ist die Ausdehnung der moralischen Sphäre auf alle Leidensfähigen gewiß die Voraussetzung für eine weitergehende Ausdehnung des Kreises der moralisch zu Berücksichtigenden – so wie das Erkennen und Verurteilen von Rassismus und Sexismus notwendig waren, um das Unrecht des Speziesismus zu erkennen.

4.2 Die Rolle von Fakten beim ethischen Werten

Im Mittelpunkt endloser ethischer Diskussionen und Mißverständnisse steht der sogenannte „naturalistische Fehlschluß". Auf diverse Interpretations- und Definitionsprobleme in diesem Zusammenhang brauchen wir hier ebensowenig einzugehen wie auf die Beziehung des „naturalistischen Fehlschlusses" zum sogenannten „Sein-Sollen-Problem".

Interessant ist der „naturalistische Fehlschluß" für uns deshalb, weil in dem damit angesprochenen Problembereich zwei für die Tierrechtsdiskussion wichtige Fragen angesiedelt sind. Um welchen Problembereich und um welche Fragen handelt es sich?

Als „naturalistischer Fehlschluß" (vgl. Singer, 1981, S. 73 f., Höffe, 1977, S. 157, Mittelstraß, 1984, S. 965) wird der Übergang von Fakten auf Werte bezeichnet, also der Schluß von Tatsachen auf das Gute, auf das moralisch Wünschenswerte, der Schluß von dem, was ist, auf das, was sein soll. Ob und unter welchen Umständen hier tatsächlich ein Fehlschluß oder aber ein legitimer Übergang vorliegt, ist der Problembereich, um den es geht.

Anders und allgemeiner gesagt: Es geht um die Rolle, die Fakten, insbesondere biologische Fakten, in der Ethik prinzipiell spielen können und legitimerweise spielen sollen. (Für eine äußerst erhellende „Differentialdiagnose" zwischen der möglichen, zulässigen, notwendigen und unzulässigen Rolle von Fakten in der Ethik – vor dem Hintergrund soziobiologischer Überlegungen – siehe Singer, 1981, Kap. 3.)

Bei den in diesem Problembereich angesiedelten Fragen, die in der Tierrechtsdiskussion von Bedeutung sind, handelt es sich um folgende: Was folgt moralisch aus der Tatsache, daß etwas „natürlich" ist? Und: Welche Bedeutung haben (biologische) Fakten für die moralische Bewertung von Tieren? Diesen beiden Fragen wollen wir uns nun der Reihe nach zuwenden:

4.2.1 Was folgt moralisch aus der „Natürlichkeit" einer Sache?

Diese grundsätzliche Frage wollen wir anhand der speziellen Frage behandeln, ob wir in den „natürlichen Lauf der Dinge" eingreifen sollen, indem wir Raubtiere daran hindern, Beutetiere zu reißen. Obwohl es sich hier um eine konkrete Frage handelt, wollen wir dennoch im Zuge der Erörterung derselben zu allgemeinen Erkenntnissen in bezug auf die Frage „Was folgt moralisch aus der ‚Natürlichkeit' einer Sache?" gelangen.

Sollen wir Raubtiere daran hindern, Beutetiere zu reißen? Um es gleich vorwegzunehmen: Eine klare, eindeutige, „elegante" Antwort auf diese Frage gibt es nicht. (Vgl. Bekoff, 1995, S. 28, Sapontzis, 1995b, S. 28 f.). Das ist aber nun keineswegs, wie zuweilen unterstellt, eine „Schande" oder ein „Armutszeugnis" für die Tierrechtsphilosophie:

Erstens liegt die „Schande", der „Skandal" hier bereits buchstäblich in der Natur der Sache, nämlich in der Natur selbst. Diese ist nämlich, zumindest moralisch betrachtet, alles andere als perfekt. Was sich hier täglich, stündlich, ununterbrochen und überall an Panik, Leid und Entsetzen abspielt, ist gräßlich, schrecklich, ungeheuerlich. Sollte es einen Gott geben, der all dies zuläßt, dann ist er – allem philosophischen und theologischen Gefasel zum Trotz – ein Teufel! Diese Welt ist, auch ganz ohne den Menschen – siehe oben, 4.1 –, eine Folterkammer, eine Werkstatt des Leidens.

Der zweite Grund, warum es unsinnig wäre, der Tierrechtsphilosophie vorzuwerfen, hier keine „klare" Antwort zu haben, ist dieser: Die Tierethik ist ein Teil der Gesamtethik, und in der Ethik geht es nun einmal um nichts anderes als um das Lösen von – zum Teil extrem schwierigen – Problemen. Der Tierethik vorzuwerfen, nicht auf alles eine einfache Antwort zu haben, ist daher naiv und absurd.

Sollen wir Raubtiere nun daran hindern, Beutetiere zu reißen? Wie gesagt: Eine Patentlösung gibt es nicht. Aber es gibt sehr wohl eine ganze Reihe von guten Gründen, die *für* unser diesbezügliches Eingreifen in den „natürlichen Lauf der Dinge" sprechen. Diese Gründe wollen wir anhand einiger Einwände gegen unser Eingreifen verdeutlichen.

1) „Raubtiere sind gewiß nicht moralisch verpflichtet, keine Raubtiere zu sein bzw. sich nicht wie Raubtiere zu verhalten. Deshalb können auch wir keine moralische Verpflichtung haben, sie daran zu hindern, Raubtiere zu sein." In vergleichbaren Fällen verhalten wir uns jedenfalls anders! Wenn ein kleines Kind, das „es noch nicht besser weiß", eine Katze quält, fühlen wir uns sehr wohl verpflichtet, der Katze zu helfen und das Kind daran zu hindern, sie

weiter zu quälen – auch wenn das Kind selbst noch keine diesbezügliche Verpflichtung verspürt. Deshalb macht es durchaus auch Sinn, eine Katze, die „es nicht besser weiß" – zumal eine, die regelmäßig gefüttert wird –, daran zu hindern, Vögel zu fangen. (Siehe Sapontzis, 1987a, S. 230)

2) „Wenn Raubtiere keine moralische Verpflichtung haben, keine Raubtiere zu sein, dann sind Raubtiersein und -verhalten auch moralisch in Ordnung. Es kann aber keine Verpflichtung geben, etwas zu verhindern, was in Ordnung ist." Betrachten wir wieder das obige Beispiel: Das Kind mag in der Tat (noch) keine moralische Verpflichtung haben, die Katze nicht zu quälen, weil es einfach noch zu jung ist, um moralisch denken und handeln zu können. Während dies für unsere Einschätzung der Verantwortlichkeit des Kindes durchaus bedeutsam ist, wäre es aber natürlich absurd, daraus zu schließen, daß am Quälen von Katzen grundsätzlich nichts auszusetzen ist. Selbstverständlich bleibt das Quälen von Katzen falsch – egal, ob es von jemandem gemacht wird, „der es besser wissen müßte", oder von jemandem, der „zwischen richtig und falsch" nicht unterscheiden kann.

Um es noch deutlicher zu machen: Wenn ein Mord oder eine Vergewaltigung von einem „geistig abnormen Rechtsbrecher" begangen werden, so hat dies legitimerweise Konsequenzen in bezug auf die Beurteilung von dessen Verantwortlichkeit und Bestrafung. Aber niemand käme auf die Idee, die Falschheit von Mord und Vergewaltigung in Frage zu stellen, weil es Täter gibt, die diese Falschheit offenkundig nicht oder nicht hinreichend erkennen können. Die

Unfähigkeit, zwischen richtig und falsch zu unterscheiden, läßt den Täter vielleicht „unschuldig" bleiben, macht aber in keiner Weise seine Handlungen „unschuldig" im Sinne von jenseits von richtig und falsch liegend. Handlungen bleiben richtig oder falsch, unabhängig davon, ob diese Richtigkeit oder Falschheit vom Täter erkannt wird oder nicht.

Vor diesem Hintergrund ergibt es auch Sinn, von einem „unschuldigen" Raubtierverhalten zu sprechen, dem gleichwohl etwas moralisch Korrigierenswürdiges anhaftet, woraus sich für uns eine Verpflichtung zum Eingreifen ergeben könnte. (Siehe ebenda, S. 230 f.)

3) „Raubtiere folgen doch nur ihren naturgegebenen Impulsen. Das sollten wir respektieren und uns nicht einmischen." Das hieße, „die Natur" für wichtiger und wertvoller zu erachten als das Vermeiden von vermeidbarem Leiden. Genau so denken und handeln wir üblicherweise aber *nicht*: Wenn es um „natürliche" Impulse geht, die Menschen verletzen oder töten könnten, etwa um menschliche Aggressionen, sind wir sehr wohl der Meinung, daß diesen Seiten der „menschlichen Natur" Einhalt geboten werden muß. Außerdem votieren wir in Fällen, wo unsere Kinder oder Haustiere zu Opfern von Raubtieren zu werden drohen, nie für „die Natur", sondern immer für die Vermeidung vermeidbaren Leidens.

Die Forderung, „den natürlichen Lauf der Welt zu respektieren", erweist sich hier also weniger als ernstgemeintes moralisches Konzept, sondern vielmehr als willkommene Ausrede dafür, im bequemen Nichtstun verharren zu können. (Siehe ebenda, S. 231 f.)

4) „Die Unsinnigkeit des Vorhabens, Raubtiere am Reißen von Beutetieren zu hindern, zeigt sich daran, daß dieses Ziel schlicht nicht realisierbar ist." Das ist mit den Idealen des Christentums nicht anders. Auch diese können wir als Menschen nie wirklich erreichen. Dennoch sind solche Idealziele keineswegs sinnlos oder wirkungslos. Voraussetzung für die Sinnhaftigkeit einer Forderung ist nicht, daß man sie restlos erfüllen, sondern daß man sich an ihr orientieren und sich an sie annähern kann. Und das ist auch in bezug auf die Forderung, potentiellen Raubtieropfern nach Möglichkeit zu helfen, durchaus möglich. So kann man etwa Vögel verscheuchen, Katzen eine Glocke umbinden usw. (Siehe ebenda, S. 237)

5) „Raubtieren ‚das Handwerk legen zu wollen', hieße, uns eine Rolle als Welt- und Naturverbesserer anzumaßen, die uns einfach nicht zusteht. Wir sollten mehr Respekt gegenüber der Natur und ihren Gesetzen haben." Dazu ist zweierlei zu sagen.

Erstens wurden solche Hinweise auf die „natürliche Ordnung der Dinge" von jeher dazu mißbraucht, um moralische Fortschritte zu behindern. Das war bei der Befreiung der Sklaven, bei der Emanzipation der Frauen und bei neuen Möglichkeiten der Empfängnisverhütung nicht anders. Die Berufung auf die „natürliche Ordnung" dient traditionell dazu, den Status quo zu zementieren oder persönliche Präferenzen zu stützen.

Zweitens wäre der Versuch, Raubtieren „das Handwerk zu legen", nichts weiter als die konsequente Fortsetzung dessen, was wir ohnehin seit jeher ununterbrochen machen: versuchen, die Welt zu einem besseren, sichereren und erfreulicheren Ort zu machen – indem wir uns gegen Krankheiten, Seuchen, Infektionen, Überschwemmungen, Erdrutsche, Stürme und so weiter und so fort zur Wehr setzen. Kein Mensch käme auf die Idee, dabei zwischen „künstlichen" und „natürlichen" Krankheiten und Katastrophen zu unterscheiden, nach dem Motto: „Wenn's natürlich ist, lassen wir's." (Siehe ebenda, 1987a, S. 237 f.; vgl. Salt, 1976, S. 176 f.)

Und damit sind wir beim entscheidenden Punkt: Aus der „Natürlichkeit" einer Sache folgt nicht ihre moralische Richtigkeit. Jedenfalls handeln wir nicht dementsprechend, und das ist gut so: Wir sollen Leiden lindern, wo immer wir können, ohne zu fragen, ob dieses Leiden „natürlich", „gottgewollt" oder sonst irgendwie „berechtigt", „heilsam" oder „notwendig" ist!

Wenn wir „Natürlichkeit" als moralische Richtschnur akzeptierten, dürften wir weder Armen, Kranken oder Behinderten helfen (sofern deren Armut, Krankheit oder Behinderung „natürlich" entstanden ist) noch Wissenschaft oder Kunst betreiben. „Natürlichkeit" als Maßstab für moralische Zulässigkeit oder Richtigkeit bedeutete das Ende all dessen, was den Menschen zum Menschen macht und worauf wir zu Recht stolz sind. Hubert Markl (1995, S. 206 f.) spricht gar – grundsätzlich gewiß zu Recht – von einer menschlichen *Pflicht zur Widernatürlichkeit*. Um es noch einmal zu verdeutlichen:

Es gibt (bis jetzt) unheilbare „natürliche" Krankheiten. Das heißt aber weder, daß wir das toll finden müssen, noch daß wir dagegen nichts unternehmen dürfen. (Vgl. Rachels, 1991, S. 78) Und: „Natürlich" wäre es auch, wenn Frauen zwanzig- bis dreißigmal schwanger würden (vgl. Hoerster, 1991, S. 31). Aber daraus folgt weder, daß dies unabänderlich, noch daß dies wünschenswert wäre. Peter Singer (1994, S. 102) bringt es auf den Punkt: „Wir müssen die Naturgesetze kennen (...), um die Folgen dessen, was wir tun, abzuschätzen; aber wir müssen nicht davon ausgehen, daß die natürliche Art, etwas zu tun, sich nicht verbessern ließe."

4.2.2 Welche Bedeutung haben Fakten für die moralische Bewertung von Tieren?

Bevor wir diese Frage behandeln, wollen wir die allgemeinere Frage stellen: Welche Bedeutung haben Fakten für moralische Bewertungen überhaupt? Beziehungsweise, an obige Ausführungen anknüpfend: Ist der Schluß von Fakten auf Werte bzw. Wertungen, also der „naturalistische Fehlschluß", wirklich ein Fehlschluß?

Diese Frage läßt sich so im Grunde nicht beantworten, weil die Antwort vom theoretischen Hintergrund und von den methodischen Voraussetzungen abhängt. (Vgl. Höffe, 1980) Etwas kann man allerdings schon sagen: Irgendwo und irgendwie *muß* es einen Übergang, einen Zusammenhang zwischen Fakten und Werten, zwischen Tatsachen und Ethik geben. (Vgl. Rolston, 1989, S. 132) Das zeigt eine einfache Überlegung:

Wäre der Mensch, physisch wie psychisch, *ganz* anders als er tatsächlich ist, hätte er also völlig andere faktische Fähigkeiten, Bedürfnisse und Wünsche, dann wären alle vorhandenen Moralen höchst unangemessen, weil sie die tatsächliche Beschaffenheit des Menschen vollkommen außer acht ließen. Das heißt aber nichts anderes, als daß sich „angemessene" Moralen dadurch auszeichnen, daß sie in irgendeinem „vernünftigen" Verhältnis zu den tatsächlichen menschlichen Eigenschaften stehen. Folglich muß es zwischen den faktischen menschlichen Eigenschaften und „angemessenen" Moralen, zwischen Fakten und Werten, einen – wie auch immer gearteten – Zusammenhang geben.

Für Mario Bunge (1989, S. 23, 34 f., 40, 71–73) ist die Kluft zwischen Fakten und Werten, die jene sehen, die den „naturalistischen Fehlschluß" beklagen, in Wirklichkeit schlicht nicht vorhanden (weil unsere Wertungen „natürlich" ihren Ursprung in unseren Wünschen und Bedürfnissen haben und wir daher den „naturalistischen Fehlschluß" notwendig und ununterbrochen begehen), sondern lediglich ein Hirngespinst weltfremder Philosophen. Für andere wiederum ist die Entlarvung eines „naturalistischen Fehlschlusses" gleichbedeutend mit dem intellektuellen Todesurteil für den verwegenen oder verwirrten Täter.

Eine wesentliche Ursache für die Endlosdiskussion um den „naturalistischen Fehlschluß" liegt in einer unterstellten falschen Alternative: Entweder gibt es zwischen Fakten und Werten einen strengen, logischen Zusammenhang oder aber überhaupt keinen Zusammenhang. Viel zu wenig beachtet wird, daß es zwischen Fakten und Werten auch einen „lockereren", aber dennoch „vernünftigen" Zusammenhang geben kann. (Vgl. Frankena, 1972, S. 122) Ein solcher soll im folgenden skizziert werden, wobei wir gleichzeitig auf unsere Fragestellung zurückkommen: Welche Bedeutung haben Fakten für die moralische Bewertung von Tieren?

James Rachels (1991, S. 4 f., 92–98) weist auf einen bemerkenswerten Umstand hin: Auf Darwins Erkenntnisse in bezug auf die Evolution des Lebens haben Philosophen in einem Punkt erstaunlich zurückhaltend reagiert: im Hinblick auf die Konsequenzen dieser Erkenntnisse für den moralischen Status des Menschen. Wichtigste und zugleich bestechend einfache Begründung für diese vornehme Zurückhaltung: Darwin sagt uns ja nur etwas über biologische Fakten, und aus Fakten folgen nun einmal keine Werte oder Bewertungen. Deshalb bleibt der besondere Wert und die einzigartige Würde des Menschen von Darwins Erkenntnisssen grundsätzlich und von vornherein unberührt.

Bei näherem Hinsehen erweist sich diese ebenso elegante wie beruhigende Position freilich als wenig überzeugend und schlecht fundiert. Die Dinge sind nämlich komplexer als voreilig unterstellt.

Zunächst einmal ist die Beziehung zwischen unseren Meinungen, Anschauungen und Überzeugungen („beliefs") keineswegs immer streng logischer Natur. Vielmehr kann eine Meinung eine andere unterstützen oder plausibel machen, ohne daß die zweite aus der ersten deshalb logisch folgen würde. Nehmen Belege und Anhaltspunkte für unsere Meinung zu, werden wir uns unserer Sache sicherer, nehmen sie ab, werden wir unsicher und neigen schließlich zu einer anderen Meinung.

Meinungsänderungen werden insbesondere durch *unterminierende Informationen* herbeigeführt. Das sind solche Informationen, die bisherige Stützen bzw. Indizien für eine Meinung untergraben bzw. zweifelhaft erscheinen lassen. Ein Beispiel: Ein Musikliebhaber ist der Meinung, daß ein bestimmter Song von einem bestimmten Komponisten stammt, weil er dies in einer Musikzeitschrift gelesen hat. Nun erfährt er aber, daß diese Zeitschrift von einem Fan gemacht wird, der es mit den Fakten nicht so genau nimmt. Und plötzlich ist er sich über die Urheberschaft des Songs überhaupt nicht mehr so sicher.

Was ist passiert? Aus der Tatsache, daß in der Zeitschrift stand, daß der Song von dem Komponisten stammt, folgt nicht logisch, daß dies wirklich so ist. Und aus der Tatsache, daß die Zeitschrift von einem unzuverlässigen Fan gemacht wird, folgt nicht logisch, daß der Song nicht von diesem Komponisten stammt. Es geht hier überhaupt nicht um logische Folgerungen, sondern vielmehr um eine Situation, in der man aufgrund bestimmter Anhaltspunkte (oder „Stützen") eine bestimmte Meinung hat und diese Meinung aufgrund neuer (unterminierender) Informationen, die diese Anhaltspunkte fragwürdig erscheinen lassen (und somit die ursprüngliche Plausibilitätssituation verändern), aufgibt oder zumindest relativiert.

An dieser Situation ändert sich grundsätzlich nichts, wenn Wertungen ins Spiel kommen. Angenommen, unser Musikliebhaber sitzt in einer Jury und schlägt vor, daß ein bestimmter Komponist für sein Lebenswerk ausgezeichnet werden soll. Natürlich muß er diesen Vorschlag begründen, sonst könnte man ihm zu Recht Willkür vorwerfen. Also sagt er: Dieser Komponist soll den Preis erhalten, weil er Klassiker wie die Songs A und B geschrieben hat.

Ist an dieser Vorgangsweise etwas auszusetzen? Daß der Komponist Klassiker geschrieben hat, ist – wenn zutreffend – eine Tatsache. Daß er ausgezeichnet werden soll, ist (bzw. beinhaltet) eine Wertung. Angenommen ein anderes Jurymitglied, das mit dem Vorschlag unseres Musikliebhabers überhaupt nicht einverstanden ist, würde sich empört zu Wort melden: „Hier liegt kein logischer Schluß vor, aus Fakten folgen keine Werte!" Der Einwand wäre ebenso zutreffend wie belanglos: Beim Begründen von Wertungen geht es nicht darum, daß die Wertungen logisch aus den Fakten folgen, sondern lediglich darum, daß die Fakten gute Gründe für die Akzeptierung der Wertungen darstellen oder liefern.

Freilich könnte das opponierende Jurymitglied nun andere Geschütze auffahren, um die Auszeichnung des Komponisten zu hintertreiben. Es könnte etwa sagen, daß die Songs A und B überhaupt nicht gut seien oder daß sie gar nicht von diesem Komponisten stammten. Das wären unterminierende Informationen, die geeignet sein könnten, die wertende Position unseres Musikfreundes zu untergraben, indem sie Stützen für seine Wertung schwächen oder beseitigen. Andererseits bedeuten diese unterminierenden Informationen – falls zutreffend bzw. plausibel gemacht – keineswegs notwendig das Aus für die Bemühungen unseres Freundes, dem Komponisten doch noch zum Preis zu verhelfen. Er kann durchaus bei seiner ursprünglichen positiven Wertung bleiben, müßte dafür aber nun andere Gründe Vorbringen.

Und nun können wir zur Evolutionstheorie und ihrer Bedeutung für die moralische Bewertung von Tieren zurückkehren. Die traditionelle Moral geht, wie bereits erwähnt, vom besonderen Wert und von der Einzigartigkeit des Menschen aus. Im Vergleich zum Menschen ist hier der moralische Wert aller anderen Wesen vergleichsweise vernachlässigbar. Entsprechend diesem Menschen- und Tierverständnis besteht die Hauptaufgabe der Ethik im Schutz des Menschen. Diese Auffassung wird üblicherweise mit dem Begriff „Menschenwürde" zum Ausdruck gebracht. „Menschenwürde" steht für die himmelhohe Stellung des Menschen gegenüber allen anderen Wesen – und für das entsprechende Verhalten.

Das Konzept „Menschenwürde" beruht nun seinerseits traditionell auf zwei Annahmen, auf der Gottesebenbildlichkeit und Rationalität des Menschen: Der Mensch sei als Ebenbild Gottes erschaffen und ein ausschließlich rationales Wesen („a uniquely rational being"). Das heißt natürlich nicht, daß die Menschenwürde aus der Gottesebenbildlichkeit und Rationalität des Menschen logisch folgen würde. Vielmehr liefern Gottesebenbildlichkeit und

Rationalität des Menschen gute Gründe für die Akzeptierung der Idee einer besonderen, einzigartigen Würde des Menschen.

Die Evolutionstheorie untergräbt das Konzept Menschenwürde nun natürlich nicht in der Weise, daß aus ihr logisch folgen würde, daß dieses Konzept falsch ist. Aber Darwins Erkenntnisse über die Entstehung von Tieren und Menschen sind sehr wohl geeignet, die Stützen des Konzepts Menschenwürde, die Gottesebenbildlichkeitsthese und die Rationalitätsthese, zu erschüttern und als höchst zweifelhafte Annahmen erscheinen zu lassen. Und dadurch verliert automatisch auch das Konzept Menschenwürde, das auf diesen Stützen ruht, seine Plausibilität und Glaubwürdigkeit. Außerdem machen es die Erkenntnisse der Evolutionstheorie höchst unwahrscheinlich, daß je andere Stützen für das Konzept Menschenwürde gefunden werden.

5. Speziesistische Schande

5.1 Begriffliche Bestimmung

„Speziesismus" ist kein „künstlicher" oder gar überflüssiger neuer Ismus, sondern ein notwendiger Begriff zur Illustration vorhandener Mißstände. Speziesismus liegt, wie wir gesehen haben (3.2.1.3), dann vor, wenn Wesen nicht aufgrund ihrer Rassen- oder Geschlechtszugehörigkeit diskriminiert werden, sondern aufgrund ihrer Artzugehörigkeit. Speziesismus ist ein Vorurteil, eine Voreingenommenheit zugunsten der eigenen Spezies. Und Speziesismus ist ein Verstoß gegen das Gleichheitsprinzip: Speziesisten gewichten die Interessen der eigenen Spezies stärker als die Interessen anderer Spezies. (Für weiterführende philosophische Überlegungen vergleiche Midgley, 1992.)

Das fundamental Falsche am Speziesismus hat Norbert Hoerster (1991, S. 59–65; vgl. Hegselmann / Merkel, 1991, S. 11 f.) erfrischend klar herausgearbeitet: Bloße Spezieszugehörigkeit bildet ebensowenig eine legitime Grundlage für eine Andersbehandlung wie bloße Rassen- oder bloße Geschlechtszugehörigkeit. Das heißt freilich nicht, daß hier nie eine Andersbehandlung gerechtfertigt sein könnte. Aber dazu bedarf es *sachlich relevanter Eigenschaften*, die mit der Spezies-, Rassen- oder Geschlechtszugehörigkeit einhergehen und diese Andersbehandlung rechtfertigen. Solche Fälle sind durchaus denkbar. Zum Beispiel:

Wenn die Zugehörigkeit zur schwarzen Rasse mit einer deutlich niedrigeren Lebenserwartung verbunden wäre,

wäre eine entsprechende Regelung des Rentenalters für Schwarze gewiß gerechtfertigt. Oder: Wenn Frauen prinzipiell nie über Sonderschulniveau hinauskämen, wäre es sinnvoll, ihnen kein passives Wahlrecht für wichtige politische Ämter einzuräumen.

Auch die reale Praxis zeigt, daß wir die bloße Zugehörigkeit zu einer biologischen Kategorie nicht als vernünftige Grundlage für die Einräumung bestimmter Rechte ansehen. So betrachten wir etwa auch die Zugehörigkeit zur Spezies Mensch für sich genommen keineswegs als hinreichende Qualifikation für die Ausübung des politischen Wahlrechts. Vielmehr fordern wir selbstverständlich das Vorhandensein sachlich relevanter Eigenschaften, nämlich eine gewisse geistige und sittliche Reife. „Es ist (...) generell so, daß unsere moralische und rechtliche Behandlung irgendwelcher Individuen stets an sachlich relevanten *Eigenschaften* orientiert sein muß und *in keinem einzigen Fall* an das *bloße* Vorliegen *irgendeines* biologischen Merkmals anknüpfen darf" (Hoerster, 1991, S. 61).

So wenig eine moralische Bewertung aufgrund der bloßen Zugehörigkeit zu einer bestimmten Rasse, zu einem bestimmten Geschlecht oder zur Spezies Mensch gerechtfertigt ist, so wenig ist eine moralische Bewertung aufgrund der bloßen Zugehörigkeit zu irgendeiner Spezies gerechtfertigt.

„Jeder, der (...) zwar den ‚Rassismus' und den ‚Sexismus' ablehnt, den ‚Speziesismus' jedoch für eine intuitive Selbstverständlichkeit hält, sollte sich (...) vor Augen halten:

Jahrhundertelang wurden in derselben europäischen Gesellschaft auch ‚Rassismus' und ‚Sexismus' für intuitive Selbstverständlichkeiten gehalten (...). (...) Man braucht nicht unbedingt an einen allgemeinen Fortschritt des Menschengeschlechtes zu glauben, um trotzdem annehmen zu dürfen, daß der heute noch weithin herrschende ‚Speziesismus' *eines Tages* selbst unter Juristen und Politikern keine bessere Presse finden wird als der ‚Rassismus' oder der ‚Sexismus' in den aufgeklärteren Regionen der *heutigen* Welt." (Ebenda, S. 64 f.)

Unsere grundlegenden moralischen Konzepte sind nämlich, wie Steve F. Sapontzis (1987b, S. 65) richtig feststellt, in Wirklichkeit nicht nur hautfarbenneutral und geschlechtsneutral, sondern auch speziesneutral – was sich etwa an der Goldenen Regel, wonach wir andere so behandeln sollen, wie wir von ihnen behandelt werden möchten, verdeutlichen läßt: In der Logik dieser Forderung ist nichts, was ihre Anwendung auf die Spezies Mensch beschränken würde.

Und diese Neutralität moralischer Konzepte in bezug auf Rasse, Geschlecht und Spezies hat vor allem einen Grund, auf den Richard D. Ryder (1997, S. 44, 1992b, S. 170 f.) immer wieder hingewiesen hat: eine moralisch höchst relevante sachliche Gemeinsamkeit der Rassen, Geschlechter und Spezies – die Leidensfähigkeit.

5.2 Speziesistisches Dilemma („marginal cases")

Trotz der Unhaltbarkeit der speziesistischen Position wurden immer wieder Versuche unternommen, sie unter Hinweis auf bestimmte menschliche Merkmale doch noch zu retten. Aber diese Strategie führt nur zur völligen Bankrotterklärung des Speziesismus. Warum? Weil kein Merkmal, das von irgend jemandem als relevant erachtet wird, entlang der Speziesgrenze Mensch-Tier verläuft. Mehr noch: Es gibt immer Tiere, bei denen das betreffende Merkmal sogar *stärker* ausgeprägt ist als bei bestimmten Menschen.

Nehmen wir etwa die Merkmale Autonomie, Rationalität und Selbstbewußtsein, die von Speziesisten immer wieder herangezogen wurden, um die besondere Stellung des Menschen zu „beweisen". Wenn wir uns Vorhandensein und Ausprägung dieser Merkmale bei Menschen und Tieren genau ansehen, erkennen wir das unlösbare Dilemma des Speziesismus, das darin besteht,

„daß jede Eigenschaft, die alle Menschen besitzen, nicht nur Menschen zukommt. Zum Beispiel können alle Menschen, aber nicht nur Menschen, Schmerzen empfinden; und während schwierige mathematische Probleme zwar nur Menschen lösen können, können es doch nicht alle Menschen. So zeigt es sich, daß in dem einzig möglichen Sinne, in dem wir eine faktische Gleichheit von Menschen wirklich behaupten können, zumindest manche Angehörige anderer Spezies ebenfalls ‚gleich' sind." (Singer, 1996c, S. 378)

Das Dilemma manifestiert sich insbesondere im Zusammenhang mit menschlichen „Randexistenzen" (daher: „marginal cases"): Wenn wir daran festhalten, daß (um bei den obigen Beispielen zu bleiben) Autonomie, Rationalität und Selbstbewußtsein die Voraussetzung für moralischen Status bilden, so müssen wir (bestimmten) geistig behinderten, geisteskranken, hirngeschädigten und komatösen Menschen den moralischen Status absprechen, da diese Menschen nicht oder kaum autonom, rational und selbstbewußt sind.

Formulieren wir aber die Voraussetzungen für moralische Berücksichtigung so großzügig, daß sie auch von diesen Menschen erfüllt werden, müssen wir konsequenterweise auch vielen Tieren moralischen Status zuerkennen, da viele Tiere diese Voraussetzungen *spielend* erfüllen.

Wir kommen einfach nicht um die Tatsache herum, daß viele Menschen, denen wir moralischen Status nicht absprechen wollen, im Hinblick auf beliebige Merkmale ein deutlich *niedrigeres* Niveau aufweisen als viele Tiere. Gestehen wir diesen Menschen moralische Berücksichtigungswürdigkeit zu, gibt es keinen vernünftigen Grund, diesen Tieren diesen Status nicht zuzuerkennen. Somit erweist sich die Speziesgrenze Mensch-Tier als völlig ungeeignet zur Etablierung oder Rechtfertigung moralischer Rechte oder Bewertungen. (Vgl. Singer, 1994, S. 105 f., Dombrowski, 1988, S. 14, Regan, 1982, Newmyer, 1996; für eine anschauliche Darstellung des speziesistischen Dilemmas anhand sonderpädagogischer Erwägungen und Beispiele siehe Anstötz, 1994, insbesondere ab S. 251.)

Um diesem für Speziesisten niederschmetternden Ergebnis zu entfliehen, wurden mehrere argumentative Fluchtmöglichkeiten ersonnen, die aber letztlich allesamt zum Scheitern verurteilt sind, weil die speziesistische Position aufgrund der Faktenlage einfach unhaltbar ist. So wurde etwa wie folgt argumentiert:

Wenn bestimmmte Menschen auch nicht jene Eigenschaften und Fähigkeiten haben, die für normale Menschen typisch sind, so sollten wir diese Bedauernswerten dennoch so behandeln wie alle anderen Menschen auch. Denn, so die Begründung: Entscheidend ist, welche Eigenschaften und Fähigkeiten Angehörige einer Spezies *normalerweise* haben. James Rachels (1991, S. 186 f.) verdeutlicht die Unsinnigkeit dieser Argumentation anhand folgenden Gedankenexperiments (erinnert sei daran, daß es hier nicht darum geht, den Status bestimmter Menschen zu verschlechtern, sondern darum, den Status von Tieren mittels Hinweis auf Inkonsequenzen in unserem Denken zu verbessern):

Angenommen ein besonders begabter Schimpanse lernt sprechen und lesen und ist in der Lage, mit uns über wissenschaftliche, literarische und ethische Fragen zu diskutieren. Schließlich äußert er den Wunsch, die Universität zu besuchen. Nun will ihm dies jemand mit der Begründung verweigern: „Nur Menschen sollten die Universität besuchen dürfen, weil nur sie lesen, sprechen und wissenschaftliche Fragen verstehen können. Schimpansen können das nicht." „Aber dieser Schimpanse kann das sehr wohl!" wird dem Bedenkenträger geantwortet, worauf dieser ungerührt erwidert: „Aber *normalerweise* können Schimpansen das nicht, und das ist ausschlaggebend!"

Dies ist wohl keine besonders überzeugende Begründung. Denn sie unterstellt, daß wir Individuen nicht aufgrund *ihrer* Eigenschaften behandeln sollen, sondern aufgrund der Eigenschaften *anderer*. Jemandem etwas vorzuenthalten, wozu er qualifiziert ist, unter Hinweis darauf, daß andere dazu nicht qualifiziert sind, ist nicht nur unfair, sondern schlicht irrational. (Vgl. Singer, 1994, S. 106 f., Rollin, 1981, S.27 f.)

Ein letztlich nicht minder vergeblicher Versuch, die speziesistische Position zu retten, ist das sogenannte Argument der „schiefen Ebene" („Slippery Slope"-Argument, vgl. Singer, 1994, S. 108 f.): Machen wir erst einmal einen Schritt in eine bestimmte Richtung, geraten wir leicht auf eine schiefe Ebene, auf der wir dann viel weiter schlittern, als wir ursprünglich gehen wollten. Soll hier heißen: Räumen wir erst einmal ein, daß (bestimmte) geistig Behinderte in Wirklichkeit keinen höheren moralischen Status als Tiere haben, ist dem Mißbrauch Tür und Tor geöffnet. Als nächstes kommt vielleicht jemand, der sozial Unangepaßten ihre Rechte absprechen will, usw. Um solch gefährlichen Tendenzen von vornherein keine Chance zu geben, bedarf es einer klaren Grenze, und das ist die Speziesgrenze. Also rütteln wir in Gottes Namen nicht an ihr.

Dazu ist zweierlei zu sagen. Erstens: Hier wird nicht sachlich, sondern strategisch argumentiert. Und dabei sollten wir bedenken: „Keine moralische Grenzlinie kann gesichert sein, wenn sie willkürlich gezogen wurde. Es ist besser, eine Grenzlinie zu finden, die sich offen und aufrichtig verteidigen läßt." (Ebenda, S. 109)

Zweitens: Ziel der Vermeidung „schiefer Ebenen" ist es, möglichen Mißbräuchen vorzubeugen. Eine solche Vorgangsweise wäre aber nur dann glaubwürdig und gerechtfertigt, wenn sie generell befürwortet und praktiziert würde. Das ist aber, wie Ursula Wolf (1990, S. 110 f.) richtig bemerkt, keineswegs der Fall: Wir tun vieles, wo Mißbräuche nicht ausgeschlossen sind: etwa psychisch Kranke in Kliniken unterbringen oder Straftäter in Gefängnisse sperren. Aber niemand käme deshalb auf die Idee, Kliniken und Gefängnisse zuzusperren. (Betreffend das im Zusammenhang mit dem speziesistischen Dilemma ebenfalls diskutierte Potentialitätsargument siehe Birnbacher, 1995, S. 12, Merkel, 1995, V, VI, Pluhar, 1988b, S. 87-89, Singer, 1995, S. 85, und Hoerster, 1991, Kap. 7. Zur Rolle von „marginal cases" bei der Kritik von John Rawls' (1975) Theorie der Gerechtigkeit siehe Russow, 1992a, 1992b, und Sapontzis, 1992.)

Schließlich sei noch einmal betont: Es geht hier nicht darum, den Status von Menschen zu verschlechtern, sondern darum, den Status von Tieren zu verbessern. Peter Singer (1994, S. 109 f.) hat dies anschaulich und überzeugend zum Ausdruck gebracht:

„Ich möchte nicht vorschlagen, geistig behinderte Menschen mit Lebensmittelfarben zwangszuernähren, bis die Hälfte von ihnen stirbt – obwohl uns dies sicherlich exaktere Hinweise dafür gäbe, ob eine Substanz für Menschen ungefährlich ist, als es die Versuche mit Kaninchen und Hunden vermögen. Ich möchte allerdings unsere Überzeugung, daß es unrecht wäre, geistig behinderte Menschen so zu behandeln, gern auf nichtmenschliche Lebewesen übertragen wissen, die auf einer ähnlichen Stufe des Selbstbewußtseins stehen und ähnliche Leidensfähigkeit besitzen."

5.3 Historische Einordnung

Steve F. Sapontzis (1987b, S. 65) vergleicht die heutige Situation der Tiere mit jener der Sklaven vor zweihundert Jahren: Auch damals begnügte sich die Gesellschaft insgesamt (noch) mit der Forderung, Sklaven „ordentlich" zu behandeln, aber es gab auch eine kleine und wachsende Minderheit, die die Sklaverei als solche verurteilte und ihre Abschaffung forderte. Diese Menschen erkannten, daß, wie freundlich und nett man zu Sklaven auch immer sein mag, Sklaverei an sich falsch und ungerecht ist.

Die Parallelen zwischen der damaligen Behandlung der Sklaven und unserem heutigen Umgang mit Tieren sind in der Tat frappierend. Christa Blanke (1995, S. 27 f.; vgl. 1989, S. 32–35) verweist unter anderem auf folgende:

1) Die verwandtschaftlichen Beziehungen und Bindungen der Sklaven wurden ignoriert: Mann und Frau, Mutter und Kind, Bruder und Schwester wurden rücksichtslos auseinandergerissen. Genau das machen wir heute mit Tieren: Das Kalb wird der Mutter weggenommen, der Affe von seiner Familie getrennt usw.

2) Weiße Säuglinge wurden mit der Milch schwarzer Sklavinnen genährt, denen man, wenn ihre Milch nicht ausreichte, einfach ihre eigenen Kinder wegnahm. Heute werden den Kühen ihre Kinder weggenommen, damit man ihre Milch verkaufen kann.

3) Sklaven wurden wie Ochsen mit einem Joch zusammengebunden. Dazu zog man ihnen wie Tanzbären einen Ring durch die Nase.

4) Sklaven wurden wie Rindern und Pferden Brandmale aufgedrückt.

5) Sklavenkinder wurden von reichen Londoner Damen wie Schoßhunde an Silberkettchen spazierengeführt.

6) Sklaven wurden wie heute Tiere mittels Zeitungsinseraten vermarktet.

7) Sklaven wurden wie heute Tiere (etwa für Fernsehaufnahmen) vermietet.

8) Für Sklaven, die im Dutzend gekauft wurden, gab es Preisnachlässe. Heute werden für bestimmte „Versuchstiermodelle" Mengenrabatte gewährt.

9) Reiche Sklavenhändler „verzierten" ihre Häuser mit stilisierten Negerköpfen. Heute prangen „glückliche Hühner" und dergleichen von den LKWs, die Eier, Hühner, andere Tiere oder deren Leichen transportieren.

10) Sklaventransporte bedeuteten wie heute Tiertransporte eine unsägliche Qual und wiesen hohe „Verlustquoten" auf.

11) Die Sklaverei wurde wie heute die Ausbeutung von Tieren mit ökonomischen Notwendigkeiten gerechtfertigt: ohne sie breche die Wirtschaft zusammen.

Einen ganz hervorragenden Überblick über die fundamentalen Parallelen zwischen Sklaverei und heutigem Umgang mit Tieren liefert auch Marjorie Spiegel (1988; vgl. Kienholz, 1989, S. 5, 54). Hier wird unter anderem noch auf folgende Punkte verwiesen:

12) lmmer wieder wurde allen Ernstes behauptet, daß die Sklaverei in Wirklichkeit für die Betroffenen ein Segen sei (weil sie die Menschen aus ihrer natürlichen Barbarei herausreiße), so wie heute nicht selten auf die Vorteile für Tiere hingewiesen wird, die ein Leben unter menschlicher „Obhut" mit sich bringe (etwa die Bewahrung vor den Härten und Gefahren in der Natur) (Spiegel, S. 31, 65 f., Ryder, 1989, S. 8).

13) Eine sehr eindrucksvolle lllustration unserer Sklavenhaltermentalität gegenüber Tieren liefert unser Umgang mit Hunden: Der Besitzer betrachtet seinen Hund als „guten Hund", wenn dieser mit militärischer Präzision gleichauf mit ihm geht, kein besonderes lnteresse an anderen Hunden zeigt, nicht läuft, außer wenn ihm dies erlaubt wird, nicht bellt, außer wenn ihm dies erlaubt wird, und keine emotionalen Bedürfnise zeigt, außer wenn dem Besitzer gerade danach ist. Sobald der Hund eigene Wünsche erkennen läßt – etwa mit anderen Hunden zu spielen –, wird er geschlagen oder auf andere Weise bestraft. Das Tier lernt, alle eigenen Wünsche zu unterdrücken und sich ausschließlich nach den Wünschen seines Herrn zu richten, um so dessen Wohlwollen zu erhalten und dessen Strafen zu vermeiden. Und wenn der Hundehalter aus irgendeinem Grund eines Tages seines Sklaven überdrüssig wird,

läßt er ihn einfach umbringen oder verkauft ihn weiter. (Ebenda, S. 37)

Einst waren menschliche und tierliche Sklaven in ihrem schrecklichen Schicksal vereint. Dazu Godofredo Stutzin (1989, S. 15) in seinem Gedicht „Die Tiere sprechen":

„Einst waren wir nicht alleine
In unserer Rechtlosigkeit:
Auch viele der Menschen hatten keine
Ihrer Rechte der heutigen Zeit."

Inzwischen ist die Versklavung von Menschen – wenigstens offiziell – verboten. Die Tiere aber warten noch immer auf ihre Befreiung.

5.4 Notwendige Überwindung

Die Überwindung des Speziesismus steht anderen Befreiungsbewegungen im Hinblick auf Bedeutung und Tragweite in nichts nach (vgl. Sapontzis, 1987a, S. 84 f., 197):

1) Betrachten wir die Zahl der Betroffenen, so ist die Befreiung der Tiere sogar wichtiger als jede andere Befreiungsbewegung: Keine Gruppe unterdrückter Menschen erreichte je auch nur annähernd die Zahl jener Tiere, die heute gequält und getötet werden.

2) Gehen wir vom Maße aus, in dem die Interessen der Betroffenen verletzt werden, so kommt der Überwindung

des Speziesismus wiederum größte Bedeutung zu: Weder Frauen noch Schwarze noch irgendeine andere Gruppe von Menschen wurden je routinemäßig so massiv und fundamental ihres Wohlbefindens beraubt, wie dies heute bei den Milliarden von Tieren der Fall ist, die jährlich in Versuchslabors gefoltert, in Tierfabriken gequält und in Schlachthäusern buchstäblich am laufenden Band - oft bei vollem Bewußtsein – getötet werden.

3) Betrachten wir schließlich die moralischen, rechtlichen, kulturellen und individuellen Veränderungen, die die Überwindung des Speziesismus mit sich brächte, so ist die Befreiung der Tiere wiederum mindestens so bedeutsam wie die Überwindung rassistischer oder sexistischer Diskriminierungen: Schlicht alle Bereiche des menschlichen Lebens würden sich radikal ändern, wenn wir aufhörten, Tiere in der gewohnten Weise auszubeuten.

So utopisch es heute auch klingen mag, ernsthaft von der Überwindung des Speziesismus zu sprechen, so gibt es doch ein paar Anzeichen für eine mögliche Entwicklung in diese Richtung:

1) Da ist zunächst einmal die Tatsache, daß die jahrtausendelang als selbstverständlich erachtete rechtliche Betrachtung des Tieres als „Sache" zunehmend allgemein als nicht mehr zeitgemäß angesehen wird. Das ändert zwar am momentanen Umgang mit Tieren kaum etwas, könnte aber mittel- und langfristig eine positive Signalwirkung haben. (Vgl. Kühnert, 1989, S. 51)

2) Die Anwendung des Gleichheitsprinzips auch auf Tiere, die die Identifizierung unseres Verhaltens gegenüber

ihnen als Speziesismus erst ermöglicht, ist eine historisch gesehen äußerst junge Erscheinung. So stand noch 1967 in der „Encyclopedia of Philosophy" zu lesen:

„Das Prinzip der gleichen Erwägung impliziert eine anfängliche Festlegung bzw. Entscheidung, denn es setzt als selbstverständlich voraus, wessen Interessen zählen. Niemand fordert gleiche Erwägung für alle Säugetiere – Menschen zählen, Mäuse nicht, wenngleich es nicht einfach wäre zu sagen, warum nicht." (Benn, 1967, S. 40, übersetzt von H. F. K.)

Heute wäre ein solcher Eintrag völlig undenkbar. Wer in neuen philosophischen Nachschlagwerken blättert, erkennt sofort, daß zwischen diesen Werken und der zitierten Passage nichts geringeres als eine geistige Revolution stattgefunden hat.

3) Zwar stimmt es, daß die „Giganten" der politischen Theorie – etwa Aristoteles, Hobbes oder Locke – mit Tierrechten überhaupt nichts am Hut hatten. Nur: Die hatten auch mit universellen Menschenrechten, wie wir sie heute verstehen, nichts im Sinne! (Clarke / Linzey, 1990, S. XIII) Noch vor wenigen Jahrzehnten hätte man den heutigen Bewußtseinsstand in bezug auf die Allgemeingültigkeit von Menschenrechten kaum für möglich gehalten. (Vgl. Robertson, 1982, S. 3). Deshalb ist auch eine ähnliche Entwicklung in bezug auf Tierrechte durchaus denkbar.

4) Schließlich ist zu hoffen, daß sich die Erkenntnis durchsetzen wird, daß die speziesistische Diskriminierung

nicht isoliert betrachtet werden darf, sondern in einem größeren Zusammenhang gesehen werden muß:

„Seit ungefähr fünfzehn Jahren wird den Ethnologen in zunehmendem Maße bewußt, daß das Problem des Kampfes gegen Rassenvorurteile auf menschlicher Ebene ein viel umfassenderes Problem widerspiegelt, das noch dringender einer Lösung bedarf. Ich spreche von dem Verhältnis zwischen dem Menschen und anderen lebenden Arten. Es ist zwecklos, das eine Problem ohne das andere lösen zu wollen. Denn die Achtung gegenüber den eigenen Artgenossen, die wir vom Menschen erwarten, ist lediglich ein Einzelaspekt der allgemeinen Achtung vor allen Formen des Lebens."

Diese Passage von Claude Lévi-Strauss (zit. n. Teutsch, 1987, S. 21) erinnert an religiöse Forderungen – etwa im Jainismus oder Buddhismus –, die antispeziesistisches Denken längst vorweggenommen haben (vgl. Lancaster, 1989). Was freilich notwendig ist, ist die Integration dieses Denkens ins politische Bewußtsein. Leonard Nelson (zit. n. Kaplan, 1998, S. 79) hat dies schon vor Jahrzehnten versucht:

„Ein Arbeiter, der nicht nur ein ‚verhinderter Kapitalist' sein will, und dem es also ernst ist mit dem Kampf gegen jede Ausbeutung, der beugt sich nicht der verächtlichen Gewohnheit, harmlose Tiere auszubeuten, der beteiligt sich nicht an dem täglichen millionenfachen Mord, der an Grausamkeit, Roheit und Feigheit alle Schrecknisse des Weltkrieges in den Schatten stellt. Das sind Angelegenheiten, Genossen, die entziehen sich der Abstimmung (...). Entweder man will gegen die Ausbeutung kämpfen, oder man läßt es bleiben. Aber wer als Sozialist über diese Forderungen lacht, der weiß nicht, was er tut. Der beweist, daß er nie im Ernst bedacht hat, was das Wort Sozialismus bedeutet."

Auf akademischer Ebene geht es mit Tierrechten durchaus voran, genauer gesagt: mit der Tierethik, innerhalb deren Tierrechte abgehandelt werden – siehe die geistige Revolution, von der oben im Zusammenhang mit neuen philosophischen Nachschlagwerken die Rede war. Soeben (2015) bin ich eingeladen worden, einen Beitrag zum „Handbuch Tierethik" (Verlag J. B. Metzler) zu verfassen, dessen geplanter Gesamtinhalt wohl nichts zu wünschen übrig lassen wird: Das verspricht ein fundierter und umfassender Überblick über Geschichte und Status quo von Tierethik und Tierrechten zu werden!

Aber akademische Tierethik und Tierrechtsphilosophie haben sich längst von der gesellschaftlichen Realität entkoppelt, sie führen ein Eigenleben mit keinem oder kaum einem Bezug zum praktischen Leben. Hier, im „echten Leben" gab es in den vergangenen Jahren gleich drei zu großer Hoffnung Anlaß gebende Entwicklungen bzw. Diskussionen, die aber allesamt, was positive Konsequenzen für Tiere bzw. Tierrechte betrifft, unterm Strich weitgehend folgenlos blieben: die sogenannte „Vegetarismus-Debatte", den medialen Vegan-Hype und das, was ich als „kleine

Tierrechte-Diskussion" bezeichnen möchte.

Zum Thema Vegan siehe mein Buch (2013) „Vegan soll keine Religion sein". Der „kleinen Tierrechte-Diskussion" sind wir oben (3.8) insofern schon begegnet, als sie es war, die den quasi vulgär-kantischen Tierrechtsbegriff hervorbrachte bzw. bekanntmachte. Auf die „Vegetarismus-Debatte", die ich in meinem Buch (2012) „Tierrechte: Modetrend oder Moralfortschritt?" ausführlich schildere, möchte ich exemplarisch kurz eingehen, um zu veranschaulichen, wie (auf der gesellschaftlichen Ebene) selbst aus scheinbar „sensationellen" Entwicklungen nichts oder gar Negatives resultieren kann:

Das Ergebnis der intensiven öffentlichen Diskussion der Bücher „Tiere essen" (Foer, 2010) und „Anständig essen" (Duve, 2011) war nicht etwa ein breiter gesellschaftlicher Konsens in Richtung „Kein Fleisch!", sondern ein breiter gesellschaftlicher Konsens in Richtung „Weniger Fleisch!" Mehr noch: Diese neue Losung erwies sich als Glücksfall für die *Fleischindustrie!* Denn:

„‚Weniger Fleisch!' ist (…) de facto ein ausgezeichnetes Vehikel, um *mehr* Fleisch zu verkaufen, weil ‚Weniger Fleisch!' ein optimaler Aufhänger für Werbe-Elemente zur *Verbesserung* des Fleisch-Images ist: ‚bewußter essen', ‚besser essen', ‚Respekt erweisen', ‚biologisch', ‚ökologisch', ‚nachhaltig' usw. Zusammenhängend liest sich das dann etwa so: Wir müssen als Konsumenten kritischer sein, bewußter essen, weniger, aber dafür besseres Fleisch essen, den Tieren Respekt erweisen." (Kaplan, 2012, S. 20)

Das faktische Ergebnis der ganzen „Weniger Fleisch!"-Rhetorik: Es wird im Endeffekt mindestens gleich viel Fleisch gegessen, aber das Fleischessen wurde mittels beeindruckendem „Gesamtpaket" quasi „zukunftstauglich" gemacht: weltanschaulich, ethisch, ökologisch, argumentativ abgesichert.

Wie ist es möglich, daß eine *„Vegetarismus*-Debatte" zur Konsolidierung des *Fleischessens* führt? Die wahre Ursache für die letztliche Erfolglosigkeit von verheißungsvollen Tendenzen liegt wohl in der individuell wie kollektiv tief verwurzelten speziesistischen Weltanschauung. Und Tierrechte (bzw. die Sensibilisierung für ihre Notwendigkeit) sind, so die These dieses Buches, das vielversprechendste Mittel, um diesen Speziesismus, die Quelle aller Stagnation, die Wurzel allen Übels, zu überwinden. Um noch einmal auf die beiden erwähnten Ebenen, (akademische) Philosophie einerseits, gesellschaftliche Realität andererseits, zurückzukommen: Tierrechte könnten die philosophische Speerspitze sein, die die gesellschaftliche, praktische Ebene (wieder) erreicht und damit die am Beginn der Tierrechtsbewegung vorhandene und irgendwann verlorengegangene Wirkeinheit von Philosophie und Praxis wiederherstellt.

5.5 Fundamentale Illustration

Im folgenden soll veranschaulicht werden, welch schreckliche Konsequenzen unser Speziesismus für Tiere hat, welche Hölle auf Erden wir ihnen bereiten, nur weil sie zu einer anderen biologischen Spezies gehören.

„Während sich Touristen in ihren Sesseln räkeln, sich Drinks servieren lassen und verträumt an ihr sonniges Ferienziel denken, reisen im Frachtraum der selben Maschine verängstigte und entkräftete Affen in qualvoller Enge dem Tod entgegen". So beginnt der Bericht „Todeskandidaten im Frachtraum" (1996, S. 24), der über den Transport von Tieren in die modernen Vernichtungslager, die wir Forschungslabors nennen, informiert. Die gleiche Situation – menschliches Vergnügen neben tierlicher Qual – beschreibt Godofredo Stutzin (1990, S. 4 f.) in seinem Gedicht „Auf einem Fährschiff":

„Wir hier oben auf Deck
Genießen die Fahrt,
Freuen uns des Lebens,
Vertrauen der Zukunft.

Aber im Bauche des Schiffes
Herrscht die Angst.
Dort unten sind die Tiere,
Eingepfercht, durstig, ungewiß dessen,
Was ihnen bevorsteht,
Vielleicht dunkel ahnend schon
Das Furchtbare."

Stutzin erinnert auch daran, daß sich an der Stelle der Tiere vor gar nicht allzulanger Zeit menschliche Sklaven befunden haben und daß noch vor wenigen Jahrzehnten in den

Konzentrationslagern der Nationalsozialisten mit fremden Rassen genau so verfahren wurde wie heute mit fremden Arten:

„Wie lange ist es her,
Daß dort Menschen lagen
Wie jetzt die Tiere,
Versklavt wie sie,
Voll derselben Angst
Und des Grauens vor dem Kommenden?

Und war es nicht gestern erst,
Daß Menschen zu Tieren gestempelt,
In Viehwagen verladen
Dasselbe Schicksal erlitten
Wie dort unten Rind und Schaf?"

Der Vergleich unseres heutigen Verhaltens gegenüber Tieren mit dem der Nazis gegenüber Juden und anderen „minderwertigen" Menschen in KZs hat viel Staub aufgewirbelt. Er ist aber nicht nur sachlich gerechtfertigt, sondern auch gerichtlich als zulässig erkannt worden. So etwa 1976 vom Landgericht Düsseldorf und 1998 vom Obersten Gerichtshof in Wien (Bahnbrechende Entscheidung ..., 1998, S. 4). Den KZ-Vergleich befürwortet haben unter anderem Martin Niemöller, Felix Wankel und Isaac Bashevis Singer, der schrieb: „Wo es um Tiere geht, wird jeder zum Nazi (...) Für die Tiere ist jeden Tag Treblinka." Nachfolgend zuerst eine Beschreibung von Auschwitz durch Hermann

Langbein (1967, zit. n. Hilligen / Neumann, 1980, S. 32 f.), dann ein Bericht über eine Aktion zur Bekämpfung der Schweinepest in Niedersachsen (Strategie des Grauens, 1994, S. 164).

„Auschwitz war das größte Vernichtungslager des Nationalsozialismus. Da es nun das bekannteste ist und der Mechanismus der Massentötung überall nach ähnlichem Schema organisiert wurde, möge es hier für alle stehen. (...) Die Berichte, die man (...) lesen kann, mögen allerdings dazu verleiten, über schaurige Einzelheiten den noch schwerer faßbaren Alltag in Auschwitz zu übersehen. (...)

Das für die nationalsozialistischen Vernichtungslager typische Verbrechen war nicht die brutale Aktion einzelner. Zum Alltag von Auschwitz gehörte der – in der Regel völlig leidenschaftslos durchgeführte, exakt organisierte, routiniert eingespielte – Massenmord an Tausenden (...). Die SS-Mannschaft war daran interessiert, die Tötungsaktion möglichst reibungslos abzuwickeln. Jeder einzelne hatte dabei seinen Platz, kannte seine Pflichten und führte, was die Führung von ihm erwartete, in der Regel routiniert und mit derselben inneren Einstellung aus, die etwa ein Postbeamter hat, der stolz darauf ist, daß die Paketabfertigung klappt. (...) Neben dieser industriell organisierten Massentötung fielen die Einzelmorde (...) nicht ins Gewicht."

„Vor drei Stunden standen in diesem Gebäude noch 200 Mastschweine. Nun liegen die Tiere, tot und starr, aufgetürmt zu einem Kadaverberg, in einem silbrigen Container auf dem Vorhof. Keines von ihnen war krank.

Heye-Enneking [der Bauer, H. F. K.] kann nicht fassen, was auf seinem Hof gerade geschieht. ‚Ihr Bestand wird gekeult', hatte das Veterinäramt Vechta telefonisch angekündigt. Das war vor einer Woche. Nun sind die Vollstrecker da.

Der Tötungstrupp, fünf Arbeiter in blauem Arbeitsdrillich und ein Tierarzt, hat sich mittlerweile zum Stall mit den Zuchtsauen vorgekämpft. Einzeln werden die fetten Muttertiere durch eine schmale Holztür herausgetrieben. Ahnungslos tappen sie in ein provisorisch errichtetes Gatter. Dort warten zwei Männer mit schweren Elektrozangen.

Kaum daß die Stromschere greift, reißen die Sauen die Augen auf und beginnen konvulsivisch zu zucken. Zwei Ampere Starkstrom branden in ihre Leiber. Nach etwa dreißig Sekunden greifen die Männer um und drücken den Kneifer ans Herz. Noch einmal bäumen sich die Tiere auf wie in einem epileptischen Anfall. Dann erstarren sie.

Die Männer im Gatter, es sind angeheuerte Russen, arbeiten wortlos. Jeder Handgriff sitzt. Zehn schmutzigrote Körper liegen bereits leblos am Boden. Ein Frontlader fährt heran. Der Zaun wird geöffnet, die Kadaver werden in die Kippmulde gewälzt. (…) Die Crew ist erschöpft (…). Bis Ende letzter Woche hatten die Keulkommandos etwa 80.000 Schweine exekutiert. Bis Mitte Februar werden weitere 90.000 folgen."

5.6 Speziesistische Wahrnehmungsstörungen

Dem allgegenwärtigen, allumfassenden und als selbstverständlich empfundenen speziesistischen Handeln entspricht eine ebenso fundamentale speziesistische Wahrnehmung. Genauer gesagt, geht diese speziesistische Wahrnehmung dem speziesistischen Handeln in der Regel voraus. Angesichts der dargelegten Zusammenhänge muß man korrekterweise natürlich von einer speziesistischen *Wahrnehmungsstörung* sprechen: So wie der Rassist eine rassistische Wahrnehmungsstörung aufweist und der Sexist eine sexistische Wahrnehmungsstörung, so nimmt der Speziesist alles durch die speziesistische Brille wahr.

Wie tiefliegend speziesistische Wahrnehmungsmuster sind, wird drastisch veranschaulicht durch die Tatsache, daß selbst ausgewiesene Tierfreunde und Tierschützer eine ausgesprochen speziesistische Wahrnehmung haben können. Etwa die bekannte Kinderbuchautorin Astrid Lindgren (1988). In einem offenen Brief an den schwedischen Ministerpräsidenten fordert sie unter anderem die Abschaffung von Großschlachtereien, da diese die Tiere „in unnötige Angst" versetzten. (S. 29) Außerdem sollte man „vielleicht alle schwedischen Bauern auffordern, ihren Tieren bis zur Schlachtung zu folgen und dazubleiben, bis die Tiere tot sind" (S. 8). Denn: „Da würden unsere Schlachtereien schnell besser." (Ebenda)

Auf die Idee, die Tiere auch nicht in Kleinschlachtereien und „beaufsichtigt" umzubringen, sondern überhaupt nicht umzubringen, kommt Astrid Lindgren offenkundig überhaupt nicht. Jedenfalls erwähnt sie diese für eine Tierschützerin wohl irgendwie naheliegende Möglichkeit nicht einmal, auch nicht als persönlichen Wunsch oder anzustrebendes „Fernziel".

Wenn schon Menschen, die sich als Tierfreunde und Tierschützer verstehen, solch sagenhafte speziesistische Wahrnehmungsverzerrungen aufweisen, darf man sich nicht wundern, wenn „normale" Menschen alles aus speziesistischer Perspektive betrachten. Folgende Zynismen und Frivolitäten wären ohne die jahrtausendelange speziesistische Indoktrination undenkbar.

So heißt es etwa in einer „Serie über sanfte [!] Schädlingsbekämpfung": „Nimmt man Backpulver, Salz oder Backpulver-Staubzucker-Mischungen, fressen es die Ameisen und platzen." (Wenn Ameisen ..., 1997, S. 21)

Über einen „harmlosen" (!) Zwischenfall erfahren wir aus den „Salzburger Nachrichten": „AUA [ein Flugzeug der „Austrian Airlines", H. F K] kollidierte mit Krähen. Zwischenfall in Linz-Hörsching verlief harmlos. (...) mehr als 200 Krähen überlebten das Zusammentreffen mit dem ‚großen fliegenden Bruder' nicht." (AUA kollidierte mit ..., 1988) Berichtenswertes auch über Fische, unter der originell-lustigen Überschrift „Musikalische Dorsche" lesen wir:

„Kaum erklingen die ersten Töne von Edvard Griegs ‚Dovregubbens hall' aus den Unterwasserlautsprechern, wissen die Dorsche um die nordnorwegische Forschungsstation Karvika Bescheid: Jetzt ist Fütterungszeit. Schon nach fünfmaligem Abspielen der Klänge hatten die Dorsche die Lektion gelernt. Die Musik von Grieg eignet sich besonders, da die Fische niedrige Frequenzen um 150 Hertz am besten hören. Künftig könnten Fischzüchter mit der klassischen Musik Geld sparen. Sie könnten ihre Fische frei im Fjord heranwachsen lassen – ohne die teuren Aufzuchtbehälter, in denen sie derzeit zum Beispiel Lachse halten. Haben die Tiere Schlachtgröße erreicht, müssen die Züchter sie nur mit getragener Trauermusik anlocken." (Musikalische Dorsche, 1995, S. 27)

Unter dem feinsinnigen Titel „Mindere Qualität bekommt die Fahrkarte nach Italien" erfahren wir, welche Eigenschaften für Pferde tödlich sein können, da sie ihnen wahrscheinlich eine „Fahrkarte" in einen italienischen Schlachthof bescheren: „,Dem ganz normalen Ausleseproßeß [!] fallen vor allem mindere Qualitäten zum Opfer', klärt der Salzburger Stadtbauernobmann Georg Wörndl Unwissende auf. Huf- und Fußfehler, mangelnde Vitalität, ungeeignet vom Rahmen her, das sind die Kriterien für den Fahrschein nach Italien." (Winkler, 1991, S. 15) Unverhohlene Schadenfreude über das unvermeidliche Umgebrachtwerden spricht auch aus folgendem Bericht:

„Die Übersiedlung vom Land in die Stadt dürfte dem dreijährigen namenlosen Schaf gutgetan haben. Das (...) Muttertier lieferte am Palmsonntag beim neuen Besitzer ein kleines ‚Osterwunder'. Zur Überraschung der Bauernfamilie (...) brachte das Tier (...) in siebenstündiger Prozedur gesunde Vierlinge zur Welt. ‚Palmi', das älteste, und ‚Moritz', das schwächste, haben sich (...) bei ihrer Mutter das ‚Saugrecht' gesichert. ‚Daisy' und ‚Maxi' werden von den Bauersleuten mit der Flasche gefüttert. Kuhwarme Milch, mit Kamillentee verdünnt, steht auf dem Speisezettel. Bis zum Herbst sollen sie die magische 15-Kilo-Grenze erreicht haben. Dann warten die Metzger auf das ‚Osterwunder'." (Lamm-Vierlinge am Palmsonntag, 1987)

Nicht besser wird es „den sechs Sauen" ergehen, über die in einem anderen Beitrag berichtet wird (Baldinger, 1992, S. 3). Eine von ihnen ist übrigens „ganz besonders keck und riskiert immer wieder einen Blick in den Hof". Freilich: „Ihrem Schicksal kann sie trotzdem nicht entrinnen: In einigen Tagen wird die 130-Kilo-Dame ‚gestochen'." Wie toll das Töten heutzutage organisiert wird, erfahren wir unter der informativen Überschrift „7.000 pro Stunde":

„Schlachtreife Masthybriden (vulgo *Brathendln*), im Idealfall gerade 33 Tage jung, reisen [!] containerweise. Dann geht alles blitzschnell und vollautomatisch: An den Füßen aufgehängt taucht der Kopf ins elektrische Betäubungsbad. Bei der nächsten Fließbandstation schneiden kleine Kreissägen die Halsschlagader auf (...). Im Brühtank darf das Wasser nicht zu heiß sein, damit die Haut intakt bleibt. Die Federn fliegen, Innereien werden abgesaugt und die Hendlkörper gespült. 5.000 bis 7.000 Schlachtungen pro Stunde, feinsäuberlich nach Gewichtsklassen sortiert, das ist ganz normal." (7.000 pro Stunde, 1994, S. 6)

Gefährlich leben leider auch Tiere, die wir nicht als selbstverständliche Bereicherung unseres Speisezettels betrachten. Etwa die sibirische Tigerin Tutti, die das Pech hatte, daß ein Artgenosse ihr den Schwanz abbiß. Der Zwischenfall ereignete sich in einem Wanderzirkus, wo, so erfahren wir, „Tutti ihre Brötchen verdiente". Zwar ist Tutti mittlerweile wieder völlig gesund, aber leider: „Die so Geschändete will nun keiner haben." Der berichtende „Zeit"-Redakteur macht sich so seine Gedanken über das mögliche weitere Schicksal der Tigerin: „Bleibt die Frage, ob man nun Tutti das Fell über die Ohren ziehen muß. Immerhin brächte sie als Vorleger gute 5.000 Mark. Aber ein Vorleger ohne Schwanz?" (Die Zeit, 31, 1995, S. 14)

Schließlich noch ein paar Textproben aus einem Buch mit dem perversen Titel „Tierschutzgerechtes Töten von Wirbeltieren", herausgegeben von K. W. Hauser (1976). Was hier ins Auge sticht, sind nicht die hohntriefenden Zynismen und die ungeschminkte Schadenfreude der vorangegangenen Beiträge, sondern die sachlich völlig unangemessene Emotionslosigkeit und „Objektivität", mit der über die ungeheuerlichsten Dinge berichtet wird:

„Das Töten eines Tieres (...) ist (...) eine echte tierärztliche Hilfeleistung [!], die Können und entsprechendes Verantwortungsbewußtsein [!] erfordert. Die Entwicklung von guten Tötungsmethoden, ihre Durchführung bzw. die Überwachung der Durchführung erfordert Fachkenntnisse, die nur ein Tierarzt besitzt." (Mickwitz, 1976, S. 1)

„Aus den verschiedensten Gründen kann die Tötung eines Hundes erforderlich werden. (…) Bei der Tötung eines Tieres ist anzustreben, daß sie rasch, sicher, schmerzlos und ohne das ästhetische Gefühl zu verletzen, ausgeführt wird." (Wirth, 1976, S. 16, Hervorhebungen wurden weggelassen, H. F K.)

„In der Bundesrepublik Deutschland werden derzeit jährlich rund 40 Millionen Hennenküken als Nachwuchs für unsere Legehennenbestände erbrütet. Dabei schlüpfen fast ebensoviele Hahnenküken. Seitdem für die Junggeflügelmast aber nur noch die Nachkommen besonderer Mastrassen verwendet werden, die in wenigen Wochen bei weitaus besserer Futterverwertung beträchtlich höhere Gewichte erreichen als die Hähnchen der leichten Legerassen, ist es unwirtschaftlich, auch die männlichen Küken der Legerassen aufzuziehen. Da für sie auch keine andere Verwendung besteht, werden sie noch am ersten Lebenstag getötet. (…)
Die Tötung kleiner Hähnchenmengen geschieht im allgemeinen durch Dekapitation, Kopfschlag oder Genickbruch. Bei größerem Anfall von Eintagshähnchen ist das Ertränken üblich, wobei mit Küken gefüllte weitmaschige Jute- oder Zwiebelsäcke in meist mit kaltem, selten heißem Wasser gefüllte Behälter getaucht werden. In manchen Brütereien werden die Hähnchen in Tonnen gesammelt und schichtweise mit Äther oder Chloroform begossen. Gelegentlich werden auch Auspuffgase in einen mit den Hähnchen beschickten Kasten oder luftdichten Beutel geleitet, oder die Hähnchen werden einfach in einem fest

verschlossenen Plastikbeutel erstickt. Kaltofen u. Houben (1973) beschreiben eine Apparatur zum Töten von Eintagshähnchen mittels Kohlendioxyd. Eine andere Möglichkeit, große Mengen frischgeschlüpfter Hähnchen sehr rasch zu töten, ist das Homogenisieren im Allesmuser (…), der im Prinzip wie ein Haushaltsmixer arbeitet." (Hilbrich, 1976, S. 25 f.)

Die sprachliche Manipulation, genauer: die Manipulation durch Sprache spielt – wie bei Rassismus und Sexismus – auch beim Speziesismus eine herausragende Rolle. Nehmen wir nur das Wort „Muttertier" im obigen Bericht über das „Osterwunder" – eine sachlich völlig überflüssige Wortschöpfung. Schließlich sprechen wir auch nicht von „Muttermenschen"! Mit „Muttertier" soll von der unleugbaren Tatsache abgelenkt werden, daß es hier um eine Mutter geht, deren Kinder ermordet werden sollen.

Die Manipulation beginnt ja schon bei „tierisch". Warum *tierisch*? Wir sagen ja auch nicht menschisch oder pflanzisch – wohl aber kindisch und weibisch, also wenn wir etwas Negatives zum Ausdruck bringen wollen! (Vgl. Teutsch, 1987, S. 191 f.)

Abwertung und Verharmlosung sind die wichtigsten Funktionen sprachlicher Manipulation. Diesem Ziel dient auch jener „elende Kunstgriff" (Schopenhauer), der darin besteht, für analoge Dinge bei Menschen und Tieren unterschiedliche Ausdrücke zu gebrauchen. Etwa für essen („fressen"), trinken („saufen"), Schwangersein („trächtig"), gebären („werfen") oder sterben („verenden", „verrecken",

„krepieren", „eingehen"). Schopenhauer (1977, S. 279) bemerkt dazu ganz richtig, daß hier die „Diversität der Worte" die „Identität der Sache" verschleiern soll. Über die sachliche Angemessenheit solcher sprachlicher Unterscheidungen heißt es in „Kontrolliere Deine Sprache!" (1993, S. 20 f.) treffend:

„Wer (...) die Bierzeltbesucher beim Münchner Oktoberfest beobachtet, wie sie sich schlürfend und schmatzend Leichenteile zwischen die Kiefer schieben, während ihnen das Fett über Doppelkinn und Hals in den schier platzenden Kragen läuft, und das dann mit einem an einer Nuß knabbernden Eichhörnchen vergleicht, dem kann nur das große Kotzen kommen angesichts der ungeheuerlichen Arroganz, die hinter der anmaßenden Unterscheidung menschlicher und tierlicher Nahrungsaufnahme steckt."

Abwertung und Verharmlosung sind freilich nicht Selbstzweck, sondern dienen einem weitergehenden und noch viel gravierenderem Ziel: der physischen Vernichtung. Christa Blanke (1995, S. 142) bringt es auf den Punkt: „Die sprachliche Vernichtung geht dem Töten voraus. Der Nerz ist schon tot, ehe er auf entsetzliche Weise vergast wird. Die Bezeichnung ‚Pelztier' hat ihn umgebracht."

Abwertung und Verharmlosung greifen nahtlos ineinander: Der Abwertung des Opfers folgt die Verharmlosung seiner Vernichtung. Tiere werden nicht ermordet, es erfolgt lediglich eine „Bestandsregulierung", „Nahrungsproduktion" oder „Arzneimittelsicherheitsprüfung". (Ebenda, S.

143 f.) Auch die Nationalsozialisten haben in den KZs nicht gemordet. Es kam lediglich zur „Sonderbehandlung" oder „Desinfektion" von „Untermenschen" und „Ballastexistenzen". (Halter, 1988, S. 113) „Semantische Vorfeldbereinigung" (Verbraucht, 1988, S. 1) ist eine treffende Bezeichnung für die Generalfunktion sprachlicher Manipulation. (Vergleiche auch Rachels, 1976, S. 218. Für eine systematisch Analyse sprachlicher Manipulationen in bezug auf Tiere siehe auch Binder, 1997, S. 4 ff.)

Durchgängige speziesistische Wahrnehmung begegnet uns aber auch im privaten Alltag. Der Tierrechtsphilosoph Martin Balluch (2014, S. 115) schildert eindrücklich und anschaulich, wie er die tagtägliche speziesistische Diskriminierung seines Hundes Kuksi erlebt. Allein in der Natur könne er mit Kuksi eine egalitäre Beziehung leben, aber sobald sie zu den Menschen zurückgekehrten, begännen die Probleme: „Ich schaue ihm in die Augen und ich kann nicht begreifen, warum seine Wünsche, seine Gefühle und seine Interessen weniger relevant sein sollen als meine." Dabei gehe es freilich nicht nur um die persönliche Einstellung vieler Menschen, sondern auch um eine vorherrschende Ideologie, die auch mit Gewalt durchgesetzt werde:

„Gehe ich mit Kuksi über einen Fußgängerübergang, müssten die Autos warten. Das tun sie auch, allerdings nur für mich (…). Wenn Kuksi ein paar Meter vor mir läuft (…), muss ich um sein Leben fürchten. (…) Mein Hundefreund gilt als so minderwertig, dass für ihn die Strassenverkehrsregeln aufgehoben werden. (…) Ähnlich ergeht es uns, wenn Kuksi mit mir durch den Wald schlendert (...). (...) JägerInnen dürfen ihn völlig legal töten." (Ebenda)

Im Umgang mit Bekannten geht es nicht weniger speziesistisch zu:

„Kuksi und ich sitzen auf einem Sofa und diskutieren mit FreundInnen (...). (...) Einer der Menschen (...) schubst Kuksi mit einer leichten Bewegung von seinem Platz und setzt sich selbst hin. (...) Auf Anfrage meint unser Gast, es sei für ihn selbstverständlich, dass Menschen das Vorrecht hätten, auf dem Sofa zu sitzen. Ähnlich im Auto: Kuksi verfügt über einen eigenen Sicherheitsgurt (...). Bei einer Fahrt mit einigen Menschen im Auto fiel mir plötzlich auf, dass Kuksi nicht mehr angehängt war. Wiederum: einer der Menschen hielt es für völlig selbstverständlich, dass er das Vorrecht habe, angehängt zu sein, und daher Kuksis Sicherheitsgurt einfach geöffnet hatte." (Ebenda, S. 115 f.)

5.7 Speziesistische Denkstörungen

Der Speziesismus trübt nicht nur unsere Wahrnehmung, sondern auch unser Denken – wobei das eine vom anderen freilich kaum zu trennen ist. Dabei betrifft diese speziesistische Denkschwäche keineswegs nur „normale" Menschen, sondern auch Philosophen und Wissenschaftler. Ich kenne dieses Phänomen aus eigener leidvoller Erfahrung nur zu gut:

Als ich vor Jahrzehnten begann, mich mit Tierrechtsfragen zu befassen (ich wurde 1963 Vegetarier), gab es noch keine Tierrechtsliteratur im heutigen Sinne. Umso verzweifelter suchte man natürlich nach Menschen, die den Wahnsinn und die Unmoral des üblichen Umgangs mit Tieren vielleicht doch auch erkannt haben. Dabei mußte man aber immer wieder die gleiche schmerzliche Erfahrung machen: Auch kluge Menschen verwandeln sich augenblicklich in dumme Schwätzer, sobald sie ihre gewohnten Gerichte in Gefahr sehen. Peter Singer (1996c, S. 330 f.) hat dieses Phänomen speziesistischer Denkschwäche so beschrieben:

„Verfolgt man Quellen vom ausgehenden 18. Jahrhundert an, so stößt man häufig auf Abschnitte, in denen der Verfasser die Falschheit unserer Behandlung anderer Tiere [in der englischsprachigen Tierrechtsliteratur werden Menschen als ‚human animals' und Tiere als ‚nonhuman animals' bezeichnet, H. F. K] in so deutliche Worte faßt, daß man sicher ist, hier schließlich doch noch jemanden gefunden zu haben, der sich vollständig von speziesistischen Vorstellungen befreit hat - und deshalb auch von der am weitesten verbreiteten aller speziesistischen Praktiken, nämlich dem Essen anderer Tiere. Bis auf eine oder zwei rühmliche Ausnahmen ist es jedesmal eine Enttäuschung. Plötzlich wird eine Einschränkung vorgenommen oder ein neuer Gesichtspunkt eingeführt, und auf diese Weise erspart sich der Verfasser die Bedenken wegen seiner Ernährungsweise, die seine Argumentation mit Sicherheit zu erzeugen schien. Wenn irgendwann einmal die Geschichte der Tierbefreiungsbewegung geschrieben sein wird, wird die mit Bentham beginnende Ära als die der Ausreden gelten."

Neben Bentham nennt Singer (ebenda, S. 333 ff.) unter anderem auch Schopenhauer und Darwin als traurige Beispiele speziesistischer Denker, die buchstäblich den Verstand verlieren, sobald es um ihre Eßgewohnheiten geht. Darwin hat sich zu allem Überfluß auch noch für Tierversuche stark gemacht. (Vgl. Wolf, 1992, S. 55 f.)

Schon Albert Schweitzer (o. J., S. 363) stellte im Hinblick auf Aussagen und Einstellungen von Denkern betreffend Tiere entsetzt fest: „Was sie sich an Torheiten leisten, um die überlieferte Engherzigkeit aufrechtzuerhalten und auf ein Prinzip zu bringen, grenzt ans Unglaubliche." Freilich hat diese auffallende Denkschwäche der Denker, wie gesagt, meist die unschwer erkennbare Funktion, den eigenen gewohnten und bequemen Lebenswandel zu rechtfertigen. Dazu Leonard Nelson (zit. n. Brockhaus, 1975, S. 137) in bezug auf unsere Pflichten gegenüber Tieren: „Die Art der Behandlung, die dieses Problem in der Ethik erfahren hat, würde ein vernichtendes Zeugnis für die Kräfte des menschlichen Verstandes abgeben, wenn nicht von vornherein klar wäre, daß hier weniger der Irrtum als ein Interesse im Spiele ist." – Nämlich das Interesse, aus seinen Einsichten keine persönlichen Konsequenzen ziehen zu müssen.

Dieses Interesse stellt ein grundsätzliches und gravierendes Wahrnehmungs- und Erkenntnishemmnis dar

(Rachels, 1991, S. 129–132): Wir neigen dazu, Tiere so zu sehen, daß unser tatsächlicher Umgang mit ihnen moralisch gerechtfertigt erscheint. Würden wir uns ernsthaft eingestehen, daß Tiere rationale, sensible und leidensfahige Wesen sind, müßten wir uns ja als moralische Monster fühlen. Welch extreme und absurde Blüten dieser Abwehrmechanismus treiben kann, zeigen Tierversuche im 17. Jahrhundert: Um das entsetzliche Leiden, das man den Tieren dabei zufügte, zu verleugnen, hat man ihnen kurzerhand die Leidensfähigkeit abgesprochen.

Bevor wir uns den Inhalten speziesistischer Denkstörungen zuwenden, wollen wir den oben angeführten Beispielen speziesistisch gehemmter Denker noch drei weitere hinzufügen. Zunächst Joel Feinberg (1980). Nach völlig rationalen und durchaus differenzierten Erwägungen über den moralischen Status von Tieren fällt er plötzlich auf eine geradezu archaisch-speziesistische Ebene zurück:

„Einzelnen Tieren kann man Rechte zusprechen; aber es wäre unvernünftig, ihnen in gleicher Weise wie dem Menschen ein Recht auf Leben einzuräumen. Auch sind wir gewöhnlich nicht verpflichtet, uns für das Leben einzelner Tiere einzusetzen, geschweige denn sie nicht zu töten (...)." (S. 158)

Nun zu zwei Autoren, bei denen man den Braten, den sie sich mittels intellektueller Selbstbenebelung zu sichern trachten, förmlich riechen kann: Klaus Michael Meyer-Abich und Klaus Peter Rippe.

Meyer-Abich (1985) macht sich das Gleichheitsprinzip (das offenkundig zum ethischen Vegetarismus bzw. Veganismus führt) zu eigen, erläutert dieses in klaren und verständlichen Worten, um schließlich zu folgenden haarsträubenden Schlußfolgerungen zu gelangen:

„Wenn man aber die den Tieren zuzuerkennenden Rechte, wie ich es tue, aus dem Gleichheitsprinzip begründet, liegt auf der Hand, daß nach demselben Prinzip auch Rechte der Pflanzen angenommen werden müssen. Denn es gibt Gleichheiten zwischen Menschen, Tieren und Pflanzen (...). Demgegenüber ist die Befreiungsbewegung in der Tradition der Französischen Revolution immer in der Gefahr, einen großen Chauvinismus durch einen weniger großen zu ersetzen (...). So wäre es auch, wenn wir statt der Tiere und Pflanzen nun nur noch die Pflanzen äßen und damit das Problem gelöst zu haben glaubten. Der Vegetarismus kann keine Lösung sein." (S. 20 f.)

Wer Meyer-Abichs schauerliche Selbstüberlistungsversuche einer näheren Betrachtung unterziehen möchte, sei auf meinen Aufsatz „Sophismus oder Denkhemmung?" (Kaplan, 1993c) verwiesen.

Auch Klaus Peter Rippe (1994) erleidet nach vorher beachtlichem Argumentationsniveau plötzlich einen intellektuellen Totalausfall, der sich in einem gleichermaßen wirren wie einschläfernden Hin und Her eines moralischen Nullsummenspiels manifestiert:

„Das Tierfabrik-Argument gilt nur für die intensive Käfighaltung von Hühnern oder für einige Kälber- und Schweinemastbetriebe (...). Es gibt schließlich weiterhin die traditionelle Tierhaltung und alternative Formen von Landwirtschaft. In beiden Fällen ist für das Wohlergehen der Nutztiere gesorgt. [!] Zwar werden auch diese Tiere geschlachtet; aber bisher ist kein wirklich überzeugendes Argument vorgebracht worden, das die Tötung von nicht-selbstbewußten Tieren prinzipiell verbietet. Dies ist sicherlich kein Argument, das ungezähmten Fleischgenuß rechtfertigt. Im Gegenteil. Schon wegen der negativen Ausnahmen ist eine Reform der landwirtschaftlichen Praxis dringend geboten. Die Frage ist nur, ob die Wahl der vegetarischen Lebensweise der beste Weg ist, zu einer Veränderung beizutragen. Ist nicht der sogenannte ethische Konsum, der Kauf teureren Fleisches aus traditioneller oder alternativer Tierhaltung, der bessere Weg? Mir scheint es so. [An dieser Stelle hört man den Erleichterungsseufzer des fleischfressenden Ethikers förmlich! H. F. K.] Es gibt gute Gründe, die für einen selektiven und stark gemäßigten Fleischkonsum sprechen. Aber keinen, der einen gänzlichen Verzicht begründen kann." (S. 148)

Nun wollen wir uns, wie angekündigt, der inhaltlichen Seite speziesistischer Denkstörungen zuwenden, das heißt einige speziesistische Denkfehler darstellen und wo nötig analysieren. Dieses Vorhaben methodisch in den Griff zu bekommen, ist nicht ganz einfach, weil man sich gleich mehreren Problemen gegenübersieht. Da ist zunächst die schiere Zahl solcher Denkfehler. Zweitens gibt es Abgrenzungsprobleme: erstens gegenüber „Fühlfehlern", also Inkonsequenzen, die eher auf der emotionalen als auf der rationalen Ebene liegen, zweitens gegenüber bloßen Dummheiten und drittens gegenüber schlichten faktischen Irrtümern. Schließlich werden viele speziesistische Denkfehler von seiten derer, die sie begehen, kaum je ausdrücklich formuliert, so daß sie erst aus dem Handlungs- bzw. Begründungszusammenhang erschlossen werden müssen. Gehen wir kurz auf diese Probleme ein:

Abgrenzung gegenüber „Fühlfehlern": Wenn Menschen es entrüstet ablehnen, Katzen oder Hunde zu essen, im nächsten Augenblick aber, ohne mit der Wimper zu zucken, Tiere verzehren, die sich von Katzen und Hunden wesentlich in nichts unterscheiden, so ist dies nicht nur rational, sondern auch emotional inkonsequent. (Vgl. Regan, 1987, S. 67) Hierher gehören auch alle psychischen Mechanismen der Verleugnung und Verdrängung, etwa die Neigung, von dem, was sich hinter Schlachthof- und Labormauern abspielt, nichts wissen zu *wollen*. (Vgl. Ryder, 1989, S. 8 f.)

Abgrenzung gegenüber bloßen Dummheiten: Wenn jemand das Essen von Fleisch damit „rechtfertigt", daß es gut schmecke, so ist dies eher Dummheit als irgend etwas anderes. Schließlich ist „es schmeckt gut" moralisch um nichts bedeutungsvoller als „es hüpft hoch" oder „es läuft schnell". (Regan, 1987, S. 80)

Abgrenzung gegenüber faktischen Irrtümern: Zuweilen wird – als Indiz für unsere moralische Höherwertigkeit (was seinerseits einen Denkfehler beinhaltet) – auf das phantastische Angepaßtsein des Menschen an seine Umwelt verwiesen. Das ist ein schlichter Irrtum: Wir sind an unsere Umgebung um nichts besser angepaßt als eine Küchenschabe an die ihre. (Rachels, 1991, S. 70)

Fehlende ausdrückliche Formulierung: Tierexperimentatoren befinden sich in einem gleichermaßen schweren wie unausweichlichen Dilemma: Um die wissenschaftliche Sinnhaftigkeit ihrer Versuche zu unterstreichen, müssen sie auf die *Ähnlichkeit* zwischen Tieren und Menschen verweisen (da der Zweck der Versuche ja in Rückschlüssen auf den Menschen besteht). Um diese Versuche aber ethisch rechtfertigen zu können, müssen sie die *Unähnlichkeit* von Tieren und Menschen betonen (weil sich kaum erklären läßt, daß man mit Wesen, die dem Menschen ähnlich sind, Dinge tun darf, die man mit Menschen nie und nimmer tun dürfte). In seinem Gedicht „Menschliche Logik" läßt Godofredo Stutzin (1989, S. 19) einen Affen in bezug auf den Menschen sagen:

„Er stellt mit mir Versuche an,
Weil ich so gleich ihm bin,
Weshalb er sie verwenden kann
Für sich in seinem Sinn.

‚Und warum quälst du mich denn dann?',
Frag' ich ihn angsterfüllt.
‚Weil man dich nicht vergleichen kann
Mit mir, du Affenwild!'"

Dieses Dilemma wird von seiten der Experimentatoren freilich kaum zugegeben, geschweige denn ausdrücklich formuliert, sondern muß vielmehr erst aus der argumentativen Gesamtsituation herausgefiltert werden. (Vgl. Rachels, 1991, S. 220)

Nun endlich zu einigen speziesistischen Denkfehlern. Ich kann mich hier eher kurz fassen, weil ich in meinem Buch „Tiere haben Rechte: Argumente und Zitate von A bis Z" (Kaplan, 2002) bereits viele solcher Denkfehler dargestellt habe.

„Wir dürfen Tiere essen, weil sie für unsere Ernährung geschaffen wurden."

Auf die Unsinnigkeit dieser Begründung für das Fleischessen hat bereits der griechische Philosoph Porphyrios (siehe Kaplan, 1995b, S. 95) hingewiesen: Wenn wir uns diese Logik zu eigen machen, müssen wir konsequenterweise auch sagen, daß wir als Nahrung für Krokodile, Haifische und viele andere Tiere geschaffen worden sind, die uns verzehren, sobald sich dazu Gelegenheit bietet.

„Wir dürfen Tiere essen, weil wir sie in die Welt gesetzt haben."

Zuweilen hört man auch diese „Rechtfertigung" für das Fleischessen: Die Tiere, die wir züchten und aufziehen, verdanken ihr Leben ausschließlich uns, ohne uns wären sie nicht auf der Welt. Deshalb haben wir auch das Recht, ihnen dieses Leben wieder zu nehmen – freilich auf humane Weise. Außerdem sorgen wir ja auch für diese Tiere: wir füttern sie, bauen für sie Unterkünfte, schützen sie vor den Unbilden der Natur usw. Wenn wir diese Tiere dann essen, holen wir uns lediglich zurück, was uns zusteht. Schließlich ist das Gegessenwerden das einzige, wodurch sich diese Tiere für all das Gute, das sie uns verdanken, revanchieren können.

Nach dieser Logik hätten auch Eltern das Recht, ihre Kinder umzubringen, weil diese ebenfalls ihr Leben ihnen verdanken und von ihnen gefüttert, untergebracht und auf vielfältige andere Weise versorgt werden. Außerdem: Auch viele Sklaven wurden in der Sklaverei geboren, von Sklavenhaltern versorgt und verdankten diesen daher ihr Leben. Dennoch sind wir nicht der Meinung, daß die Sklavenhalter deshalb berechtigt waren, über Sklaven zu verfügen, geschweige denn, ihnen das Leben zu nehmen. (Sapontzis, 1987a, S. 105 f.)

„Eskimos müssen Tiere essen, um überleben zu können."

Gegen die ethische Forderung nach einer vegetarischen Lebensweise wird immer wieder eingewandt, daß gewisse Naturvölker oder Menschengruppen ohne das Töten von Tieren gar nicht überleben könnten: Eskimos bräuchten Robben, um sich ernähren zu können, Küstenbewohner Fische und Bewohner abgelegener Gebirgsgegenden, wo Ackerbau nicht möglich ist, Schafe, Ziegen und Rinder.

Zugegebenermaßen ist die Einordnung dieser Argumentation unter speziesistische Denkfehler insofern nicht ganz unproblematisch, als es sich hier gewiß nicht um so klar und fundamental widerlegbare Behauptungen handelt wie bei den vorangegangenen. Dennoch soll hier kurz auf dieses Argument eingegangen werden, weil es einem in Diskussionen häufig begegnet und es jene, die für den Vegetarismus eintreten, oft irritiert – zu unrecht, wie sich zeigen läßt:

Der entscheidende Grund, warum diese Argumentation ins Leere geht, ist natürlich folgender: Jene, die diese Gründe für den Fleischkonsum vorbringen, sind in aller Regel *keine* Eskimos oder Bewohner unwegsamer Küsten- oder Gebirgsregionen und können deshalb diese Gründe für *ihr* Ernährungsverhalten *nicht* geltend machen!

Es gibt aber, wie Gotthard M. Teutsch (1994/95, S. 99 f.) und Dietmar von der Pfordten (1996, S. 244) zeigen, durchaus auch Erwägungen, die die Zwangsläufigkeit des Fleischkonsums von Eskimos und anderen entlegen lebenden Menschen in Frage stellen, nämlich: Was zwingt diese Menschen eigentlich, in Regionen zu bleiben, die eine derart einseitige Ernährung erzwingen, zumal heute doch viele Menschen aus den unterschiedlichsten Gründen ihre ursprüngliche Heimat verlassen, um in einer lebenswerteren Umgebung ein neues Zuhause zu finden? Und: Wenn diese Menschen schon hochtechnisierte Geräte wie etwa Waschmaschinen oder Fernseher benützen (was gewiß einen gravierenderen Eingriff in ihre ursprüngliche Kultur darstellt als eine veränderte Ernährung), dann dürfte auch die Umstellung auf eine vegetarische Ernährung möglich und zumutbar sein.

„Wir dürfen Tiere nutzen, weil wir es können."

So unglaublich es klingt und so ungeheuerlich es ist – viele Rechtfertigungsversuche, die für unseren Umgang mit Tieren vorgebracht werden, laufen schlicht auf die mehr oder weniger verbrämte Argumentation hinaus: Weil wir faktisch imstande sind, Tiere auszubeuten, sind wir dazu auch ethisch berechtigt. In diesem Zusammenhang verweist Gotthard M. Teutsch (1987, S. 188) ganz zu Recht darauf, daß „im ethischen und rechtlichen Denken weithin Einvernehmen darüber besteht, daß Überlegenheit zwar Macht, aber niemals moralisch begründetes Recht verleiht." Und konkret in bezug auf unsere Macht, Tiere auszubeuten: „Es gibt keinen (…) einleuchtenden Grund, aus dem bloßen Faktum dieser Macht auch ein Recht auf deren beliebige Anwendung abzuleiten" (ebenda, S. 189).

„Wir dürfen Tiere nutzen, weil wir intelligenter und kreativer sind."

Auch dieser Rechtfertigungsversuch für unseren Umgang mit Tieren ist – mehr oder weniger direkt – immer wieder zu hören. Dazu Jeffrey M. Masson und Susan McCarthy (1996, S. 322):
„Ein Bär wird niemals Beethovens Neunte komponieren, aber unser Nachbar kann das auch nicht. Das ist noch längst kein Grund, daraus den Schluß zu ziehen, wir dürf-

ten mit diesem Nachbarn Experimente anstellen, dürften fröhliche Jagd auf ihn machen, dürften ihn munter verspeisen."

Im Hinblick auf das Argument, Weiße dürften aufgrund ihrer höheren Intelligenz Schwarze versklaven, gab Abraham Lincoln zu bedenken: Dann muß auch jeder gewärtigen, vom nächsten, der intelligenter als er selber ist, zum Sklaven gemacht zu werden. (Sweeny, 1990, S. 81)

„Aufgrund unseres vielfältigeren, abwechslungsreicheren Erlebens haben wir ein erfüllteres, befriedigenderes Leben, weshalb unser Leben auch moralisch höherwertig ist."

Hierzu ist zunächst und vor allem zu sagen, daß es alles andere als klar, geschweige denn selbstverständlich ist, daß aus der Tatsache eines erfüllteren, befriedigenderen Lebens folgt, daß dieses auch moralisch höherwertig ist. (Vgl. oben, 4.2)

Auf alle Fälle zweifelhaft ist, daß ein vielfältigeres, abwechslungsreiches Erleben notwendig zu einem erfüllteren, befriedigenderen Leben führt. Man braucht nur etwa 1 (siehe Sapontzis, 1995a, Teil l, v. a. S. 1, 6 f., 13) an den Vergleich zu denken zwischen einer Bäuerin des 19. Jahrhunderts, die ihr Leben lang auf dem Land verbrachte und in ihren Fünfzigern starb, und einem modernen, reichen und erfolgreichen Rechtsanwalt, der die ganze Welt bereiste und über siebzig Jahre alt wurde. Obwohl der Anwalt länger lebte und höchstwahrscheinlich ein viel abwechslungsreicheres, „spannenderes" Leben hatte, ist es dennoch sehr wohl möglich, daß die Bäuerin ihr Leben letztlich als reicher, erfüllter und lebenswerter empfand – zum Beispiel, weil sie sich in ihrer Welt emotional geborgen fühlte, weil sie intensive und befriedigende Erlebnisse in Ehe, Familie und Gemeinde hatte usw.

Abgesehen davon, daß es generell höchst ungewiß ist, daß ein vielfältigeres, abwechslungsreiches Erleben automatisch zu einem erfüllteren, befriedigenderen Leben führt, können wir auch schwer beurteilen, ob ein tierliches Leben letztlich wirklich weniger erfüllt und befriedigend ist als unser eigenes (siehe Sapontzis, 1987a, S. 219–221):

1) Wir wissen schlicht nicht, wie es ist, ein Hund, ein Vogel, eine Fledermaus oder ein Delphin zu sein, weil diese Tiere zum Teil völlig *andere* Sinnesempfindungen als wir haben.

2) Auch ist es durchaus möglich, daß Tiere viel *intensivere* Erlebnisse haben. So sind wir Menschen etwa notorisch unfähig, die Gegenwart voll und ganz zu genießen, weil wir uns dauernd mit Gedanken an Vergangenes und Künftiges herumschlagen: mit Problemen, Enttäuschungen, Kränkungen usw. Bei Tieren scheint diese fatale Tendenz, gegenwärtiges Glück durch Gedanken an Vergangenes und Kommendes zu verwässern, keine oder zumindest eine geringere Rolle zu spielen. Ein spielender Hund am Strand läßt sich seine momentane Lebensfreude offenkundig nicht durch solche zeitlichen Rück- und Vorgriffe verderben. Es ist durchaus möglich, daß solch intensiveres tierliches Erleben die vermutlich größere Vielfalt menschlichen Erlebens letztlich ausgleicht.

3) Ob ein Leben erfüllt und befriedigend ist, kann letztlich nur beurteilen, wer dieses Leben lebt. So mag uns etwa das Leben eines Hundes als extrem langweilig und ereignislos erscheinen – was es für uns, mit unseren Eigenschaften, wohl auch wäre. Aber das heißt noch lange nicht, daß dieses Leben *für den Hund* – mit *seinen* Eigenschaften – nicht über die Maßen lebenswert sein kann. „Hinsichtlich dessen, was (...) für einen Hund wichtig ist (...), ist das ‚Hundeleben' (...) ungleich reicher und interessanter. Den menschlichen Mangel an geruchsmäßigem Unterscheidungsvermögen könnte der Hund eigentlich nur bedauern oder als Degenerierung verachten." (Wolf, 1992, S. 113)

„Weil wir moralisch handeln können, sind wir moralisch höherwertig."

Diese Meinung spielt in vielen Versuchen, unser Verhalten gegenüber Tieren zu rechtfertigen, eine wichtige Rolle: Unsere Fähigkeit, moralisch zu handeln, verleiht uns unter allen Wesen auf Erden einen herausragenden Status, der uns auch einzigartige Rechte im Umgang mit allen anderen Wesen verleiht.

Dazu ist zunächst einmal festzustellen, daß es (siehe oben, 1.1.6!) in bezug auf Moral zwischen Menschen und Tieren wohl eher einen graduellen als einen grundsätzlichen Unterschied gibt. Davon abgesehen ist aber der Schluß von Moralfähigkeit auf moralische Höherwertigkeit schon an sich fragwürdig:

Moralfähigkeit selbst, also die Fähigkeit, zwischen Gut

und Böse zu unterscheiden und zu entscheiden, beinhaltet ja (vgl. Wolf, 1992, S. 116) noch keinerlei Verdienst. Verdient macht sich jemand erst dadurch, daß er diese Moralfähigkeit, sprich: Entscheidungsmöglichkeit *positiv* nutzt, also ernsthaft bestrebt ist, das Richtige zu tun. Daraus folgt andererseits aber keineswegs, daß es ein moralischer Mangel wäre, nicht moralfähig zu sein: „Es ist (...) kein mangelndes Verdienst, ein Igel zu sein statt eine tugendhafte Person" (ebenda).

Darüber hinaus: Erst die Fähigkeit, moralisch zu handeln, erzeugt die Gefahr, moralisch zu scheitern – sich für das Böse zu entscheiden. Daher gilt: Moralfähigkeit bedeutet zwar keineswegs automatisch moralische Höherwertigkeit, beinhaltet aber die Möglichkeit moralischer Minderwertigkeit: die Gefahr, moralisch minderwertig zu werden im Vergleich zu jenen, die von vornherein nicht moralfähig sind. (Vgl. Gruzalski, 1996, S. 2–4)

„Weil wir moralisch höherwertig sind, dürfen wir die unter uns Stehenden ausbeuten."

Die Vorstellung, daß wir aufgrund unserer moralischen Höherwertigkeit – wenn es sie gäbe –, die unter uns Stehenden ausbeuten dürften, gehört wohl zu den absurdesten Auswüchsen speziesistischer Verblendung. Dennoch spielt dieser groteske Gedanke in vielen Rechtfertigungsversuchen für unseren Umgang mit Tieren eine wichtige, wenngleich selten ausdrückliche Rolle.

Der springende und wunde Punkt bei der Vorstellung,

daß wir aufgrund unserer moralischen Höherwertigkeit andere ausbeuten dürften, ist natürlich dies: Eben diese Ausbeutung von Schwachen und Wehrlosen würde unsere (falls je vorhandene) moralische Höherwertigkeit augenblicklich zunichte machen – und damit der Ausbeutung ihre (unterstellte) Berechtigung entziehen!

Dies kann man auch etwas näher ausführen (vgl. Sapontzis, 1995a, S. 16–19, 1987a, S. 223): Moralisch zu sein, heißt ja wohl, die Welt zu einem besseren Ort zu machen, also etwa Leiden zu lindern, Mitleid zu haben und Gerechtigkeit zu fördern. Exakt das Gegenteil machen wir aber beim Ausbeuten von Tieren: Wir vergrößern das Leiden auf der Welt, zeigen dabei keinerlei Mitleid und bürden den Tieren alle Lasten auf, während wir alle Vorteile beanspruchen!

„Weil wir ein erfüllteres, befriedigenderes Leben haben, haben wir auch ein höheres Lebensrecht."

Der Hinweis auf unser „reicheres Seelenleben" hat häufig die Funktion, den Lebenswert und das Lebensrecht von Tieren möglichst gering erscheinen zu lassen, um so ihre Nutzung, sprich: Ausbeutung zu legitimieren. Ganz abgesehen von den obigen Ausführungen betreffend Vorhandensein bzw. Feststellbarkeit eines erfüllteren, befriedigenderen menschlichen Lebens, muß hier folgendes bedacht werden (siehe Wolf, 1992, S. 114, 116):

Im Umgang mit *Menschen* schließen wir von einem weniger erfüllten und befriedigenden Leben keineswegs auf ein geringeres Lebensrecht! Das Leben eines Säuglings, der an Unterernährung zu sterben droht, ist wahrscheinlich weniger „erfüllt und befriedigend" als das eines gesunden, kultivierten, ausgeglichenen Erwachsenen. Dennoch sind wir nicht der Meinung, daß dieser Säugling deshalb ein geringeres Lebensrecht habe. Oder: Das Leben eines Heroinsüchtigen ist vielleicht „geistig ärmer" als das eines „normalen" Menschen. Trotzdem glauben wir nicht, daß der Heroinsüchtige deshalb ein geringeres Lebensrecht habe. Folgerichtig kann auch aus einem angeblich „ärmeren Seelenleben" von Tieren nicht auf deren geringeres Lebensrecht geschlossen werden.

„Konfliktfälle beweisen, wo Prioritäten vernünftigerweise zu setzen sind."

Eine beliebte Strategie, um Tierrechtler „der Inkonsequenz zu überführen", ist, anhand eines – meist an den Haaren herbeigezogenen – Konflikts zu „beweisen", daß letztlich nicht einmal sie selbst wirklich glauben, was sie „in fanatischer Verblendung" behaupten oder fordern. Hierher gehört etwa die Standardfrage: Wen würdest du eigentlich retten: einen ertrinkenden Hund oder einen ertrinkenden Menschen? Wenn sich der oder die auf diese Weise Bedrängte für die Rettung des Menschen entscheidet, glaubt man, damit die Tierrechtsposition „ad absurdum geführt" und die übliche Tierausbeutung legitimiert zu haben.

Der hier begangene Denkfehler (siehe Sapontzis, 1987a, S. 79 f.) ist ein zweifacher: Erstens ist es unzulässig, von Konfliktsituationen, in denen man gezwungen ist, sich für das geringere Übel zu entscheiden, auf Situationen zu schließen, wo überhaupt kein Konflikt vorliegt. Wenn etwa unser Interesse, uns vernünftig zu ernähren, und das tierliche Interesse, nicht von uns gegessen zu werden, durch eine vegetarische oder vegane Ernährung spielend unter einen Hut gebracht werden können, ist es absurd, sich auf einen Konflikt zu berufen, bei dem tierliche Interessen halt leider menschlichen Interessen geopfert werden müßten.

Der zweite Fehler besteht in der Annahme, daß derjenige, der sich im Gedankenexperiment als der „Höherwertige" erweist, deshalb berechtigt sei, den anderen *auszubeuten*. Die Absurdität dieses Schlusses verdeutlicht Sapontzis durch Hinweis auf die übliche Praxis, in Seenot Frauen und Kinder vor Männern in die Rettungsboote zu lassen: Niemand käme deshalb auf die idee, daß Frauen und Kinder berechtigt wären, mit Männern zu experimentieren, sie zu jagen oder aufzuessen!

In diesem Zusammenhang muß auch daran erinnert werden, daß wir vergleichende Lebensbewertungen keineswegs nur zwischen Menschen und Tieren vornehmen, sondern auch zwischen Menschen, und zwar *ohne* dabei den prinzipiellen Wert und das grundsätzliche Lebensrecht der jeweils „weniger wertvollen" anzutasten! In der modernen Medizin kommen wir überhaupt nicht umhin, ununterbrochen solche Bewertungen anzustellen. Artikel wie „Helfen, aber wem? Auch in der Medizin müssen wir rechnen lernen" (Schuh, 1996, S. 1) zeigen, um welche Probleme und Konflikte es hier unter anderem geht. Insbesondere in der Transplantationsmedizin – Stichwort: Organ-Wartelisten – müssen täglich Wertentscheidungen in bezug auf menschliches Leben getroffen werden. Beiträge wie „Mütter bevorzugt" (1997, S. 236 f.) zeigen, welche Kriterien hier entscheidend sein können. (Siehe auch Schuchardt, 1995, und Merkel, 1991.)

Schließlich sei noch auf eine Prioritätensetzung anderer und grundsätzlicherer Art hingewiesen. Dabei geht es weniger um rationale Abwägungen, sondern eher um emotionale Bindungen. Unter Hinweis auf die „psychologische Natur" des Menschen hört man zuweilen folgende Argumentation:

Wir sind nun einmal so beschaffen, daß wir uns wirklich kümmern nur um unsere Nächsten können. Und wenn wir es schaffen, so recht und schlecht alle Menschen irgendwie als unsere Nächsten zu begreifen, so müssen wir schon heilfroh sein. Darüber hinaus auch noch zu fordern, Tiere ebenfalls als unsere Nächsten zu betrachten, bedeutet eine hoffnungslose Überforderung unserer psychologischen Möglichkeiten.

Dazu ist zu sagen: Psychologie hin, Psychologie her – wenn wir Ethik überhaupt ernst nehmen, müssen wir nicht nur unseren puren persönlichen Egoismus bekämpfen, sondern auch unseren erweiterten Egoismus in Form von „Nächstenliebe" zu Partnern, Kindern, Eltern, Verwandten, Freunden und schließlich Menschen. Ethik besteht nun einmal zu einem ganz entscheidenden Teil gerade darin, solche „natürlichen" Bevorzugungen zu *überwinden*

– um einen möglichst objektiven, unparteiischen, gerechten Standpunkt einzunehmen und entsprechend zu handeln. Ethik ist institutionalisierte Egoismusbekämpfung – handle es sich nun um persönlichen Egoismus oder um Gruppenegoismus jeglicher Art.

Alle aufgezeigten Denkfehler dienen im Grunde einem Zweck: der Verdrängung der Tatsache, daß unser Umgang mit Tieren letztlich auf reinem Machtmißbrauch beruht. „Wir leben zwar", schreibt Alexander Solschenizyn (1997, S. 7), „im Computerzeitalter, aber noch immer nach dem Grundgesetz der Steinzeit: Wer den größeren Knüppel schwingt, hat auch recht. Bloß wahrhaben wollen wir es nicht."

Literatur

Anstötz, Christoph: *Schwerst geistig behinderte Menschen und die Großen Menschenaffen: Ein Beitrag aus sonderpädagogischer Sicht.* In: Paola Cavalieri, Peter Singer (Hg.): Menschenrechte für die Großen Menschenaffen. München: Goldmann, 1994.

Apel, Wolfgang: *Am „Haken" der Justiz,* Du und das Tier, 2, 1990.

Arras, Peter: *Er ist kalt, glitschig und hat einen starren Blick – aber er lebt und fühlt, so wie wir …,* Mensch und Tier, 1, 1991.

Arras, Peter: *Über die Kälte der Fische und die Kaltblütigkeit ihrer Peiniger,* Anima, 3, 1996.

Arzt, Volker, Birmelin, Immanuel: *Haben Tiere ein Bewußtsein?* München: Bertelsmann, 1993.

AUA kollidierte mit Krähen, Salzburger Nachrichten, 24. 10. 1988.

Bahnbrechende Entscheidung des OGH, Tierschutz konsequent, 4, 1998.

Baldinger, Inge: *„Und d' Erpfi verkauf' ma immer no' für an Schilling",* Salzburger Nachrichten, 4. 6. 1992.

Baldner, Kent: *Realism and Respect,* Between the Species, Vol. 6, No. 1 (Winter 1990).

Balluch, Martin: *Der Hund und sein Philosoph.* Wien: Promedia, 2014.

Balluch, Martin: *Kant revisited: Die beste Begründung für Tierrechte*
http://www.martinballuch.com/kant-revisited-die-beste-begruendung-fuer-tierrechte/

Balluch, Martin: *Warum das Argument für Autonomie so wichtig ist!*
http://www.martinballuch.com/warum-das-argument-fuer-autonomie-so-wichtig-ist/

Barad-Andrade, Judith: *The Dog in the Lifeboat Revisited,* Between the Species, Vol. 8, No. 2 (Spring 1992).

Barth, Ariane: *Die Lehren der Affen,* Der Spiegel, 18, 1992.

Behr, Martin: *Tiere sind für Kinder ein Fenster hinaus zur Natur,* Salzburger Nachrichten, 25. 11. 1989.

Beidl, Christine: *Achtung – lebende Tiere,* Anima, 4, Winter 1996 / 1997.

Bekoff, Marc: *Das Gefühlsleben der Tiere.* Bernau: animal learn Verlag, 2008.

Bekoff, Marc: *Predator Reintroduction: No Simple Answers.* Animals' Agenda, Vol. 15, No. 4 [1995].

Bekoff, Marc: *Das unnötige Leiden der Tiere.* Freiburg: Herder, 2001.

Benn, Stanley I.: *Equality, moral and social.* In: Paul Edwards (Hg.): The Encyclopedia of Philosophy. Vol. 3. New York: The Macmillan Company & The Free Press / London: Collier-Macmillan Limited, 1967.

Bentham, Jeremy: *An Introduction to the Principles of Morals and Legislation.* Hg. v. J. H. Burns, H. L. A. Hart. London: Universitiy of London - The Athlone Press, 1970.

Berger, I.: *Was Tierbefreierlnnen nicht essen,* Der Tierbefreier, 6, 1996.

Bilz, Rudolf: *Studien über Angst und Schmerz (Paläoanthropologie Band 1 / 2).* Frankfurt: Suhrkamp, 1974.

Binder, Regina: *Sprache über Tiere,* Transparent, 3, 1997.

Birnbacher, Dieter: *Mehrdeutigkeiten im Begriff der Menschenwürde,* Aufklärung und Kritik, Sonderheft 1, 1995.

Bittermann, Wolfgang, Plank, Franz-Joseph: *Zeitbombe Tierleid.* Wien: Orac, 1990.

Blanke, Christa: *Da krähte der Hahn.* Eschbach: Verlag am Eschbach, 1995.

Blanke, Christa: *Versklavte Tiere 1989,* Du und das Tier, 3, 1989.

Blick zurück, Der Spiegel, 5, 1988.

Blum, Wolfgang: *Kuscheltier. Tiere helfen Therapeuten im Krankenhaus,* Die Zeit, 31, 1994.

Brensing, Karsten: *Persönlichkeitsrechte für Tiere.* Freiburg: Herder, 2013.

Breßler, Hans-Peter: *Ethische Probleme der Mensch-Tier-Beziehung.* Frankfurt: Lang, 1997.

Brockhaus, Wilhelm: *Das Recht der Tiere in der Philosophie Leonhard [sic, es müßte „Leonard" heißen] Nelsons.* In: Ders. (Hg.): Das Recht der Tiere in der Zivilisation. München: Hirthammer, 1975.

Bunge, Mario Augusto: *Ethics: The Good and the Right (Treatise on Basic Philosophy, Vol. 8).* Dordrecht: Reidel, 1989.

Cavalieri, Paola, Singer, Peter (Hg.): *Menschenrechte für die Großen Menschenaffen.* München: Goldmann, 1994.

Cena, M.: *Die Ethologie der Nutztiere in der tierärztlichen Diagnostik.* In: D. W. Fölsch (Hg.): The Ethology and Ethics of Farm Animal Production. Basel: Birkhäuser, 1978.

Christiansen, Walter: *Die Jagd ist nicht mehr zeitgemäß.* Göttingen: Echo, 1990.

Cigman, Ruth: *Death, Misfortune and Species Inequality,* Philosophy and Public Affairs, 10, No. 1 (Winter 1980).

Clark, Stephen R. L.: *The Moral Status of Animals.* Oxford: Oxford University Press, 1984.

Clark, Stephen R. L.: *Utility, Rights, and the Domestic Virtues,* Between the Species, Vol. 4, No. 4, 1988.

Clarke, Paul A. B., Linzey, Andrew: *Introduction.* In: dies. (Hg.): Political Theory and Animal Rights. London: Pluto, 1990.

Clifton, Merritt: *Who's a Birdbrain?,* Animals' Agenda, Dec. 1990.

Comstock, Gary: *Pigs and Piety,* Between the Species, Vol. 8, No. 3 (Summer 1992).

A Conversation with Peter Singer, Animals' Agenda, March / April 1994 (Vol. 14, No. 2).

Darwin, Charles: *Die Abstammung des Menschen.* Stuttgart: Kröner, 1966.

Davis, Karen: *Viva, the Chicken Hen,* Between the Species, Vol. 6, No. 1 (Winter 1990).

Dawkins, Marian Stamp: *Die Entdeckung des tierischen Bewußtseins.* Heidelberg: Spektrum, Akademischer Verlag, 1994.

Dawkins, Richard: *Barrieren im Kopf.* In: Paola Cavalieri, Peter Singer (Hg.): Menschenrechte für die Großen Menschenaffen. München: Goldmann, 1994.

Delikatessen zum Vergessen, Tierfreund, 4, 1995.

Diamond, Jared: *Der dritte Schimpanse.* In: Paola Cavalieri, Peter Singer (Hg.): Menschenrechte für die Großen Menschenaffen. München: Goldmann, 1994.

Dombrowski, Daniel A.: *Hartshorne and the Metaphysics of Animal Rights.* Albany: State University of New York Press, 1988.

Donaldson, Sue, Kymlicka, Will: *Von der Polis zur Zoopolis. Eine politische Theorie der Tierrechte.* In: Schmitz, Friederike (Hg.): Tierethik. Berlin: Suhrkamp. 2014.

Donaldson, Sue, Kymlicka, Will: Zoopolis: *Eine politische Theorie der Tierrechte.* Berlin: Suhrkamp. 2013.

Downer, John: *Die Supersinne der Tiere.* Hamburg: Hoffmann und Campe, 1990.

Dröscher, Vitus: *Berichte, die nachdenklich machen.* In: Gotthard M. Teutsch (Hg.): Da Tiere eine Seele haben ... Stuttgart: Kreuz, 1987b.

Dröscher, Vitus: *Lügen haben vier Beine.* In: Gotthard M. Teutsch (Hg.): Da Tiere eine Seele haben ... Stuttgart: Kreuz, 1987a.

Dunayer, Joan: *„... er schnurrt, wenn er den Hof macht, und knufft, wenn er sein Territorium verteidigt." Über die ungeahnte Empfindsamkeit der Fische,* Gaia, Herbst 1992.

Dunayer, Joan: *The Nature of Altruism,* Animals' Agenda, April 1990.

Dunbar, R. I. M.: *Was sagt uns eine Klassifizierung?* In: Paola Cavalieri, Peter Singer (Hg.): Menschenrechte für die Großen Menschenaffen. München: Goldmann, 1994.

Dupré, John: *Gespräche mit Affen. Reflexionen über die wissenschaftliche Erforschung der Sprache.* In: Perler, Dominik, Wild, Markus (Hg.): Der Geist der Tiere. Frankfurt: Suhrkamp, 2005.

Duve, Karen: *Anständig essen.* Berlin: Galiani, 2011.

Feinberg, Joel: *Die Rechte der Tiere und zukünftiger Generationen.* In: Dieter Birnbacher (Hg): Ökologie und Ethik. Stuttgart: Reclam, 1980.

Fink, Charles K.: *The Moderate View on Animal Ethics,* Between the Species, Vol. 7, No. 4 (Fall 1991).

Finsen, Lawrence, Finsen, Susan: *The Animal Rights Movement in America.* New York: Twayne Publishers, 1994.

Fish have feelings too: Expert claims creatures experience pain in the same way humans do - and should be treated better, MailOnline (http://www.dailymail.co.uk), 19.6.2014.

Foer, Jonathan Safran: *Tiere essen.* Köln: Kiepenheuer & Witsch, 2010.

Fossey, Dian: *Gorillas im Nebel.* München: Kindler, 1989.

Fouts, Roger S., Fouts, Deborah H.: *Wie sich Schimpansen einer Zeichensprache bedienen.* In: Paola Cavalieri, Peter Singer (Hg.): Menschenrechte für die Großen Menschenaffen. München: Goldmann, 1994.

Fouts, Roger, Mills, Stephen T.: *Unsere nächsten Verwandten.* München: Limes, 1998.

Francione, Gary L.: *Empfindungsfähigkeit, ernst genommen*. In: Schmitz, Friederike (Hg.): Tierethik: Grundlagentexte. Berlin: Suhrkamp, 2014.

Frankena, William K.: *Analytische Ethik*. München: Deutscher Taschenbuch Verlag, 1972.

Frankena, William K.: *Das Recht auf Leben von nicht-menschlichen Wesen*. In: Alberto Bondolfi (Hg.): Mensch und Tier. Freiburg: Universitätsverlag, 1994.

Frazier, Claude A.: *Lesson From a Cat*, Animals' Agenda, May 1990.

Freud, Sigmund: *Totem und Tabu*. Studienausgabe, hg. v. Alexander Mitscherlich et al., Band IX. Frankfurt: Fischer, 1974a.

Freud, Sigmund: *Das Unbehagen in der Kultur*. Studienausgabe, hg. v. Alexander Mitscherlich et al., Band IX. Frankfurt: Fischer, 1974b.

Frey, Rudolf: *Geleitwort*. In: Ronald Melzack: Das Rätsel des Schmerzes. Stuttgart: Hippokrates, 1978.

Frühform des Heimwerkers, Der Spiegel, 12, 1997.

Frommhold, Dag: *Das Anti-Jagdbuch*. München: Hirthammer, 1994.

Frommhold, Dag: *Jägerlatein*. Windeck: Okapi, 1996.

Glaubrecht, Matthias: *Angekratzte Schöpfungskrone*, Die Zeit, 52, 1990.

Gnadenlose Geduld, Der Spiegel, 23, 1994.

Goldner Colin: *Lebenslang hinter Gittern: Die Wahrheit über Gorilla, Orang Utan & Co in deutschen Zoos.* Aschaffenburg: Alibri, 2014.

Goodall, Jane: *Schimpansen – Die Überbrückung einer Kluft.* In: Paola Cavalieri, Peter Singer (Hg.): Menschenrechte für die Großen Menschenaffen. München: Goldmann, 1994.

Goodall, Jane: *Wilde Schimpansen.* Reinbek: Rowohlt, 1991.

Goodpaster, Kenneth E.: *On Being Morally Considerable,* The Journal of Philosophy, 75, 1978.

Gordon, Wendy, Patterson, Francine: *Zur Verteidigung des Personenstatus von Gorillas.* In: Paola Cavalieri, Peter Singer (Hg.): Menschenrechte für die Großen Menschenaffen. München: Goldmann, 1994.

Gould, Stephen Jay: *„Wir sehnen uns nach einem Sinn"* (Interview), Der Spiegel, 10, 1998.

Die grauen Riesen sterben aus, Du und das Tier, 6, 1989.

Griffin, Donald R.: *Wie Tiere denken: Ein Vorstoß ins Bewußtsein der Tiere.* München: BLV Verlagsgesellschaft, 1985.

Gruzalski, Bart: *Autonomy and the Orthodoxy of Human Superiority,* Between the Species, Vol. 12, No. 1 & 2 (Winter-Spring 1996).

Hagen, Horst, Sojka, Nikolaus: *Auf der Strecke geblieben.* Göttingen: Echo, 1987.

Halter, Hans: *„Die Mörder sind noch unter uns",* Der Spiegel, 25, 1988.

Hare, R. [Richard] M.: *Freiheit und Vernunft.* Düsseldorf: Patmos, 1973.

Hauptsache für die Tiere? https://www.tierbefreiung.de/archiv/67/hauptsache_fuer_die_tiere.html

Hauser, K. W. (Hg.): *Tierschutzgerechtes Töten von Wirbeltieren.* Hannover: Schlütersche Verlagsanstalt, 1976.

Hauskeller, Michael: *„I prefer not to": Tötungsverbot und Personbegriff in der Ethik Peter Singers,* Aufklärung und Kritik, Sonderheft 1, 1995.

Hegselmann, Rainer, Merkel, Reinhard: *Einleitung.* In: dies. (Hg.): Zur Debatte über Euthanasie. Frankfurt: Suhrkamp, 1991.

„Heilkraft" der besonderen Art. Informationspapier des Instituts für interdisziplinäre Erforschung der Mensch-Tier-Beziehung (IEMT). Wien, 1989.

„Helping Hands" is a Cruel Hoax, Trainer Tells Congress, Animals' Agenda, Nov. 1989.

Hilbrich, P.: Tierschutzgerechtes Töten von Eintagsküken. In: K. W. Hauser (Hg.): Tierschutzgerechtes Töten von Wirbeltieren. Hannover: Schlütersche Verlagsanstalt, 1976.

Hilligen, Wolfgang, Neumann, Franz: *Menschenwürde.* Baden-Baden: Signal-Verlag, 1980.

Höffe, Otfried (Hg.): *Einführung in die utilitaristische Ethik.* Tübingen: Francke, 1992.

Höffe, Otfried: *Ethische Grenzen der Tierversuche.* In: Ursula M. Händel (Hg.): Tierschutz: Testfall unserer Menschlichkeit. Frankfurt: Fischer, 1984.

Höffe, Otfried (Hg.): *Lexikon der Ethik.* München: Beck, 1977.

Höffe, Otfried: *Naturrecht, ohne naturalistischen Fehlschluß: ein rechtsphilosophisches Programm.* Wien: Verlag des Verbandes der Wissenschaftlichen Gesellschaften Österreichs, 1980.

Hoerster, Norbert: *Abtreibung im säkularen Staat.* Frankfurt: Suhrkamp, 1991.

Hösle, Vittorio: *Moral und Politik: Grundlagen einer Politischen Ethik für das 21. Jahrhundert.* München: Beck, 1997.

Horstmann, Ulrich: *„Im Grunde ein wildes, entsetzliches Tier",* Der Spiegel, 5, 1988.

Horstmann, Ulrich: *Das Untier.* [Frankfurt:] Suhrkamp, 1985.
Hummer – der Renner der feinen Lebensart, Schutz für Mensch, Tier und Umwelt, Febr. / März 1995.

Die Hummer-Industrie, Transparent, 3, 1995.

Iglehart, Frederick C.: *The Speaking Oak,* PeTA News, Fall 1993.

Illies, Joachim: *Anthropologie des Tieres.* München: Deutscher Taschenbuch Verlag, 1977.

Initiative gegen Tierversuche will auch Schalentieren helfen, Anima, 4, 1989.

Jackson, Christine: *Looking at Sea Animals in a Different Light,* PeTA News, Vol. 8, No. 3 (Summer 1993).

Jagd auf Leben aus dem Wasser, Tierfreund, 7, 1996.

Jamieson, Dale: *Killing Persons and Other Beings.* In: Harlan B. Miller, William H. Williams (Hg): Ethics and Animals. Clifton, N. J.: Humana Press, 1983.

Jamieson, Dale: *Rights, Justice, and Duties to Provide Assistance: A Critique of Regan's Theory of Rights,* Ethics, Vol. 100, No. 2 (January 1990).

Johnson, Edward: *Life, Death, and Animals.* In: Harlan B. Miller, William H. Williams (Hg.): Ethics and Animals. Clifton, N. J.: Humana Press, 1983.

Johnson, William: *Zauber der Manege?* Hamburg: Rasch und Röhring, 1992.

Jones, Ernest: *Das Leben und Werk von Sigmund Freud,* Band III. Bern: Huber, 1978.

Kaplan, Helmut F.: *Euthanasie und Emotion – Warum Peter Singers Thesen die Gemüter erhitzen.* In: Riccardo Bonfranchi (Hg.): Zwischen allen Stühlen: die Kontroverse zu Ethik und Behinderung. Erlangen: Fischer, 1997.

Kaplan, Helmut F.: *Die Euthanasie-Diskussion: Ein Versuch zur Versachlichung.* In: ders.: Leichenschmaus. Ethische Gründe für eine vegetarische Ernährung. Reinbek: Rowohlt, 1993b. (Diesen Beitrag enthält nur die Rowohlt-Erstausgabe von Leichenschmaus von 1993, nicht die weiteren Rowohlt-Auflagen.)

Kaplan, Helmut F: *Leichenschmaus: Ethische Gründe für eine vegetarische Ernährung.* Reinbek: Rowohlt, 1993a. Aktualisierte Neuauflage 2011 bei Books on Demand.

Kaplan, Helmut F.: *Menschenrechte für Affen?,* Transparent, 5, 1995a.

Kaplan, Helmut F.: *Menschenrechte für die Großen Menschenaffen?,* Anima, 1, 1996.

Kaplan, Helmut F.: *Die Philosophie des Vegetarismus: kritische Würdigung und Weiterführung von Peter Singers Ansatz.* Frankfurt: Lang, 1988.

Kaplan, Helmut F.: *Sind wir Kannibalen? Fleischessen im Lichte des Gleichheitsprinzips.* Frankfurt: Lang, 1991.

Kaplan, Helmut F.: *Sophismus oder Denkhemmung?* In: Helmut F. Kaplan: Leichenschmaus. Reinbek: Rowohlt, 1993c.

Kaplan, Helmut F.: *Tiere haben Rechte.* Erlangen: Fischer, 2002.

Kaplan, Helmut F.: *Tierethik: 10 Gründe für einen anderen Umgang mit Tieren.* Norderstedt: Books on Demand, 2014.

Kaplan, Helmut F.: *Tierrechte: Modetrend oder Moralfortschritt?* Norderstedt: Books on Demand, 2012.

Kaplan, Helmut F.: *Vegan soll keine Religion sein.* Norderstedt: Books on Demand, 2013.

Kaplan, Helmut F.: *Vegetarianism.* In: Ruth Chadwick (Hg.): Encyclopedia of Applied Ethics, Vol. 4. San Diego: Academic Press, 1998.

Kaplan, Helmut F. (Hg.): *Warum ich Vegetarier bin.* Reinbek: Rowohlt, 1995b.

Kienholz, Eldon W.: *Ending Animal Slavery,* Animals' Agenda, January 1989.

Klein, Stefan: *Lotterie im Garten Eden,* Der Spiegel, 10, 1998.

Knochenmark zum Nachtisch, Der Spiegel, 12, 1992.

Kontrolliere Deine Sprache!, Recht für Tiere, 3, 1993.

Korsgaard, Christine: *Mit Tieren interagieren: Ein kantianischer Ansatz.* In: Schmitz, Friederike (Hg.): Tierethik: Grundlagentexte. Berlin: Suhrkamp, 2014.

Kremsmayer, Ulla: *Der Weg allen Fleisches,* Profil, 37, 1990.

Kühnert, Hanno: *Menschtier,* Die Zeit, 2, 1989.

Kuhse, Helga, Singer, Peter: *Muß dieses Kind am Leben bleiben?* Erlangen: Fischer, 1993.

Lamm-Vierlinge am Palmsonntag, Salzburger Nachrichten, 16. 4. 1987.

Lancaster, Clay: *Animal Liberation and the Great Awakening,* Between the Species, Vol. 5, No. 2 (Spring 1989).

Langbein, Hermann: *Auschwitz und die junge Generation.* Wien: Europa Verlag, 1967.

Levvis, Margaret Ayotte: *The Value of Judgments Regarding the Value of Animals,* Between the Species, Vol. 8, No. 3 (Summer 1992).

Linden, Eugene: *„Höhere geistige Fähigkeiten mit dem Menschen gemeinsam",* Gaia, Frühling 1994.

Lindgren, Astrid: *Offener Brief an den Ministerpräsidenten lngvar Carlsson,* veröffentlicht in der schwedischen Presse am 20. 9. 1987, hier zitiert nach: Der Tierschutz, 3, 1988.

Lorenz, Konrad: *„Tiere sind Gefühlsmenschen",* Der Spiegel, 47, 1980.

Lowther, William: *Die haarigen Helfer,* Zeit-Magazin, 49, 1987.

Maggitti, Phil: *Animal Thinking,* Animals' Agenda, April 1990.

Markl, Hubert: *Pflicht zur Widernatürlichkeit,* Der Spiegel, 48, 1995.

Mason, Jim: *Animal Factories Update.* New York: Crown, 1990.

Masson, Jeffrey M., McCarthy, Susan: *Wenn Tiere weinen.* Reinbek: Rowohlt, 1996.

McKenna, Virginia: *Gefangen im Zoo.* Frankfurt: Zweitausendeins, 1993.

Merkel, Reinhard: *Ärztliche Entscheidungen über Leben und Tod in der Perinatalmedizin,* Aufklärung und Kritik, Sonderheft 1, 1995.

Merkel, Reinhard: *Teilnahme am Suizid – Tötung auf Verlangen – Euthanasie.* In: Rainer Hegselmann, Reinhard Merkel (Hg): Zur Debatte über Euthanasie. Frankfurt: Suhrkamp, 1991.

Meyer-Abich, Klaus Michael: *Frieden mit den Tieren.* In: Klaus Franke (Hg.): Mehr Recht für Tiere. Reinbek: Rowohlt, 1985.

Mickwitz, G. von: *Definition des Begriffes „Tierschutzgerechtes Töten".* In K. W. Hauser (Hg.): Tierschutzgerechtes Töten von Wirbeltieren. Hannover: Schlütersche Verlagsanstalt, 1976.

Midgley, Mary: *Animals and Why They Matter.* Harmondsworth: Penguin, 1983.

Midgley, Mary: *The Significance of Species.* In: Eugene C. Hargrove (Hg): The Animal Rights / Environmental Ethics Debate. Albany: State University of New York Press, 1992.

Mittelstraß, Jürgen (Hg.): *Enzyklopädie Philosophie und Wissenschaftstheorie.* Band 2. Mannheim: Bibliographisches Institut, 1984.

Montgomery, Sy: *Unerhörte Töne aus der Welt der Tiere,* Natur, 8, 1992.

Mütter bevorzugt, Der Spiegel, 10, 1997.

Musikalische Dorsche, Die Zeit, 31, 1995.

Newmyer, Stephen T.: *Plutarch on the Treatment of Animals: The Argument From Marginal Cases,* Between the Species, Vol. 12, No. 1 & 2 (Winter-Spring 1996).

Nimtz-Köster, Renate: *„…und der Mann wurde seines Lebens wieder froh",* Gaia, 9, 1991/92.

Perler, Dominik, Wild, Markus: *Der Geist der Tiere – eine Einführung.* In: Dies. (Hg.): Der Geist der Tiere. Frankfurt am Main: Suhrkamp, 2005.
PETA: *Wissenschaftliche Untersuchungen beweisen, dass Hummer Schmerz empfinden.* Stand: 2013 (www.peta.de)

Pfordten, Dietmar von der: *Ökologische Ethik.* Reinbek: Rowohlt, 1996.

Pluhar, Evelyn: *Moral Agents and Moral Patients,* Between the Species, Vol. 4, No. 1 (Winter 1988a).

Pluhar, Evelyn: *Speciesism: A Form of Bigotry or a Justified View?,* Between the Species, Vol. 4, No. 2 (Spring 1988b).

Portmann, Adolf: *Haben Tiere eine Seele?* In: Gotthard M. Teutsch (Hg): Da Tiere eine Seele haben ... Stuttgart: Kreuz, 1987.

Putten, G. van: *Zum Messen von Wohlbefinden bei Nutztieren.* In: D. W. Fölsch, A. Nabholz (Hg.): Ethologische Aussagen zur artgerechten Nutztierhaltung. Basel: Birkhauser, 1982.

Quatmann, Christian: *„Ein Mensch kann sie um diese Vielfalt nur beneiden",* Gaia, Winter 1990/91.

Rachels, James: *Created From Animals.* Oxford: Oxford University Press, 1991.

Rachels, James: *Do Animals Have a Right to Liberty?* In: Tom Regan, Peter Singer (Hg.): Animal Rights and Human Obligations. Englewood Cliffs, N. J.: Prentice-Hall, 1976.

Rachels, James: *Do Animals Have a Right to Life?* In: Harlan B. Miller, William H. Williams (Hg.): Ethics and Animals. Clifton, N. J.: Humana Press, 1983.

Rachels, James: *Warum sich Darwinisten für die Gleichbehandlung der anderen Großen Menschenaffen einsetzen sollten.* In: Paola Cavalierei, Peter Singer (Hg.): Menschenrechte für die Großen Menschenaffen. München: Goldmann, 1994.

Radner, Daisie, Radner, Michael: *Animal Consciousness.* Buffalo: Prometheus Books, 1989.

Rawls, John: *Eine Theorie der Gerechtigkeit.* Frankfurt: Suhrkamp, 1975.

Reeve, E. Gavin: *Speciesism and Equality,* Philosophy, 53, 1978.

Regan, Tom: *Animal Rights, Human Wrongs.* In: Harlan B. Miller, William H. Williams (Hg.): Ethics and Animals. Clifton, N. J.: Humana Press, 1983.

Regan, Tom: *But for the Sake of Some Little Mouthful of Flesh.* In: ders.: The Struggle for Animal Rights. Clarks Summit: International Society for Animal Rights, 1987.

Regan, Tom: *The Case for Animal Rights.* London: Routledge & Kegan Paul, 1984.

Regan Tom: *An Examination and Defense of One Argument Concerning Animal Rights.* In: ders.: All That Dwell Therein. Berkeley: University of California Press, 1982.

Regan, Tom: *Die Tierrechtsdebatte*. In: Interdisziplinäre Arbeitsgemeinschaft Tierethik Heidelberg (Hg.): Tierrechte. Erlangen: Harald Fischer Verlag, 2007.

Regan, Tom: *Unrechtmäßig erworbene Vorteile*. In: Paola Cavalieri, Peter Singer (Hg.): Menschenrechte für die Großen Menschenaffen. München: Goldmann, 1994.

Regan, Tom: *Utilitarianism, Vegetarianism, and Animal Rights*, Philosophy & Public Affairs, 9, 4, 1980.

Regan, Tom: *Wie man Rechte für Tiere begründet*. In: Angelika Krebs (Hg): Naturethik. Frankfurt: Suhrkamp, 1997.

Regan, Tom: *Wie man Rechte für Tiere begründet*. In: Wolf, Ursula (Hg.): Texte zur Tierethik. Stuttgart: Reclam, 2008.

Rippe, Klaus Peter: *Die Diskussion um den moralischen Status von Tieren*, Ethica, 2 (1994), 2.

Rist, M.: *Beurteilungskriterien für tiergerechte Nutztierhaltungssysteme*. In: D. W. Fölsch, A. Nabholz (Hg.): Ethologische Aussagen zur artgerechten Nutztierhaltung. Basel: Birkhäuser, 1982.

Robbins, John: *Brave New Chicken*, Animals' Agenda, June 1989.
Robbins, John: *Diet for a New America*. Walpole: Stillpoint Publishing, 1987.

Robbins, John: *Ernährung für ein neues Jahrtausend.* Waldfeucht: Nietsch, 1995.

Robertson, A. H.: *Human Rights in the World.* Manchester: Manchester University Press, 1982.

Rodd, Rosemary: *Biology, Ethics, and Animals.* Oxford: Clarendon Press, 1990.

Rollin, Bernard E.: *Animal Rights and Human Morality.* Buffalo: Prometheus Books, 1981.

Rollin, Bernard E.: *The Legal and Moral Bases of Animal Rights.* In: Harlan B. Miller, William H. Williams (Hg.): Ethics and Animals. Clifton, N. J.: Humana Press, 1983.

Rollin, Bernard E.: *The Unheeded Cry.* Oxford: Oxford University Press, 1989.

Rolston III, Holmes: *Treating Animals Naturally?,* Between the Species, Vol. 5, No. 3 (Summer 1989).

Rowe, Harvey T.: *Glücksfall der Natur,* Du und das Tier, 4, 1989.

Russow, Lilly-Marlene: *Animals in the Original Position,* Between the Species, Vol. 8, No. 4 (Fall 1992a).
Russow, Lilly-Marlene: *Regan on Inherent Value,* Between the Species, Vol. 4, No. 1 (Winter 1988).

Russow, Lilly-Marlene: *Reply: Rawls: Rejecting Utilitarianism and Animals,* Between the Species, Vol. 8, No. 4 (Fall 1992b).

Ryder, Richard D.: *Animal Revolution.* Oxford: Basil Blackwell, 1989.

Ryder, Richard: *An Autobiography,* Between the Species, Vol. 8, No. 3 (Summer 1992b).

Ryder, Richard D.: *Painism.* Cardiff: University of Wales College of Cardiff, 1992a.

Ryder, Richard D.: *Speciesism and „Painism",* Animals' Agenda, Vol. 17, No. 1 (January / February 1997).

Ryder, Richard: *Victims of Science.* Frontwell, Sussex: Centaur Press, 1983.

Salt, Henry S.: *Animals' Rights.* In: Tom Regan, Peter Singer (Hg): Animal Rights and Human Obligations. Englewood Cliffs, N. J.: Prentice-Hall, 1976.

Sambraus, H. H.: *Ethologische Grundlagen einer tiergerechten Nutztierhaltung.* In: D. W. Fölsch, A. Nabholz (Hg.): Ethologische Aussagen zur artgerechten Nutztierhaltung. Basel: Birkhäuser, 1982.

Sapontzis, Steve F.: *Beauty or Tragedy?,* Animals' Agenda, Vol. 15, No. 4 [1995b].

Sapontzis, Steve F.: *Commentary: On the Utility of Contracts,* Between the Species, Vol. 8, No. 4 (Fall 1992).

Sapontzis, Steve F.: *Environmental Ethics and the Locus of Value,* Between the Species, Vol. 6, No. 1 (Winter 1990).

Sapontzis, Steve F.: *The Evolution of Animals in Moral Philosophy,* Between the Species, Vol. 3, No. 2 (Spring 1987b).

Sapontzis, Steve F.: *Morals, Reason, and Animals.* Philadelphia: Temple University Press, 1987a.

Sapontzis, Steve F.: *On Exploiting Inferiors,* Between the Species, Vol. 11, No. 1 & 2 (Winter-Spring 1995a).

Sapontzis, Steve F.: *Personen imitieren – Pro und Kontra.* In: Paola Cavalieri, Peter Singer (Hg.): Menschenrechte für die Großen Menschenaffen. München: Goldmann, 1994.

Scheub, Ute: *Liebeserklärung an die Delphine,* Greenpeace-Nachrichten, IV, 1989.

Schopenhauer, Arthur: *Preisschrift über die Grundlage der Moral.* Zürcher Ausgabe, Band VI. Zürich: Diogenes, 1977.

Schuchardt, Justine: *Muß dieses Kind am Leben bleiben?,* Aufklärung und Kritik, Sonderheft 1, 1995.

Schuh, Hans: *Helfen, aber wem?,* Die Zeit, 30, 1996.
Schuld und Sühne, Der Spiegel, 9, 1996.

Schweine!, Gaia, Sommer 1996.

Schweitzer, Albert: *Kultur und Ethik.* In: Ders.: Gesammelte Werke in fünf Bänden, Band 2. München: Beck, o. J.

Searle, John R.: *Der Geist der Tiere.* In: Perler, Dominik, Wild, Markus (Hg.): Der Geist der Tiere. Frankfurt am Main: Suhrkamp, 2005.

„Sehr alt, sehr klug", Der Spiegel, 27, 1997.

Serjeant, Richard: *Der Schmerz – Warnsystem des Körpers.* Bergisch Gladbach: Lübbe, 1970.

7000 pro Stunde, Salzburger Nachrichten, 18. 11. 1994.

Siegeszug aus der Sackgasse, I, Der Spiegel, 42, 1995.

Siegeszug aus der Sackgasse, II, Der Spiegel, 43, 1995.

Singer, Peter: *Animal Liberation.* New York: The New York Review, 1975.

Singer, Peter: *Animal Liberation. Die Befreiung der Tiere.* Reinbek: Rowohlt, 1996c.

Singer, Peter: *Befreiung der Tiere.* München: Hirthammer, 1982.

Singer, Peter: *A Comment on the Animal Rights Debate,* International Journal of Applied Philosophy, 1, 1983.

Singer, Peter: *Ethics and the New Animal Liberation Movement.* In: ders. (Hg): In Defence of Animals. Oxford: Basil Blackwell, 1985.

Singer, Peter: *Die Ethik der Embryonenforschung,* Aufklärung und Kritik, Sonderheft 1, 1995.

Singer, Peter: *The Expanding Circle.* Oxford: Clarendon Press, 1981.

Singer, Peter: *The Great Ape Project,* Animals' Agenda, July / August, 1996a.

Singer, Peter: *Is Racial Discrimination Arbitrary?,* Philosophia, 8, 1978.

Singer, Peter: *Moral, Vernunft und Tierrechte.* In: Frans de Waal: Primaten und Philosophen. München: Deutscher Taschenbuch Verlag, 2011.

Singer, Peter: *Praktische Ethik.* Stuttgart: Reclam, 1994.

Singer, Peter: *Praktische Ethik.* Stuttgart: Reclam, 2013.

Singer, Peter: *The Rights Of Animals,* Newsweek, 19.11.2008.

Singer, Peter: *Utilitarianism and Vegetarianism,* Philosophy & Public Affairs, 9, 4, 1980.

Singer, Peter: *Wie sollen wir leben?* Erlangen: Fischer, 1996b.
Solschenizyn, Alexander: *Heuchelei überall,* Die Zeit, 36, 1997.

Spaemann, Robert: *Bestialische Quälereien Tag für Tag,* Deutsche Zeitung, 33, 1979.

Spaemann, Robert: *Tierschutz und Menschenwürde.* In: Ursula M. Händel (Hg.): Tierschutz: Testfall unserer Menschlichkeit. Frankfurt: Fischer Taschenbuch Verlag, 1984.

Spiegel, Marjorie: *The Dreaded Comparison. Human and Animal Slavery.* London: Heretic Books, 1988.

Spinne am Haken, Der Spiegel, 6, 1996.

Stolzenberg, Günther: *Weltwunder Vegetarismus.* München: Herp, o. J.

„Strategie des Grauens", Der Spiegel, 3, 1994.

Stutzin, Godofredo: *Es war einmal eine schöne Welt.* Santiago, Chile, 1989.

Stutzin, Godofredo: *Nachtrag zu (and Supplement to) „Es war einmal eine schöne Welt".* Santiago, Chile, 1990.

Sweeney, Noel: *Animals and Cruelty and Law.* Bristol: Alibi, 1990.

Teutsch, Gotthard M.: *Leben und Tod der Tiere nach dem Gleichheitsgrundsatz,* Scheidewege, 24, 1994/95.

Teutsch, Gotthard M.: *Mensch und Tier: Lexikon der Tierschutzethik.* Göttingen: Vandenhoeck und Ruprecht, 1987.

Teutsch, Gotthard M.: *Traurige Moralität,* Anima, 3, 1995b.

Teutsch, Gotthard M.: *Die „Würde der Kreatur".* Bern: Haupt, 1995a.

Todeskandidaten im Frachtraum, Du und das Tier, 4, 1996.

Verbraucht, Die Zeit, 1, 1988.

Von der Lust am Töten, ZeitenSchrift, 8, 1995.

Waal, Frans de: *Der Affe in uns: Warum wir sind, wie wir sind.* München: Deutscher Taschenbuch Verlag, 2013.

Waal, Frans de: *Der gute Affe. Der Ursprung von Recht und Unrecht bei Menschen und anderen Tieren.* München: Hanser, 1997.

Waal, Frans de: *Primaten und Philosophen: Wie die Evolution die Moral hervorbrachte.* München: Deutscher Taschenbuch Verlag, 2011.

Waal, Frans de: *Wilde Diplomaten. Versöhnung und Entspannungspolitik bei Affen und Menschen.* München: Hanser, 1991.

Warum Tierrechte? Ein Diskurs. http://schwarze.katze.dk/texte/tier12.html

Wenn Ameisen Haus und Garten erobern, Salzburger Nachrichten, 5. 6. 1997.

Wild, Markus: *Tierphilosophie.* Hamburg: Junius, 2013.

Winkler, Ingo: *Mindere Qualität bekommt die Fahrkarte nach Italien,* Salzburger Nachrichten, 30. 8. 1991.

Wirth, W.: *Tierschutzgerechtes Töten von Hunden einschließlich sogenannter überzähliger Welpen.* In: K. W. Hauser (Hg.): Tierschutzgerechtes Töten von Wirbeltieren. Hannover: Schlütersche Verlagsanstalt, 1976.

Wolf, Jean-Claude: *Darf man Tiere töten oder ihnen Leid zufügen?,* Soziale Medizin, 3, 1994b.

Wolf, Jean-Claude: *Der moralische Stellenwert empfindungsfähiger Lebewesen.* Vortragsmanuskript für ein Referat an der Evangelischen Akademie Arnoldshain am 18. 3. 1994a.

Wolf, Jean-Claude: *Neuerscheinungen zur Tierethik,* Philosophische Rundschau, 1–2, 1993b.

Wolf, Jean-Claude: *Tierethik.* Freiburg: Paulusverlag, 1992.

Wolf, Jean-Claude: *Tierschutz zwischen Demokratie und Lobbyismus,* Altex, 3, 1996.

Wolf, Jean-Claude: *Töten von Tieren? Eine angemessene Begründung des Tötungsverbotes aus moralphilosophischer Perspektive.* In: Ehrfurcht vor dem Leben. Tagung der Fachgruppe „Tierschutz". Stuttgart-Hohenheim, 27. 11. 1993a. (Deutsche Veterinärmedizinische Gesellschaft).

Wolf, Jean-Claude: *Tötung von Tieren.* In: Julian Nida-Rümelin, Dietmar von der Pfordten (Hg.): Ökologische Ethik und Rechtstheorie. Baden-Baden: Nomos, 1995.

Wolf, Ursula: *Ethik der Mensch-Tier-Beziehung.* Frankfurt am Main: Klostermann, 2012.

Wolf, Ursula: *Das Tier in der Moral.* Frankfurt: Klostermann, 1990.

Zahlen und Fakten über Tiere, die wir essen, Natur, 2, 1993.

Zur Frage der Toleranz https://www.tierbefreiung.de/archiv/70/toleranz.html

Zu schlau für die Wurst, Welt am Sonntag, 15. 1. 2012.

Über den Autor

Helmut F. Kaplan, geboren 1952 in Salzburg, ist Philosoph und Autor. Seine Arbeit hat wesentlich zur Einführung der neueren Tierethik bzw. der Tierrechtsphilosophie in den deutschen Sprachraum beigetragen. Sein Buch „Leichenschmaus: Ethische Gründe für eine vegetarische Ernährung" gilt als wichtigstes deutschsprachiges Tierrechtsbuch.

Neuere Bücher von Helmut F. Kaplan (ab 2007)

Der Verrat des Menschen an den Tieren. Vegi-Verlag, 2007.

Freude, schöner Götterfunken: Glück zwischen Schmerz und Tod. Books on Demand, 2007.

Leichenschmaus: Ethische Gründe für eine vegetarische Ernährung. Vierte, aktualisierte Neuauflage. Books on Demand, 2011.

Digitale Höllenfahrt: Zum Katastrophenpotential virtueller Kommunikation. Books on Demand, 2012.

Leben, Lieben, Leiden: Aphorismen. Zweite, erweiterte Neuauflage. Books on Demand, 2012.

Tierrechte: Modetrend oder Moralfortschritt? Books on Demand, 2012.

Schopenhauers Pudel: Warum unsere Liebesobjekte austauschbar sind. Books on Demand, 2013.

Tierethik: 10 Gründe für einen anderen Umgang mit Tieren. Books on Demand, 2014.